KB111119

신주 사마천 사기 22

위세가

한세가

전경중완세가

이 책은 롯데장학재단의 지원을 받아 번역, 출간되었습니다.

신주 사마천 사기 22 / 위세가·한세가·전경중완세가

초판 1쇄 인쇄 2022년 6월 15일
초판 1쇄 발행 2022년 6월 30일

지은이   (본문) 사마천
             (삼가주석) 배인·사마정·장수절
번역 및 신주 한가람역사문화연구소 사기연구실

펴낸이   이덕일
펴낸곳   한가람역사문화연구소

등록번호   제2019-000147호
주소   서울특별시 종로구 김상옥로17 대호빌딩 신관 305호
전화   02) 711-1379
팩스   02) 704-1390
이메일   hgr4012@naver.com

ISBN   979-11-90777-32-2 94910

값은 뒤표지에 있습니다.

세계 최초
삼가주석 완역

신주 사마천 사기

위세가
한세가
전경중완세가

지은이
본문_ 사마천
삼가주석_ 배인·사마정·장수절

번역 및 신주
한가람역사문화연구소 사기연구실

한가람역사문화연구소

차 례

사기 제46권 史記卷四十六
전경중완세가 田敬仲完世家

新註史記

> 원 사료는 중화서국中華書局 발행의 《사기》와 영인본 《백납본사기百衲本史記》를 기본으로 삼고, 인터넷 사료로는 대만 중앙연구원 역사어언연구소歷史語言研究所에서 제공하는 한적전자문헌자료고漢籍電子文獻資料庫의 《사기》를 참조했다.

일러두기

❶ 네모 상자 안의 글은 사기 본문 및 삼가주석 서문의 글이다.
❷ 한글 번역문 바로 아래 한문 원문을 실어 쉽게 대조할 수 있게 했다.
❸ 삼가주석 아래 신주를 실어 우리 연구진의 새로운 해석을 달았다.
❹ 사기 분문뿐만 아니라 삼가주석도 필요할 경우 신주를 달았다.
❺ 직역을 원칙으로 삼고 의역은 최대한 피했다.
❻ 한문 원문의 ( )는 빠져야 할 글자를, [ ]는 추가해야 할 글자를 나타낸다.

《사기》〈세가〉에 관하여

1. 〈세가〉의 여섯 유형

《사기》〈본기本紀〉가 제왕들의 사적이라면 〈세가世家〉는 제후들의 사적이다. 〈본기〉가 모두 12편으로 1년의 열두 달을 상징한다면 〈세가〉는 모두 30편으로 한 달을 상징한다. 훗날 북송北宋의 구양수歐陽修(1007~1072)가 《신오대사新五代史》를 편찬하면서 〈열국세가列國世家〉10편을 저술했지만 반고班固는 《한서漢書》를 편찬할 때 〈열전〉만 저술하고 〈세가〉는 두지 않았다. 반고는 천하의 군주는 황제 1인이라고 다른 왕들의 존재를 인정하지 않았지만, 사마천은 〈세가〉를 설정해 각 지역의 제후도 독자적 영역을 가진 군주로 인정했다. 따라서 〈세가〉는 사마천이 역사를 바라보는 독특한 시각이 담긴 체제이다. 물론 《사기》의 중심은 〈본기〉로 제왕들이 중심이자 축이지만 그 중심이자 축은 혼자서는 기능하지 못하고 다른 기구들의 보좌가 있어야 제 역할을 할 수 있는데, 그중에서 제후로서 보좌한 인물들의 사적이 〈세가〉이다.

사마천이 〈세가〉를 편찬할 수 있었던 제도의 뿌리는 주나라의 봉건제라고 할 수 있다. 주나라는 제후들을 분봉할 때 공작, 후작, 백작, 자작, 남작의 다섯 작위를 주었는데 이들이 기본적으로 〈세가〉에 분류될 수 있는 제후들이다. 그러나 사마천은 주나라 이래의 수많은 제후 중에서 일부를 추려 30편의 〈세가〉를 저술했다. 〈세가〉는 대략 여섯 유형으로 나눌 수 있다.

〈세가〉의 유형별 분류

유형	목록	편수	내용
1	오태백吳太伯, 제태공齊太公, 노주공魯周公, 연소공燕召公, 관채管蔡, 진기陳杞, 위강숙衛康叔, 송미자宋微子, 진晉, 초楚, 월왕구천越王句踐, 정鄭	12	주나라 초기 분봉 제후
2	조趙, 위魏, 한韓, 전경중완田敬仲完	4	춘추전국 시기 제후가 된 인물들
3	공자孔子	1	유학의 종주
4	진섭陳涉	1	진秦 멸망 봉기의 단초
5	외척外戚, 초원왕楚元王, 형연荊燕, 제도혜왕齊悼惠王, 양효왕梁孝王, 오종五宗, 삼왕三王	7	한나라 외척 및 종친
6	소상국蕭相國, 조상국曹相國, 유후留侯, 진승상陳丞相, 강후주발絳侯周勃	5	한나라 초 개국공신

2. 〈세가〉의 대부분은 동이족 혈통

여섯 유형 중 가장 중요한 것은 제1유형으로 모두 열두 편이다. 주로 주나라 초기에 분봉된 제후들의 사적인데, 제1유형을 특징하는 가장 중요한 요소는 혈통이다. 사마천은 열두 편의 〈세가〉를 모두 오제의 후손으로 설정했다. 사마천이 《사기》를 지은 가장 중요한 목적은 황제黃帝를 시작으로 삼는 한족漢族의 천하사를 서술하려는 것이었는데, 이 목적을 더욱 세밀하게 이루려는 이유로 〈세가〉를 서술한 것이다. 사마천은 《사기》에서 동이족의 역사를 한족의 역사로 대체하고자 했는데, 〈세가〉도 이 목적 내에서 벗어나서는 안 되었다.

이런 의도에서 사마천은 〈세가〉의 대부분을 주나라 왕실의 후예로 설정했다. 상商(은)나라는 동이족 국가임이 명확했기에 상나라를 꺾고 중원을 차지한 주나라를 한족의 역사를 만든 최초의 나라로 간주하고 대부분의 〈세가〉를 주나라 왕실의 후예로 설정한 것이다. 이것은 비단 사마천의 의도뿐만 아니라 주나라 자체에도 이런 성격이 있었다. 주나라는 상나라를 꺾고 중원을 차지한 후 자국의 수도를 천하의 중심이라고 인식하기 시작했다. 여기에서 하락河洛이란 개념이 나온다. 낙양 북쪽으로 흐르는 황하黃河에서 하河 자를 따고 수도 낙양洛陽에서 낙洛 자를 딴 것이 '하락河洛'인데, 이곳이 주나라의 중심부였고 이 지역을 주족周族들이 중국中國이라고 부른 것이 중국의 탄생이었다.

그러나 〈세가〉의 시조 대부분을 주나라 왕실의 후예로 만들어 한족漢族의 역사를 서술하려는 사마천의 의도가 성공을 거두기는 쉽지 않았다. 해석이 사실을 너무 뛰어넘었기 때문이다. 역사의 사실을 바꾸는 것은 쉽지 않은 일이어서 사마천이 서술한 〈세가〉의 이면을 연구하면 각 나라의 시조들이 사실은 한족이 아니라 동이족임을 간파할 수 있다.

특히 주나라의 시조 후직后稷도 한족이 아닌 동이족이라는 점에서 사마천의 의도가 성공을 거두기는 쉽지 않은 일이었다. 후직에 대해 《사기》〈주본기〉에서는 후직의 어머니 강원姜原이 제곡帝嚳의 원비元妃라고 말하고 있는데, 오제의 세 번째 제왕인 제곡은 동이족 소호少昊 김천씨의 손자로 동이족임이 명확하다. 그러므로 그 후예인 주나라 왕실은 동이족의 후예인 것이다. 그러니 사마천이 〈세가〉의 대부분을 주 왕실의 후예로 설정해 한족의 역사를 만들려고 했던 의도는 처음부터 빗나갈 수밖에 없었다. 사마천의 이런 의도를 간파하는 역사학자가 나타난다면 말이다.

주나라 시조 후직이 동이족이라면 사마천이 주왕실의 후예로 설정한 〈세가〉의 주요 인물들인 오태백, 노주공, 연소공, 관채(관숙 선, 채숙 도) 위강숙, 진강숙, 정환공 등도 모두 동이족의 후예일 수밖에 없다.

이는 실제의 혈통을 바꾸는 것이 얼마나 어려운 것인가를 말해주는 것이다. 〈세가〉의 두 번째 주인공인 제태공 여상이 동이족이라는 점이 이를 말해준다. 여상이 살았다는 '동해 위쪽[東海上]'에 대해서 배인裵駰이 《집해》에서 "《여씨춘추呂氏春秋》에는 '동이東夷의 땅이다.'라고 했다."고 쓴 것처럼 제태공은 명백한 동이족이자 상나라의 후예였다. 또한 진기(진陳나라와 기杞나라)는 맹자가 동이족이라고 말했던 순임금의 후예이고, 송미자는 동이족 국가였던 은나라 왕족이니 동이족일 수밖에 없다. 사마천은 초나라의 시조를 전욱 고양의 후손으로 설정했다. 전욱은 황제黃帝의 손자이자 창의昌意의 아들인데, 창의는 어머니와 아버지가 같은 형 소호의 동생이므로 역시 동이족이다. 월왕 구천은 우禹임금의 후예로 설정했는데, 남조南朝 유송劉宋의 유의경劉義慶이 5세기에 편찬한 《세설신어世說新語》에서 "우禹는 동이족이고 주나라 문왕은 서강西羌족이다."라는 구절이 있는 것처럼 하夏, 상商, 주周는 모두 이족夷族의 국가였다. 이는 중국의 삼대, 즉 하, 상, 주의 역사가 동이족의 역사임을 말해준다.

〈세가〉의 가장 중요한 제1유형에 속하는 열두 편의 주인공들은 모두 동이족의 후예였다. 사마천은 주나라부터는 한족이 역사의 주인공인 것처럼 서술했지만 서주西周가 멸망하는 서기전 771년의 사건에 대해 〈정세가〉에서 "견융犬戎이 유왕幽王을 여산驪山 아래에서 살해하고 아울러 정환공도 살해했다."라고 말하는 것처럼 이족夷族들은 제후국뿐만 아니라 주나라 왕실의 운명을 좌우할 정도로 주나라 왕실 깊숙이 뒤섞여 살았다. 동이족의 역사를 배제하면 〈세가〉를 이해할 수 없고, 〈세가〉가 존재할 수도 없다.

3. 유학적 관점의 〈세가〉 배열과 〈공자세가〉

사마천은 제후가 아니었던 공자를 세가 반열에 포함시킬 정도로 유학을 높였다. 비록 〈화식貨殖열전〉 등을 《사기》에 편찬해 의義보다 이利를 앞세웠다는 비판도 받았지만 사마천과 아버지 사마담司馬談은 기본적으로 유학자였다. 이런 사마천의 의도는 〈세가〉를 오태백부터 시작한 것에서도 드러난다. 유학에서 최고의 가치로 여겼던 선양禪讓을 높이기 위해서 주周나라 고공단보의 장남이지만 후사를 동생 계력에게 양보한 오태백을 〈세가〉의 첫 번째로 설정한 것이다.

그러나 〈세가〉는 각국의 시조를 모두 오제나 주나라 왕실의 후예로 설정한 모순이 드러난다. 태백과 동생 중옹이 도주한 형만은 지금의 강소성江蘇省 소주蘇州로 비정하는데, 태백과 중옹이 주나라 강역이 아니었던 남방 오나라의 군주가 되었다는 서술은 많은 검증이 필요하다. 마찬가지로 월나라에 대해 "월왕 구천은 그 선조가 우禹임금의 먼 자손으로 하후夏后 제소강帝少康의 서자庶子이다."라고 말하고 있는데 하나라 강역이 아니었던 월나라의 시조를 하나라 시조의 후손으로 설정한 것도 많은 검증이 필요하다.

4. 흥망성쇠의 역사

〈세가〉는 사실《사기》의 어느 부분보다 역동적이다. 사마천은 비록 제왕은 아니었지만 한 나라를 세우거나 다스렸던 군주들의 흥망성쇠를 현장감 있게 전해주었다. 한 제후국이 어떻게 흥하고 망하는지는 지금도 많은 교훈과 생각거리를 준다. 진晉나라가 일개 호족들이었던 위魏, 한韓, 조趙씨의 삼진三晉에 의해 멸망하는 것이나, 제나라를 세운 태공망 여씨呂氏의 후손들이 전씨田氏들에 의해 멸망하고 선조들의 제사마저 폐해지는 장면 등은 내부를 장악하지 못한 왕실의 비극적 종말을 보여준다.

또한 같은 동이족이자 영성嬴姓이었던 진秦과 조趙의 양측 100만여 군사가 전사하는 장평지전長平之戰은 때로는 같은 혈통이 다른 혈통보다 더 적대적임을 말해주는 사례이다. 이 장평지전으로 진나라와 1대 1로 맞서는 국가가 사라졌고, 결국 진秦나라가 중원을 통일했다. 만약 장평지전이 없었다면 중원은 현재의 유럽처럼 여러 나라가 공존하는 대륙으로 남을 수 있지 않았을까라는 의문이 든다.

이렇게 중원을 통일한 진나라가 일개 농민이었던 진섭陳涉의 봉기로 무너지는 것은 한 필부匹夫의 한이 역사를 바꾼 사례라는 점에서 동서고금의 위정자들이 새겨야 할 교훈이 아닐 수 없다.

〈세가〉는 한나라 왕실 사람들도 그리 행복한 인생은 아니었다는 사실을 잘 말해주고 있다. 황후들의 운명 또한 그리 행복하지 않았다는 사실을

〈외척세가〉는 잘 보여주고 있다. 특히 한문제가 훗날 소제의 생모 구익부인을 죽이는 장면은 미래의 황제를 낳은 것이 행복의 시작이 아니라 개인적 불행의 정점이라는 점에서 역사의 냉혹함을 느끼게 한다.

효경제孝景帝의 다섯 명의 비妃에게서 난 열세 명의 아들에 대해 서술한 〈오종세가五宗世家〉 역시 황제의 아들이라는 신분이 때로는 축복이 아니라 저주일 수도 있다는 사실을 잘 말해준다. 무제의 세 아들 유굉劉閎, 유단劉旦, 유서劉胥에 대해 서술한 〈삼왕세가三王世家〉도 마찬가지이다. 〈삼왕세가〉는 청나라 양옥승梁玉繩이 《사기지의》에서 저소손褚少孫이 끼워 넣은 것이라고 비판했지만, 이와는 별도로 세 아들은 모두 풍요로운 땅에 봉해졌지만 나라가 없어지거나 자살해야 했으니 이 또한 고귀한 혈통일수록 겸손하고 자제해야 한다는 역사의 교훈을 말해주고 있다.

〈세가〉에서 서술한 각국, 각 제후 명칭과 연도는 그간 숱한 논쟁의 대상이 되어 왔다. 학자들에 따라서 1~2년 정도씩 차이가 나는 경우가 적지 않았다. 우리 해역진은 현재 중국 학계에서 인정하는 연표를 기본으로 서술했다. 그러나 이런 연표들이 다른 사료와 비교 검증했을 때 실제 연도와 다른 경우도 적지 않았다. 이 경우 〈수정 연표〉를 따로 제시했다. 〈수정 연표〉 작성은 이 분야를 오래 연구한 이시율 해역자가 주로 작성했고, 다른 해역자들의 검증도 거쳤음을 밝힌다.

사기 제44권 史記卷四十四

위세가 魏世家

신주 한韓, 조趙와 함께 삼진三晉의 한 축이었던 위魏나라는 세 단계를 거친다. 첫 단계는 서주西周 초기의 서기전 10세기경 주성왕周成王이 종성 宗姓인 희성姬姓의 백작伯爵을 봉한 제후국 단계이다. 봉지는 지금의 산서성 山西省 예성현芮城縣 북쪽이다. 군주는 희성 위씨魏氏이다. 두 번째 단계 는 필국畢國의 후예 필만畢萬이 봉해진 위국魏國 단계이다. 서기전 661년 진헌공晉獻公은 위국魏國을 멸망시키고 그 땅을 필국畢國의 후예 필만 畢萬에게 채읍采邑으로 주었다. 필만의 선조는 필공畢公 고高 주문왕의 아들이라는 것이다. 필만은 위씨魏氏로 바꾸었는데, 이것이 진국晉國 위씨 魏氏의 유래이다. 필만의 손자 위주魏犫가 공자 중이重耳를 따라 각국을 유랑하다가 중이가 진국의 군주(문공文公)로 즉위하면서 대부大夫로 피봉 되는데, 바로 위무자魏武子이다. 이로써 진晉의 유력 호족이 되었다가 서기전 445년 한, 조, 위 세 집안이 진국을 나누는 삼가분진三家分晉을 단행해서 위씨가 제후가 되는 것이 세 번째 단계이다. 서기전 403년 위문 후魏文侯가 주나라 위열왕威烈王으로부터 정식으로 제후로 책봉되었고, 서기전 344년에는 위혜왕魏惠王이 제위왕齊威王과 서주회맹徐州會盟을 단행하고 서로를 왕으로 부르는 '서주상왕徐州相王'을 통해 왕이라고 자칭했다. 전국 7웅의 하나로 우뚝 섰다가 서기전 225년 진국秦國에게 멸망 당했다.

군국 세계

1. 대부 시기

필만畢萬 → 위무자魏武子 → 위도자魏悼子 → 위소자魏昭子 → 위헌자魏獻子 → 위간자魏簡子 → 위양자魏襄子 → 위환자魏桓子

2. 국군國君 시기

군주 칭호	이름	재위 기간(모두 서기전)
위문후魏文侯	위사魏斯	445~396
위무후魏武侯	위격魏擊	395~370
위혜왕魏惠王	위앵魏罃	369~334(칭왕 개원~319)
위양왕魏襄王	위사魏嗣	318~296
위소왕魏昭王	위칙魏遫	295~277
위안희왕魏安釐王	위어魏圉	276~243
위경민왕魏景湣王	위오魏午	242~228
위왕가魏王假	위가魏假	227~225

문후가 전성시대를 열다

위魏나라 선조는 필공畢公 고高의 후예이다. 필공 고는 주나라와
동성이다.① 무왕은 은나라 주왕紂王를 정벌하고 고高를 필畢 땅②
에 봉했으며, 이에 필畢을 성으로 삼았다.

그 뒤에 봉국이 단절되어 후손은 서인庶人이 되었다. 어떤 이들은
중국에 있기도 했고 어떤 이들은 이적夷狄에 있기도 했다. 그의
먼 후손을 필만畢萬이라고 하는데, 진晉나라 헌공獻公을 섬겼다.

魏之先 畢公高之後也 畢公高與周同姓① 武王之伐紂 而高封於畢② 於
是爲畢姓 其後絶封 爲庶人 或在中國 或在夷狄 其苗裔曰畢萬 事晉獻公

① 畢公高與周同姓필공고여주동성

색은 《좌전》에서 "부진富辰이 문왕文王 아들의 나라 16개국 중 필畢, 원原,
풍豐, 순郇 등이 있다."라고 설명한 것은 필공이 곧 문왕의 아들이라는 말
이다. 여기에서 "주나라와 동성이다."라고 일렀는데 《좌전》의 설명을 쓰
지 않는 듯하다. 마융이 또한 말했다. "필畢과 모毛는 문왕의 서자이다."
左傳富辰說文王之子十六國有畢原豊郇 言畢公是文王之子 此云與周同姓 似
不用左氏之說 馬融亦云畢毛 文王庶子

② 高封於畢고봉어필

집해 두예가 말했다. "필은 장안현 서북쪽에 있다."

杜預曰 畢在長安縣西北

정의 《괄지지》에서 말한다. "필원은 옹주 만년현 서남쪽 28리에 있다."

括地志云 畢原在雍州萬年縣西南二十八里

진나라 헌공 16년, 조숙趙夙은 헌공의 수레를 몰고 필만은 우右가 되어 곽霍, 경耿, 위魏를 공격해 멸망시켰다. 경 땅에는 조숙을 봉하고, 위 땅에는 필만을 봉해① 대부로 삼았다.

복언卜偃②이 말했다.

"필만의 후손들은 반드시 거대해지리라. 만萬은 가득 찬 수이다. 위魏는 큰 이름이다. 이 때문에 처음으로 상을 받아 하늘이 그에게 복을 열어주었다. 천자는 조민兆民이라고 하고, 제후는 만민萬民이라고 하는데, 지금 큰 것을 명하고 가득 찬 숫자를 따르게 했으니, 그는 반드시 많은 백성을 가지리라."

당초에 필만은 진晉나라를 섬기려고 점을 쳤는데, 둔괘屯卦에서 비괘比卦로 가는 것을 얻었다. 신유辛廖가 점을 쳐서 말했다.

"길하도다! 둔괘는 굳건하고 비괘는 들어가니 길한 것이 무엇이 이보다 크겠는가? 그의 후예는 반드시 번창하리라."

獻公之十六年 趙夙爲御 畢萬爲右 以伐霍耿魏 滅之 以耿封趙夙 以魏封畢萬① 爲大夫 卜偃②曰 畢萬之後必大矣 萬 滿數也 魏 大名也 以是始賞 天開之矣 天子曰兆民 諸侯曰萬民 今命之大 以從滿數 其必有衆

> 初 畢萬卜事晉 遇屯之比 辛廖占之曰 吉 屯固比入 吉孰大焉 其必
> 蕃昌

① **魏封畢萬** 위봉필만

정의 위성魏城은 섬주 예성현 북쪽 5리에 있다. 정현의 《시보》에서 말한다. "위魏는 희성姬姓의 국가인데 무왕이 은나라 주왕紂王를 정벌하고 봉했다."

魏城在陝州芮城縣北五里 鄭玄詩譜云 魏 姬姓之國 武王伐紂而封焉

신주 한漢나라 지리 기준으로, 함곡관函谷關 동쪽, 황하 남쪽에 홍농군弘農郡이 있고, 북쪽에는 하동군河東郡이 있다. 위魏 땅은 하동군 서쪽에 있어 함곡관에 가깝다. 그리고 황하와 연수沇水 사이에 있는데, 이 연수는 곡옥曲沃을 적시는 물이다. 곡옥은 끝내 진晉나라를 차지한 성사成師 후손들이 자리잡은 곳이다.

② **卜偃** 복언

색은 진나라에서 점을 관장하는 대부 곽언郭偃이다.

晉掌卜大夫郭偃也

> 필만이 봉해지고 11년, 진나라 헌공이 죽고 4명의 공자가 군주로 서고자 다투어 진나라는 내란에 빠져들었다. 그러나 필만의 후세는 더욱 커져서 그의 나라 이름을 따라 위씨魏氏라고 했다.

무자武子[1]를 낳았다. 위무자는 위의 여러 아들의 하나로 진나라 공자 중이重耳를 섬겼다.

진나라 헌공 21년, 위무자는 중이를 따라 망명했다. 19년 만에 돌아왔고, 중이가 즉위하여 진나라 문공이 되었다. 이에 위무자에게 위씨들의 후예가 봉해졌던 곳을 봉해서 대부에 반열班列하게 했고, 위에 치소를 두어 다스렸다. 도자悼子를 낳았다. 위도자는 치소를 곽霍으로 옮겨 다스렸다.[2] 위강魏絳[3]을 낳았다.

畢萬封十一年 晉獻公卒 四子爭更立 晉亂 而畢萬之世彌大 從其國名 爲魏氏 生武子[1] 魏武子以魏諸子事晉公子重耳 晉獻公之二十一年 武子從重耳出亡 十九年反 重耳立爲晉文公 而令魏武子襲魏氏之後封 列爲大夫 治於魏 生悼子 魏悼子徙治霍[2] 生魏絳[3]

① 武子무자

색은 《좌전》에서 말한다. "무자武子의 이름은 주犫이다."《세본》에서 말한다. "필만은 망계芒季를 낳았고 망계는 무중주武仲州를 낳았다." 주州와 주犫는 소리가 서로 비슷하지만 글자도 다르고 세대도 또한 같지 않다.

左傳武子名犫 系本云畢萬生芒季 芒季生武仲州 州與犫聲相近 字異耳 代亦不同

② 魏悼子徙治霍위도자사치곽

색은 《세본》에서 "무중武仲은 장자莊子 강絳을 낳았다."라고 했지만 도자悼子는 없다. 또《세본》〈거편居篇〉에서 "위무자는 위魏에 치소를 두고 도자가 곽霍으로 옮겼다."라고 하였다. 송충은 "곽은 지금 하동군 체현이다."라고 했다. 곧 이곳이 도자가 있던 곳이며,《세본》에서 경대부의 대수가 저절로 탈락한 것뿐이다. 그래서 위는 지금의 하수 북쪽 위현이 맞다.

系本云武仲生莊子絳 無悼子 又系本居篇曰魏武子居魏 悼子徙霍 宋忠曰霍 今河東彘縣也 則是有悼子 系本卿大夫代自脫耳 然魏 今河北魏縣是也

정의 진주 곽읍현은 한漢나라 체현인데 뒤에 한나라에서 영안永安이라고 고쳤고, 수隋나라에서 곽읍霍邑으로 고쳤다. 본래는 춘추시대 곽백霍伯의 국가이다.

晉州霍邑縣 漢彘縣也 後漢改曰永安 隋改曰霍邑 本春秋時霍伯國也

신주 곽은 당시 진晉 도읍이던 강絳에서 문수汾水를 따라 북쪽에 있는 현재의 곽현이다.

③ 魏絳위강

색은 시호는 소자昭子이다.《세본》에서 "장자莊子"라고 했는데 문장의 착오이다. 〈거편〉에서도 "소자는 치소를 안읍安邑으로 옮겼다."라고 했으니, 또한 이곳의 문장과 동일하다.

謚昭子 系本云 莊子 文錯也 居篇又曰昭子徙安邑 亦與此文同也

신주 안읍은 위나라의 동북쪽과 곡옥 남쪽에 있으며, 전국시대 초기까지 위나라 도읍이었다.

위강은 진도공晉悼公을 섬겼다. 도공 3년, 제후들이 회합했다. 도공의 아우 양간揚干이 군영을 어지럽히자, 위강이 양간에게 수모를 주었다.[①] 도공이 노여워하며 말했다.

"제후들을 규합한 것을 영광으로 삼았는데 지금 나의 아우를 욕보였다."

그리고 장차 위강을 죽이려는데 어떤 이가 도공을 설득하자 도공이 중지했다. 마침내 위강을 임명하고 정사를 맡겨 융戎, 적翟과 화합하게 하니 융과 적이 친하게 따랐다.

도공 11년, 도공이 말했다.

"내가 위강을 등용한 후 8년 안에 아홉 차례 제후들을 모으고 융과 적을 화합시켰으니, 그대의 힘이다."

이에 음악을 하사했는데, 세 번 사양한 뒤에 받았다. 치소를 옮겨서 안읍[②]에 두었다. 위강이 죽자 시호를 소자昭子[③]라고 했다. 위영魏嬴을 낳았다. 위영은 위헌자魏獻子를 낳았다.[④]

魏絳事晉悼公 悼公三年 會諸侯 悼公弟楊干亂行 魏絳僇辱楊干[①] 悼公怒曰 合諸侯以爲榮 今辱吾弟 將誅魏絳 或說悼公 悼公止 卒任魏絳政 使和戎翟 戎翟親附 悼公之十一年 曰 自吾用魏絳 八年之中 九合諸侯 戎翟和 子之力也 賜之樂 三讓 然後受之 徙治安邑[②] 魏絳卒 諡爲昭子[③] 生魏嬴 嬴生魏獻子[④]

① 魏絳僇辱楊干 위강욕욕양간

색은 《좌전》에서 말한다. "양간楊干의 마부를 죽였다."

左傳曰僇楊干之僕

② 安邑안읍

정의 안읍은 강주 하현에 있는 안읍의 고성이 맞다.

安邑在絳州夏縣安邑故城是

③ 昭子소자

집해 서광이 말했다. "《세본》에서는 장자莊子라고 한다."

徐廣曰 世本曰莊子

④ 嬴生魏獻子영생위헌자

색은 《세본》에서 "헌자의 이름은 도荼이다. 도는 장자莊子의 아들이다."
라고 했지만 위영魏嬴은 없었나.

系本云獻子名荼 荼 莊子之子 無魏嬴

위헌자는 진나라 소공을 섬겼다. 소공이 죽고 6경이 강성해지자
공실은 낮아졌다.
진나라 경공頃公 12년 한선자韓宣子는 늙어[1] 위헌자가 나라의
정사를 맡았다. 진나라 종실 기씨祁氏와 양설씨羊舌氏는 서로 미
워했는데 6경이 그들을 죽이고 읍을 모두 취해 10개의 현縣으로
만들었다. 6경은 각각 그의 아들들을 시켜서 대부로 삼았다.[2]
위헌자, 조간자,[3] 중항문자,[4] 범헌자[5]가 함께 진나라 경卿이 되
었다.

獻子事晉昭公 昭公卒而六卿彊 公室卑 晉頃公之十二年 韓宣子老[1] 魏

> 獻子爲國政 晉宗室祁氏羊舌氏相惡 六卿誅之 盡取其邑爲十縣 六卿
> 各令其子爲之大夫[2] 獻子與趙簡子[3]中行文子[4]范獻子[5]竝爲晉卿

① 韓宣子老한선자로

신주 《사기지의》에서 말한다. "《좌전》 소공 28년에서 선자가 죽었다고
했으니 늙은 것이 아니다." 노나라 소공 28년은 진경공 12년에 해당하며,
한선자의 이름은 기起이다.

② 六卿各令其子爲之大夫육경각령기자위지대부

신주 《사기지의》 고증에 따르면 6경 소속은 4명이다. 《좌전》에 그 내용
이 나오며, 자세한 것은 〈진세가〉에 기록되어 있다.

③ 趙簡子조간자

색은 조앙趙鞅이다.

趙鞅

④ 中行文子중항문자

색은 순인荀寅이다.

荀寅

⑤ 范獻子범헌자

색은 범길역范吉射이다.

范吉射

그 뒤 14년 공자孔子가 노나라를 도왔다.

4년 뒤[1] 조간자는 진양晉陽에서 난리를 일으키고 한, 위와 함께 범씨와 중항씨를 공격했다.[2] 위헌자는 위치魏侈를 낳았다.[3] 위치는 조앙趙鞅과 함께 범씨와 중항씨를 모두 공격했다.

其後十四歲而孔子相魯 後四歲[1] 趙簡子以晉陽之亂也 而與韓魏共攻 范中行氏[2] 魏獻子生魏侈[3] 魏侈與趙鞅共攻范中行氏

① 後四歲후사세

신주 이 사건이 일어난 것은 《좌전》에서 "진정공 15년, 노나라 정공 13년에 해당한다."라고 했다. 공자가 노나라를 도운 3년 뒤이나.

② 而與韓魏共攻范中行氏이여한위공공범중항씨

신주 이 사건은 진정공 15년부터 22년까지 벌어진 진나라 6경의 대규모 권력투쟁으로, 마침내 범씨와 중항씨가 패하여 4경만 남게 된다. 이 사건의 전말이 〈진세가〉에도 기록이 보이고, 특히 〈조세가〉에서 자세히 기록하고 있다.

③ 魏獻子生魏侈위헌자생위치

색은 치侈는 다른 판본에는 '치哆'로 되어 있다. 아마 '치哆' 자는 잘못된 것이고, 세대수는 착오일 것이다. 《세본》을 살펴보니 "헌자는 간자簡子 취取를 낳았고, 간자 취는 양자襄子 다多를 낳았다."고 하며, 《좌전》에서 '위만다魏曼多'라고 한 것이 이것이다. 곧 치侈는 양자襄子이고 중간에 간자簡子 1대가 빠졌다.

侈 他本亦作哆 蓋哆字誤 而代數錯也 按系本獻子生簡子取 取生襄子多 而左
傳云魏曼多 是也 則侈是襄子 中間少簡子一代

신주 《사기》와 《세본》에서는 헌자에서 환자까지 모두 4대이지만, 《사기》
에는 헌자의 아들이 양자라고 한다. 반면에 《세본》은 헌자의 손자라고
한 점이 다르다.

위치의 손자를 위환자魏桓子[1]라고 하는데, 한강자韓康子,[2] 조양
자趙襄子[3]와 함께 지백知伯[4]을 공격해서 멸망시키고 그 땅을 나
누었다.
魏侈之孫曰魏桓子[1] 與韓康子[2]趙襄子[3]共伐滅知伯[4] 分其地

[1] 魏侈之孫曰魏桓子위치지손왈위환자
　색은　《세본》에서 말한다. "양자는 환자 구駒를 낳았다."
系本云 襄子生桓子駒

[2] 韓康子한강자
　색은　이름은 건虔이다.
名虔

[3] 趙襄子조양자
　색은　이름은 무휼無恤이다.
名無恤

④ 滅知伯멸지백

색은 지백智伯은 지요智瑤이다. 본성本姓은 순荀이고 순요荀瑤라고도
한다.

智伯 智瑶也 本姓荀 亦曰荀瑶

정의 知의 발음은 '지智'이다. 《괄지지》에서 말한다. "옛날 지성智城은
포주 우향현의 서북쪽 40리에 있다. 《고금지명》에서는 해현에 지성이 있
다고 했는데, 아마도 이를 말한 것일 게다."

知音智 括地志云 故智城在蒲州虞鄉縣西北四十里 古今地名云解縣有智城 蓋
謂此也

신주 지백성은 담기양의 《중국역사지도집》에 따르면, 곡옥曲沃 서남쪽
이고 위읍魏邑 서북쪽이다.

환자의 손자는 문후文侯이고 이름은 도都[1]이다.
위나라 문후 원년[2]은 진秦나라 영공靈公 원년에 해당한다. 한무자
韓武子,[3] 조환자趙桓子, 주위왕周威王과 같은 시기이다.[4]
桓子之孫曰文侯都[1] 魏文侯元年[2] 秦靈公之元年也 與韓武子[3]趙桓子
周威王同時[4]

---

① 文侯都문후도

집해 서광이 말했다. "《세본》에서는 사斯라고 했다."

徐廣曰 世本曰斯也

색은 《세본》에서는 "환자가 문후 사斯를 낳았다."라고 했고, 그 전傳에

서는 "유자 기痴가 곧 위구魏駒의 아들이다."라고 하여, 이곳과 대수가 다르지 않다.

系本云桓子生文侯斯 其傳云孺子痴是魏駒之子 與此系代亦不同也

신주 문후의 이름은 〈육국연표〉 등에서 일반적으로 사斯로 통칭하고 있다.

② 魏文侯元年위문후 원년

신주 위魏나라 기록인 《죽서기년》에 따르면 위문후 원년은 진나라 경공敬公 7년에 해당한다. 여기 문후 원년은 다음 군주인 유공幽公 10년에 해당하며 실제보다 21년 늦다. 문후는 총 50년을 재위했는데, 12년은 자작, 나머지 38년은 후작으로 있었다. 사마천은 문후 재위를 후작 기간인 38년으로 기재했고, 그나마 원년조차 잘못 기재했다.

③ 韓武子한무자

색은 《세본》에서 말한다. "무자의 이름은 계장啓章이고 강자康子의 아들이다."

系本武子名啓章 康子子

④ 同時동시

신주 사마천이 설정한 문후 원년은 진영공, 한무자, 조환자, 주위왕 원년과 같다는 말이다. 그러나 〈육국연표〉에서는 주위왕만 2년으로 되어 있어 다르다.

6년, 소량小梁에 성을 쌓았다.

13년, 자격子擊을 보내서 번繁과 방龐을 포위하고 그곳의 백성을 내쫓았다.

16년, 진秦나라를 정벌하고 임진臨晉과 원리元里에 성을 쌓았다.

17년, 중산中山을 공격하여 자격에게 지키게 하고,[1] 조창당趙倉唐에게 보좌하게 했다. 자격은 문후文侯의 스승 전자방田子方을 조가朝歌에서 만나자 수레를 끌어서 곁으로 피하고 내려서 배알했다. 전자방은 예로 대하지 않았다. 자격이 이 때문에 물어 말했다.

"부하고 귀한 사람이 남에게 교만합니까? 아니면 가난하고 천한 사람이 남에게 교만합니까?"

전자방이 말했다.

"역시 가난하고 천한 자가 남에게 교만할 뿐입니다. 무릇 제후가 남에게 교만하면 그 나라를 잃게 되고, 대부가 남에게 교만하면 그 일가를 잃게 됩니다. 가난하고 천한 자는 행동이 서로 맞지 않고 말이 쓰이지 않으면 초나라, 월나라로 가기를 짚신을 벗어 던지듯 하니, 어떻게 이 둘을 같다고 하겠습니까?"

자격은 기뻐하지 않고 떠났다.

서쪽으로 진秦나라를 공격하고 정鄭 땅[2]에 이르렀다 돌아왔으며, 낙음雒陰과 합양合陽에 성을 쌓았다.[3]

六年 城少梁 十三年 使子擊圍繁龐 出其民 十六年 伐秦 築臨晉元里 十七年 伐中山 使子擊守之[1] 趙倉唐傅之 子擊逢文侯之師田子方於朝歌 引車避 下謁 田子方不爲禮 子擊因問曰 富貴者驕人乎 且貧賤者驕人乎 子方曰 亦貧賤者驕人耳 夫諸侯而驕人則失其國 大夫而驕人則

> 失其家 貧賤者 行不合 言不用 則去之楚越 若脫躧然 奈何其同之哉 子
> 擊不懌而去 西攻秦 至鄭②而還 築雒陰合陽③

① 伐中山 使子擊守之벌중산 사자격수지

신주 조趙나라 열후烈侯 원년으로, 〈조세가〉에서는 "위나라 문후文侯
가 중산을 정벌하고 태자 격擊에게 수비하게 했다."라고 기록하고 있다.

② 鄭정

신주 정鄭나라가 아니고 주나라 초기 정환공을 봉했던 진秦나라 위수
渭水가에 있는 정현鄭縣으로 보인다.

③ 築雒陰合陽축낙음합양

정의 낙雒은 칠저수漆沮水이다. 성城은 낙수의 남쪽에 있다. 합양은 합수
郃水의 북쪽이다. 《괄지지》에서 말한다. "합양 옛성은 동주 하서현 남쪽
3리에 있다. 낙음은 동주의 서쪽에 있다."

雒 漆沮水也 城在水南 郃陽 郃水之北 括地志云 郃陽故城在同州河西縣南三
里 雒陰在同州西也

신주 오늘날 하서 지방이며, 섬서성에 있다.

> 22년, 위魏나라, 조趙나라, 한韓나라가 반열에 올라 제후가 되었다.
> 24년, 진秦나라가 위나라를 공격해서 양호陽狐①에 이르렀다.

25년, 자격은 자앵子罃을 낳았다.[2]

문후는 자하子夏에게 경經과 예藝을 전수받았는데[3], 단간목段干木을 객客으로 대우해서 그의 마을을 지나갈 때면 일찍이 수레에서 목례를 하지 않은 적이 없었다.[4] 진秦나라에서 일찍이 위魏나라를 공격하고자 했는데 어떤 이가 말했다.

"위魏나라 군주는 어질어서 남들을 예로 대하니 나라 사람들이 어질다고 칭찬하여 위와 아래가 화목하니 아직 도모할 수 없습니다."
문후는 이로 말미암아 제후들에게 명예를 얻었다.

二十二年 魏趙韓列爲諸侯 二十四年 秦伐我 至陽狐[1] 二十五年 子擊生子罃[2] 文侯受子夏經藝[3] 客段干木 過其閭 未嘗不軾也[4] 秦嘗欲伐魏 或曰 魏君賢人是禮 國人稱仁 上下和合 未可圖也 文侯由此得譽於諸侯

① 陽狐양호

정의 《괄지지》에서 말한다. "양호 성곽은 위주 원성현 동북쪽 30리에 있다.

括地志云 陽狐郭在魏州元城縣東北三十里也

신주 위주魏州는 오늘날 하북평원 일대이고 당시 위나라 동쪽 끝에 해당한다. 진나라가 공격한 곳은 하서 지방일 것이다.

② 子擊生子罃자격생자앵

색은 罃의 발음은 '앵[乙耕反]'이다. 격擊은 무후이다. 앵罃은 혜왕이다.
乙耕反 擊 武侯也 罃 惠王也

③ 文侯受子夏經藝문후수자하경예

《사기지의》에 따르면 자하는 공자보다 44세 어리므로 이때에 생존했다면 100세를 훨씬 넘어야 하니 불가능한 얘기라고 한다. 아마 자하 문하생에게 배웠거나 후대에 지어낸 이야기가 채록되었다고 보아야 할 것이다.

④ 客段干木 過其閭 未嘗不軾也객단간목 과기여 미상불식야

過의 발음은 '과[光臥反]'이다. 문후는 단간목의 마을에서 목례를 했다. 황보밀의 《고사전》에서 말한다. "단간목은 진晉나라 사람이다. 도를 지키고 벼슬을 하지 않았다. 위문후가 뵙고자 해서 그의 문하에 이르렀는데 단간목이 담을 넘어서 피했다. 위문후는 객客의 예로써 대우하고 출타할 때 그 마을 앞을 지나가면서 목례를 했다. 그의 마부가 '군주께서는 어찌 목례를 합니까?'라고 묻자 '단간목은 현인賢人으로 세력이나 이익에 따르지 않고 군자의 도道를 품고 외딴 마을에 숨어 살지만, 명성이 1,000리까지 이르는데 내가 어찌 목례를 하지 않겠는가. 단간목은 덕을 앞세웠지만, 과인은 세력을 앞세웠다. 단간목은 의가 많지만 과인은 재물이 많다. 세력은 덕의 귀함만 못하고 재물은 의의 고상함만 못하다.'라고 답했다. 또 재상이 될 것을 청했지만 받아들이지 않았다. 뒤에 자신을 낮추고 굳이 만나기를 청해 함께 이야기를 하는데, 문후는 오래 서 있어 피곤한데도 감히 쉬지 않았다."

《회남자》에서 말한다. "단간목은 진晉나라 대장大駔(말 상인)인데, 위문후의 스승이 되었다."《여씨춘추》에서 말한다. "위문후가 단간목을 만났는데, 오래 서 있어 피곤해도 감히 쉬지 않았다. 적황翟璜을 만나서는 마루에 걸터앉아 이야기하니 적황은 기분이 좋지 않아졌다. 문후가 '단간목은

벼슬을 시키려 해도 받지 않고 녹봉을 주려고 해도 받지 않는데, 지금 그대는 벼슬을 주고자 하면 재상의 지위에 이를 것이고, 녹봉을 주고자 하면 상경에 이를 것이다. 그대는 이미 나의 상을 받고 또 나의 예를 책망하는데 거리낌이 없는가?'라고 했다."

過 光臥反 文侯軾干木閭也 皇甫謐高士傳云 木 晉人也 守道不仕 魏文侯欲見 造其門 干木踰牆避之 文侯以客禮待之 出過其閭而軾 其僕曰 君何軾 曰 段干木賢者也 不趣勢利 懷君子之道 隱處窮巷 聲馳千里 吾安得勿軾 干木先乎德 寡人先乎勢 干木富乎義 寡人富乎財 勢不若德貴 財不若義高 又請爲相 不肯 後卑己固請見 與語 文侯立倦不敢息 淮南子云 段干木 晉之大駔 而爲文侯師 呂氏春秋云 魏文侯見段干木 立倦而不敢息 及見翟璜 踞於堂而與之言 翟璜不悅 文侯曰 段干木 官之則不肯 祿之則不受 今汝欲官則相至 欲祿則上卿至 旣受吾賞 又責吾禮 無乃難乎

서문표西門豹를 업鄴 땅의 태수로 임명했는데, 하내河內①가 잘 다스려졌다는 칭찬을 들었다.
任西門豹守鄴 而河内①稱治

① 河内하내

색은 살펴보니 대하大河는 업鄴의 동쪽에 있다. 그러므로 업鄴을 하내河内라고 이름 지은 것이다.
按 大河在鄴東 故名鄴爲河内

정의 옛 제왕의 도읍은 대부분 하동河東과 하북河北에 있었다. 그러므로 하북을 하내라고 한 것이다. 하수의 남쪽은 하외河外가 되었다. 또 하수는 용문龍門에서 남쪽으로 화음華陰에 이르렀다가 동쪽으로 위주에 이르며, 동북쪽으로 꺾어 바다로 들어가는데 기주를 굽어 둘러싼다. 그러므로 하내라고 한다는 말이다.

古帝王之都多在河東河北 故呼河北爲河内 河南爲河外 又云河從龍門南至華陰 東至衛州 折東北入海 曲繞冀州 故言河内云也

위魏나라 문후가 이극李克[①]에게 일러 말했다.

"선생께서 일찍이 과인을 가르쳐 말하기를 '집안이 가난할 때는 어진 아내를 생각하고 나라가 어지러워질 때는 어진 재상을 생각한다.'라고 했습니다. 지금 재상 자리에 둘 사람은 성成이 아니면 적황翟璜인데,[②] 두 사람은 어떠합니까?"

이극이 대답해 말했다.

"신이 듣건대, 지위가 낮은 이는 지위가 높은 이를 평가하지 않고, 먼 이는 가까운 이를 평가하지 않는다고 했습니다. 신은 궐문 밖에 있으니 감히 명을 감당하지 못하겠습니다."

문후가 말했다.

"선생께서는 이 일에 대해 사양하지 마십시오."

이극이 말했다.

"군주께서 살피시지 않은 까닭입니다. 거처할 때 누구와 가까운지 살피고, 부유할 때는 누구와 함께 하는지 살피고, 현달했을 때는 누구를 추천하는지 살피고, 궁할 때는 무엇을 하지 않는지 살피고,

가난할 때는 무엇을 취하지 않는지 살피십시오. 이 다섯 가지면 정하기에 충분한데 어찌 저에게 기대하십니까?"

문후가 말했다.

"선생께서는 댁으로 돌아가십시오. 과인의 재상은 정해졌습니다."

魏文侯謂李克[1]曰 先生嘗教寡人曰 家貧則思良妻 國亂則思良相 今所置非成則璜[2] 二子何如 李克對曰 臣聞之 卑不謀尊 疏不謀戚 臣在闕門之外 不敢當命 文侯曰 先生臨事勿讓 李克曰 君不察故也 居視其所親 富視其所與 達視其所擧 窮視其所不爲 貧視其所不取 五者足以定之矣 何待克哉 文侯曰 先生就舍 寡人之相定矣

① 李克이극

신주 이극은 유가儒家이다. 문후 시대에 위나라에서 이극과 쌍벽을 이루었던 인물이 이회李悝인데, 이회는 법가法家이다. 이회는 위나라 문후 때 재상이 되어 국가를 부강하게 만들었고, 법전인 《법경法經》을 완성했다.

② 今所置非成則璜금소치비성즉황

집해 서광이 말했다. "문후文侯 아우 이름이 성成이다.

徐廣曰 文侯弟名成

신주 성자成子가 아니면 적황翟璜이라는 뜻이다. 성成은 위나라 문후의 아우 성자이고, 황璜은 적황으로 위문후의 신하였다.

이극은 빠른 걸음으로 나가서 적황의 집을 지나가게 되었다. 적황이 말했다.

"지금 들으니 군주께서 선생을 불러서 재상이 될 사람을 점치셨다는데, 과연 누가 되겠습니까?"

이극이 말했다.

"위성자魏成子가 재상이 될 것이오."

적황이 분기를 띠며 말했다.

"귀로 듣고 눈으로 본 바를 기록한다면 신이 어찌 위성자보다 못합니까? 서하의 수守는 신이 추천했습니다.[1] 군주께서 안으로 업鄴 땅 때문에 근심을 하시기에, 신은 서문표를 추천했습니다. 군주께서 중산을 정벌하려고 하시자 신이 악양樂羊을 추천했습니다. 중산을 함락시켰지만 그곳을 지킬 사람이 없었는데, 신이 선생을 추천했습니다. 군주의 아들에게 스승이 없어서 신이 굴후부屈侯鮒를 추천했습니다. 신이 어찌 위성자보다 못합니까?"

李克趨而出 過翟璜之家 翟璜曰 今者聞君召先生而卜相 果誰爲之 李克曰 魏成子爲相矣 翟璜忿然作色曰 以耳目之所睹記 臣何負於魏成子 西河之守 臣之所進也[1] 君內以鄴爲憂 臣進西門豹 君謀欲伐中山 臣進樂羊 中山以拔 無使守之 臣進先生 君之子無傅 臣進屈侯鮒 臣何以負於魏成子

① 西河之守 臣之所進也서하지수 신지소진야

신주 이극이 추천한 서하태수는 명장이자 병법가인 오기吳起를 가리킨다. 〈오기열전〉에도 나온다. 여기서 진進은 '추천'이라는 뜻이다.

이극이 말했다.

"당신께서 그대의 군주에게 저를 추천한 것이 장차 무리를 만들어[1] 큰 관직을 구하려고 한 것입니까? 군주께서 묻기를 '위성자가 아니면 적황을 재상으로 두고 싶은데, 두 사람은 어떠합니까?'라고 하시기에 저는 '군주께서 살피시지 않은 까닭입니다. 거처할 때 누구와 가까운지 살피고, 부유할 때는 누구와 함께 하는지 살피고, 현달했을 때 누구를 추천하는지 살피고, 궁할 때 무엇을 하지 않는지 살피고, 가난할 때 무엇을 취하지 않는지 살피십시오. 이 다섯 가지면 정하기에 충분한데 어찌 저에게 기대하십니까?'라고 대답했습니다. 이로써 위성자가 재상이 될 것을 알았습니다. 그대는 어찌 위성자와 비교하십니까? 위성자는 1,000종의 녹봉을 받는데 10분의 9는 밖에 두고 10분의 1만 집안에 두니, 이로써 동쪽에서 복자하卜子夏, 전자방田子方, 단간목段干木을 얻었습니다. 이 세 사람을 군주는 모두 스승으로 삼았습니다. 그대가 추천한 5명은 군주가 모두 신하로 삼았습니다. 그대는 왜 위성자와 비교하십니까?"

적황은 뒷걸음질치며 두 번 절하고 말했다.

"저는 보잘것없는 사람입니다. 대답할 말을 잃었으니 끝내 제자가 되기를 바라옵니다."

李克曰 且子之言克於子之君者 豈將比周[1]以求大官哉 君問而置相 非成則璜 二子何如 克對曰 君不察故也 居視其所親 富視其所與 達視其所擧 窮視其所不爲 貧視其所不取 五者足以定之矣 何待克哉 是以知魏成子之爲相也 且子安得與魏成子比乎 魏成子以食祿千鍾 什九在外

什一在内 是以東得卜子夏田子方段干木 此三人者 君皆師之 子之所
進五人者 君皆臣之 子惡得與魏成子比也 翟璜逡巡再拜曰 璜 鄙人也
失對 願卒爲弟子

① 比周비주

신주 비주比周는 무리를 만들어 사익을 도모하는 것을 뜻한다. 《순자
荀子》〈치사致士〉에서 "붕당의 무리를 만들어 서로 칭찬하는 것을 군
자는 듣지 않고, 현인을 해치고 억울한 죄명을 덮어씌우는 참소를 하는
것을 군자는 쓰지 않는다.[朋黨比周之譽 君子不聽 殘賊加累之譖 君子不用]"라고
했다.

26년, 곽산虢山이 무너져서 하수河水를 막았다.①
32년,② 정나라를 침벌했다. 산조酸棗에 성을 쌓았다. 진秦나라를
주注③에서 무찔렀다.
35년, 제나라에서 위나라 양릉襄陵④을 침략해 빼앗았다.
36년, 진秦나라에서 위나라의 음진陰晉⑤을 침략했다.
二十六年 虢山崩 壅河① 三十二年② 伐鄭 城酸棗 敗秦于注③ 三十五年
齊伐取我襄陵④ 三十六年 秦侵我陰晉⑤

① 虢山崩 壅河곽산붕 옹하

집해 서광이 말했다. "섬陝 땅에 있다." 살펴보니 〈지리지〉에서 말한다.

"홍농의 섬현은 옛날 괵국이다. 북괵北虢은 대양에 있고 동괵東虢은 형양군에 있다."

徐廣曰在陝 駰案 地理志曰弘農陝縣故虢國 北虢在大陽 東虢在滎陽

정의 《괄지지》에서 말한다. "괵산은 섬주 섬현 서쪽 2리에 있다. 황하에 다다라 있다. 지금 임하臨河에는 강부岡阜(언덕 능선)가 있는데 이것은 괵산이 무너지고 남은 것이다.

括地志云 虢山在陝州陝縣西二里 臨黃河 今臨河有岡阜 似是積山之餘也

신주 《사기지의》에 따르면 괵虢은 서괵, 동괵, 소괵小虢이 있다. 이때 무너진 것은 소괵이다. 북괵은 서괵이라고도 하는데, 진晉나라가 멸망시켰다. 동괵은 정나라가 멸망시켰고, 소괵은 진秦나라가 멸망시켰다. 〈진세가〉 헌공 22년에도 기록이 나온다.

② 三十二年삼십이년

신주 《죽서기년》에 따르면 문후는 3년 전에 죽었다. 이때는 무후 3년에 해당한다.

③ 敗秦于注패진우주

집해 사마표가 말했다. "하남군 양현에 주성이 있다."

司馬彪曰 河南梁縣有注城也

정의 《괄지지》에서 말한다. "주성은 여주 양현 서쪽 15리에 있다. 주注는 다른 판본에는 '주鑄'로 되어 있다."

括地志云 注城在汝州梁縣西十五里 注 或作鑄也

④ 襄陵양릉

집해 서광이 말했다. "지금 남평양현에 있다."

徐廣曰 今在南平陽縣也

신주 남평양현南平陽縣은 전한 때 산양군山陽郡의 속현으로 당시 노나라 도읍 곡부 바로 남쪽 땅이다. 제나라가 위나라를 공격한 것으로 보아 위魏나라에서 송宋나라로 가는 중간에 있었을 것이다. 《중국역사지도집》에 양릉襄陵이 있는데 이곳으로 비정할 수 있다.

⑤ 陰晉음진

집해 서광이 말했다. "지금의 화음華陰이다."

徐廣曰 今之華陰

색은 살펴보니, 〈육국연표〉에서는 "제침음진齊侵陰晉"으로 되어 있다. 〈진본기〉에서 말한다. "혜왕 6년 위魏나라에서 음진을 바치자, 이름을 고쳐 영진寧秦이라고 했다." 서광이 말했다. "지금의 화음이다."

按 年表作齊侵陰晉 秦本紀云惠王六年 魏納陰晉 更名曰寧秦 徐氏云今之華陰也

신주 오늘날 중화서국본 〈육국연표〉에는 '진침음진秦侵陰晉'이라고 했는데 이 기록이 옳다. 화음은 화산의 북쪽이므로 그렇게 부른다. 일반적으로 산의 북쪽은 그늘이므로 '음'이라 하고 남쪽은 양달이므로 '양'이라 한다. 반대로 물줄기 북쪽은 산 남쪽과 같으므로 '양'이라 하고 물줄기 남쪽은 '음'이라 한다. 화음은 옛 함곡관 부근이다.

38년, 진秦나라를 공격했는데, 위나라는 무하武下에서 패했지만 진나라 장수 식識을 잡았다.[1]

이해에 문후가 죽고[2] 자격子擊이 계승했는데 바로 무후武侯이다.

三十八年 伐秦 敗我武下 得其將識[1] 是歲 文侯卒[2] 子擊立 是爲武侯

① 敗我武下 得其將識패아무하 득기장식

색은 '식'은 장수 이름이고 무하는 위나라 땅이다.

識 將名也 武下 魏地

정의 《괄지지》에서 말한다. "옛날 무성은 일명 무평성武平城인데 화주 정현 동쪽 13리에 있다."

括地志云 故武城一名武平城 在華州鄭縣東十三里

색은 식은 장수 이름이다. 무하는 위나라 땅이다.

識 將名也 武下 魏地

② 文侯卒문후졸

색은 38년에 죽었다. 《죽서기년》에서는 50년에 죽었다고 한다.

三十八年卒 紀年云五十年卒

신주 《죽서기년》에 따르면 이때는 무후 9년이다. 사마천의 〈세가〉 기년은 여러 착오가 있다. 오늘날 《중국역사기년표》는 춘추 말부터 전국 초까지 《사기》〈세가〉의 기년을 인정하지 않고 대부분 《죽서기년》의 기년을 적용하고 있다. 또 실제 문헌고증과 금석문자료 등에 의하면 《죽서기년》의 기록이 더 타당성이 있다고 했다.

잇따른 패전과 쇠퇴

위나라 무후 원년, 조나라 경후敬侯가 처음으로 즉위했다.[1] 공자 삭朔[2]이 난리를 일으켰다가 이기지 못하고 위나라로 달아났다. 위나라와 더불어 한단을 습격했지만 위나라는 패배하고 철수했다.

魏武侯元年 趙敬侯初立[1] 公子朔[2]爲亂 不勝 奔魏 與魏襲邯鄲 魏敗而去

① 趙敬侯初立조경후초립

색은 살펴보니 《죽서기년》에서는 위무후 원년은 조열후趙烈侯 14년에 해당한다고 했으니 같지 않다. 또 《세본》에서는 경후의 이름을 장章이라 했다.

按 紀年魏武侯之元年當趙烈侯之十四年 不同也 又系本敬侯名章

신주 〈전국시대 수정 연표〉를 보면 무후 10년이다. 이해(서기전 386), 각국의 여러 군주들이 새로 원년을 맞는다. 본문에 나온 조경후를 비롯하여 진秦나라 출공出公, 한韓나라 문후文侯, 제齊나라 태공太公이다. 특히 제태공 전화田和 원년은 강씨의 제나라인 강제姜齊를 멸망시킨 전씨의 제나라 전제田齊 원년이기도 하다.

② 朔삭

신주 〈조세가〉와 〈육국연표〉에서는 조朝라 했는데 그 기록이 맞을 것이다. 삭朔은 조상의 이름이니 쓸 수 없었을 것이다. 아울러 〈조세가〉와 〈육국연표〉에서는 무공武公의 아들이라 하지만, '무공'이라는 기록 자체가 잘못일 것이다.

2년, 안읍安邑과 왕원王垣에 성을 쌓았다.[①]

7년, 제나라를 정벌해 상구桑丘[②]에 이르렀다.

9년, 적翟이 회澮에서[③] 위나라를 무찔렀다. 오기吳起를 시켜서 제나라를 정벌해 영구靈丘[④]에 이르렀다. 제나라 위왕威王이 처음으로 즉위했다.[⑤]

二年 城安邑王垣[①] 七年 伐齊 至桑丘[②] 九年 翟敗我于澮[③] 使吳起伐齊 至靈丘[④] 齊威王初立[⑤]

---

① 城安邑王垣성안읍왕원

집해 서광이 말했다. "원현에 왕옥산이 있다."

徐廣曰 垣縣有王屋山也

색은 살펴보니 《죽서기년》에서는 14년에 낙양洛陽, 안읍安邑, 왕원王垣에 성을 쌓았다고 한다. 서광이 말했다. "원현에는 왕옥산이 있어서 왕원이라고 한다."

按 紀年十四年城洛陽及安邑王垣 徐廣云垣縣有王屋山 故曰王垣

정의 《괄지지》에서 말한다. "고성은 한漢나라 원현인데, 본래 위나라 왕원으로 강주 원현 서북쪽 20리에 있다."

括地志云 故城漢垣縣 本魏王垣也 在絳州垣縣西北二十里也

현재 《죽서기년》 연구고증서적인 《고본죽서기년집증》에는 무후 14년이 아니라 무후 11년이라 한다. 이는 사마천이 설정한 무후 2년에 해당한다.

② 桑丘상구

정의 〈육국연표〉에서 "제나라가 연燕나라를 정벌하여 상구桑丘를 빼앗았다."고 한다. 그러므로 위나라에서 연나라를 구원하여 제나라를 공격해 상구에 이르렀다. 《괄지지》에서 말한다. "상구 고성은 민간에서 경성敬城이라고 부르는데, 역주 수성현 영역에 있다."

年表云齊伐燕 取桑丘 故魏救燕伐齊 至桑丘也 括地志云 桑丘故城俗名敬城 在易州遂城縣界也

신주 제나라가 연나라 상구를 빼앗자, 삼진三晉이 모두 군사를 동원하여 연나라 상구에 도착한 것이다. 〈육국연표〉에 기록이 나온다.

③ 于澮우회

색은 澮의 발음은 '괴[古外反]'이다. 우회于澮는 회수澮水의 곁이라는 것이다.

古外反 于澮 於澮水之側

정의 《괄지지》에서 말한다. "회고산澮高山은 회산澮山이라고도 하는데, 강주 익성현 동북쪽 25리에 있고 회수가 이 산에서 나온다."

括地志云 澮高山又云澮山 在絳州翼城縣東北二十五里 澮水出此山也

④ 靈丘영구

정의 영구는 울주현이다. 당시에는 제나라에 속했으므로 삼진三晉에서 정벌했다.

靈丘 蔚州縣也 時屬齊 故三晉伐之也

신주 〈육국연표〉에서 나오듯이, 이때 역시 삼진은 모두 제나라를 공격하여 영구에 이르렀다. 영구는 하북성의 울주현蔚州縣이 아니라 산동성의 고당高唐 인근에 있는 읍이다.

⑤ 齊威王初立제위왕초립

색은 《죽서기년》을 살펴보니 제유공齊幽公 18년에 위왕이 즉위했다.

按紀年 齊幽公之十八年而威王立

신주 유공은 '환공桓公'을 잘못 쓴 것이다. 사마천은 〈세가〉 기년 중에서 전씨 제나라 기년에 오기誤記가 적지 않다. 수정된 연표로 보면 제후 섬剡 6년이다. 뒤에 환공이 18년 재위하고 그 뒤에 위왕威王이 즉위한다.

11년, 한나라, 조나라와 함께 진晉나라 땅을 셋으로 나누었는데 그 뒤에 멸망했다.[①]

13년, 진秦나라 헌공이 역양櫟陽을 현으로 삼았다.

15년, 북린北藺[②]에서 조나라를 무찔렀다.

16년, 초나라를 침벌하고 노양魯陽[③]을 빼앗았다. 무후가 죽고[④] 자앵子罃이 계승했는데, 바로 혜왕惠王이다.

> 十一年 與韓趙三分晉地 滅其後[1] 十三年 秦獻公縣櫟陽 十五年 敗趙北藺[2] 十六年 伐楚 取魯陽[3] 武侯卒[4] 子罃立 是爲惠王

① 與韓趙三分晉地 滅其後여한조삼분진지 멸기후

신주 서기전 376년이다. 진晉이 망한 해이다. 〈진세가〉에 따르면 정공靜公 2년이지만, 《죽서기년》에 따르면 환공桓公 13년이다. 〈진세가〉에서는 환공을 효공孝公이라 했다. 하지만 이는 사마천이 자신이 기록한 〈진세가〉에 따라 계산하여 넣은 기록으로 보이며, 자세한 것은 〈한세가〉에 주석하여 두었다.

② 趙北藺조북인

정의 석주에 있는데 조나라 서북쪽이다. 조나라에 속했으므로 조나라 북린이라고 했다.

在石州 趙之西北 屬趙 故云趙北藺也

③ 魯陽노양

정의 지금의 여주 노산현이다.

今汝州魯山縣也

신주 한漢나라 때 남양군南陽郡 북단 지역이다. 한韓나라 남단이고 초나라 북단 지역이다.

④ 武侯卒무후졸

색은 《죽서기년》을 살펴보니 무후武侯는 26년에 죽었다.

按紀年 武侯二十六年卒

《죽서기년》으로 계산하면 무후는 이듬해(서기전 370)에 죽었다. 따라서 혜왕 원년도 《죽서기년》보다 1년 앞당겨(서기전 370) 기록되었다.

혜왕 원년, 무후가 죽자 자앵子罃과 공중완公中緩[1]이 태자 자리를 두고 다투었다. 공손기公孫頎[2]는 송나라에서 조나라로 들어갔다가 조나라에서 한나라로 들어가 한나라 의후懿侯[3]에게 일러 말했다.

"위앵魏罃과 공중완이 태자 자리를 다투는데,[4] 군주께서도 들으셨습니까? 지금 위앵은 왕착王錯을 얻고[5] 상당을 소유하였으니 진실로 나라의 절반을 차지한 것입니다. 그로 인해 그들을 제거하면[6] 위나라를 쳐부수는 것이 틀림없으니, 기회를 잃어서는 안 됩니다."

惠王元年 初 武侯卒也 子罃與公中緩[1]爭爲太子 公孫頎[2]自宋入趙 自趙入韓 謂韓懿侯[3]曰 魏罃與公中緩爭爲太子[4] 君亦聞之乎 今魏罃得王錯[5] 挾上黨 固半國也 因而除之[6] 破魏必矣 不可失也

① 公中緩공중완

정의 中은 '중仲'으로 발음한다.

中音仲

② 公孫頎공손기

音祈

③ 韓懿侯한의후

색은 애후의 아들이다.

哀侯之子

④ 魏罃與公中緩爭爲太子위앵여공중완쟁위태자

색은 살펴보니 《죽서기년》에서 말한다. "무후 원년, 공자 완緩을 봉했다. 조후 종種과 한의후韓懿侯가 위나라를 공격해서 채蔡 땅을 빼앗자 혜왕은 조나라를 공격해서 탁양濁陽을 포위했다. 7년에 공자 완은 한단으로 가서 어려운 일을 만들었다." 이는 이 사건을 설명한 것이다.

按 紀年武侯元年封公子緩 趙侯種韓懿侯伐我 取蔡 而惠王伐趙 圍濁陽 七年
公子緩如邯鄲以作難 是說此事矣

신주 〈조세가〉에서는 탁택濁澤을 탁택涿澤이라 했다.

⑤ 今魏罃得王錯금위앵득왕착

집해 서광이 말했다. "《급총기년》에서 혜왕 2년 위나라 대부 왕착이 한나라로 달아났다고 한다."

徐廣曰 汲冢紀年惠王二年 魏大夫王錯出奔韓也

⑥ 因而除之인이제지

집해 서광이 말했다. "제除는 다른 판본에는 '배倍'로 되어 있다.

徐廣曰 除 一作倍

정의 살펴보니 제除는 위앵과 왕착을 없앤다는 것이다.

按 除 除魏罃及王錯也

의후가 기뻐하고 이에 조나라 성후成侯[1]와 군대를 합해서 위나라를 침벌했다. 탁택濁澤[2]에서 싸워 위나라를 크게 무찌르고 위나라 군주를 포위했다. 조나라가 한나라에 일러 말했다.

"위나라 군주를 제거하고 공중완을 세운 다음 땅을 나누고 물러난다면 우리에게도 이로울 것입니다."

한나라에서 말했다.

"안 됩니다. 위나라 군주를 죽이면 사람들은 반드시 포악하다고 할 것이고, 땅을 나누고 물러난다면 사람들은 반드시 탐욕스럽다고 할 것입니다. 둘로 나누는 것만 같지 못할 것입니다. 위나라를 둘로 나눈다면 송나라나 위衛나라보다 강성하지 못하게 될 것이니, 우리는 마침내 위나라에 대한 근심거리가 없어질 것입니다."

조나라에서 듣지 않자 한나라는 달가워하지 않고 얼마 지나서 마침내 밤에 철수했다. 혜왕은 자신이 죽지도 않고 나라가 나뉘지도 않은 것은 한나라와 조나라의 모의가 합쳐지지 못한 까닭으로 여겼다. 만약 한쪽의 모의를 따랐다면 위나라는 반드시 나뉘었을 것이라 여겼다. 그래서 말했다.

"군주가 죽었는데 적자適子가 없으면 그 나라는 무너지는 것이다.[3]"

懿侯說 乃與趙成侯^①合軍幷兵以伐魏 戰于濁澤^② 魏氏大敗 魏君圍 趙謂韓曰 除魏君 立公中緩 割地而退 我且利 韓曰 不可 殺魏君 人必曰暴 割地而退 人必曰貪 不如兩分之 魏分爲兩 不彊於宋衛 則我終無魏之患矣 趙不聽 韓不說 以其少卒夜去 惠王之所以身不死 國不分者 二家謀不和也 若從一家之謀 則魏必分矣 故曰君終無適子 其國可破也^③

① 趙成侯조성후

색은 《세본》에서는 성후의 이름을 種이라 한다.

系本云成侯名種

② 濁澤탁택

집해 서광이 말했다. "장사長社에 탁택濁澤이 있다."

徐廣曰 長社有濁澤

신주 〈조세가〉에서 나오듯이, 서광이 말한 영천군潁川郡 장사현長社縣에 탁택이 있다는 것은 잘못이다. 《사기정의》의 〈조세가〉 '탁택濁澤'에 관한 주석을 보면, 위나라 안읍安邑 주변이라고 보는 것이 타당하다.

③ 君終無適子 其國可破也군종무적자 기국가파야

색은 이것은 아마 옛사람의 말이거나 세속의 말일 것이므로 '고왈故曰'이라고 했다.

此蓋古人之言及俗說 故云故曰

2년, 위魏나라는 한나라를 마릉馬陵에서 무찌르고[1] 조나라를 회懷에서 무찔렀다.

3년, 제나라가 위나라를 관觀[2]에서 무찔렀다.

5년, 한나라와 택양宅陽[3]에서 회합했다. 무도武堵에 성을 쌓았다. (한나라, 위나라가) 진秦나라에 패배했다.[4]

二年 魏敗韓于馬陵[1] 敗趙于懷 三年 齊敗我觀[2] 五年 與韓會宅陽[3] 城武堵 爲秦所敗[4]

① 魏敗韓于馬陵위패한우마릉

신주 〈육국연표〉 서기전 369년에 이 기록과 아울러 〈위세가〉 본문 혜왕 원년 기록(조나라가 위나라를 탁택에서 무찌르고 혜왕을 포위한 것)도 같이 나온다. 앞서 말했지만 《죽서기년》에서는 이해를 혜왕 원년이라고 했다.

② 齊敗我觀제패아관

집해 서광이 말했다. "〈전경중완세가〉에서는 관觀을 바치고 제나라와 화평했다고 했다. 〈육국연표〉에서는 위나라를 정벌하여 관을 빼앗았다고 했다. 지금의 위현이다."

徐廣曰 齊世家云獻觀以和齊 年表曰伐魏取觀 今之衛縣也

색은 〈전경중완세가〉에서 말한다. "위나라를 탁진濁津에서 무찌르고 혜왕을 포위하자, 혜왕이 관觀을 바치겠다고 청해서 화해했다."

田完系家云 敗魏於濁津而圍惠王 惠王請獻觀以和解

정의 觀의 발음은 '관館'이다. 위주 관성현은 옛날 관국觀國이다. 《국어》의 주석에서 관국은 하나라 계啓의 아들 태강太康의 다섯째 아우를 봉한 곳인데 하나라가 쇠약해지자 없어졌다고 한다.

觀音館 魏州觀城縣 古之觀國 國語注 觀國 夏啓子太康第五弟之所封也 夏衰
滅之矣

③ 宅陽택양

정의 《괄지지》에서 말한다. "택양 고성은 일명 북택北宅이라고 하며
정주 형양현 동남쪽 17리에 있다."

括地志云 宅陽故城一名北宅 在鄭州滎陽縣東南十七里也

④ 爲秦所敗위진소패

집해 서광이 말했다. "진나라 〈연표〉에서 한나라와 위나라를 낙음洛陰
에서 무찔렀다고 한다."

徐廣曰 秦年表曰敗韓魏洛陰

신주 낙수洛水는 화산華山 동남쪽에서 나오고 그 남쪽에서 낙수를 건
넌 남쪽이 바로 낙음이다. 당시 한나라와 진秦나라 국경이다. 여기를 거
쳐 동쪽으로 민지黽池와 의양宜陽에 닿는다.

> 6년, 송나라 의대儀臺①를 침략하여 빼앗았다.
> 9년, 한나라를 회澮에서 침략하여 무찔렀다. 진秦나라와 소량
> 少梁에서 싸웠는데, 위나라 장군 공손좌公孫痤가 포로로 잡히
> 고② 방龐을 빼앗겼다. 진秦나라 헌공이 죽고 아들 효공孝公이 계승
> 했다.

> 六年 伐取宋儀臺[1] 九年 伐敗韓于澮 與秦戰少梁 虜我將公孫痤[2] 取龐
> 秦獻公卒 子孝公立

① 儀臺의대

집해 서광이 말했다. "다른 판본에는 '의대義臺'로 되어 있다."

徐廣曰 一作義臺

색은 살펴보니 〈육국연표〉에서는 '의대義臺'로 되어 있다. 그러나 의대
는 《장자》에서도 보이는데 사마표도 대臺의 이름이라 했다. 곽상은 "의
대가 영대靈臺이다."라고 했다.

按 年表作義臺 然義臺見莊子 司馬彪亦曰臺名 郭象云義臺 靈臺

② 虜我將公孫痤노아장공손좌

집해 서광이 말했다. "〈육국연표〉에서는 '위나라 태자가 포로가 되었
다.'로 되어 있다."

徐廣曰 年表云虜我太子也

신주 소량은 사마천의 고향인 한성韓城 부근이며, 역시 황하에 닿아 있
는 지역이다. 〈조세가〉에 따르면 태자와 공손좌는 모두 포로가 되었다.
이보다 2년 앞서 진헌공秦獻公 21년 조성후趙成侯 11년에 위나라와 조나
라 연합군은 진나라에게 위나라 하서 땅 석문石門에서 6만 명이 전사하
는 대패를 당한다. 진나라는 그로 인해 황하까지 닿으며 위나라는 하서
땅 상당 부분을 잃는다. 이는 전국시대 초기 운명을 가름하는 큰 전투였
다. 전국시대 초기 강성했던 위나라는 이때부터 몰락의 길로 접어들었고
반대로 서쪽 진나라는 이를 계기로 강대국으로 발돋움한다.

10년, 공격하여 조나라 피뢰皮牢를 빼앗았다. 혜성이 나타났다.

12년, 별이 낮에 떨어졌는데 요란한 소리가 났다.

14년, 조나라와 호鄗 땅에서 회합했다.[①]

15년, 노나라, 위衛나라, 송나라, 정나라(한나라) 군주가 조회에 왔다.[②]

16년, 진秦나라 효공과 두평杜平에서 회합했다. 송나라 황지黃池를 빼앗았는데 송나라에서 다시 빼앗아 갔다.

十年 伐取趙皮牢 彗星見 十二年 星晝墜 有聲 十四年 與趙會鄗[①]

十五年 魯衛宋鄭君來朝[②] 十六年 與秦孝公會(社)[杜]平 侵宋黃池 宋 復取之

① 與趙會鄗여조회호

신주 〈조세가〉에서는 갈얼葛蘖이라 했다.

② 魯衛宋鄭君來朝노위송정군래조

색은 살펴보니 《죽서기년》에서 노공후魯恭侯, 송환후宋桓侯, 위성후衛成侯, 정희후鄭釐侯가 내조來朝한 것이 모두 14년이라고 한 것이 이것이다. 정희후는 한소후韓昭侯이다. 한애후韓哀侯가 정나라를 멸하고 도읍지를 옮겼으며, 이름을 정鄭으로 고쳤다.

按 紀年魯恭侯宋桓侯衛成侯鄭釐侯來朝 皆在十四年 是也 鄭釐侯者 韓昭侯也 韓哀侯滅鄭而徙都之 改號曰鄭

신주 위나라는 비록 몰락의 조짐이 있었지만, 이때까지도 중원의 강국이었다. 당연히 주변 강대국들을 제외하고 위나라 주변의 소국들은 조회에 들었을 것이다. 송환후는 〈송미자세가〉에서 벽병辟兵이라 했다.

사마천은 시호를 '벽辟'이라 잘못 쓰고 재위를 3년이라 했으나, 실제 '十십' 이 탈락한 13년일 것이며, 이때는 재위 7년이다. 자세한 것은 〈송미자세가〉에 나온다.

17년, 진秦나라와 원리元里에서 싸웠는데, 진秦나라가 위나라의 소량을 빼앗아 갔다. 조나라 한단을 포위했다.

18년, 한단을 함락시켰다. 조나라가 제나라에 구원을 요청하자, 제나라에서 전기田忌와 손빈孫臏을 보내 조나라를 구원케 하고 위나라를 계릉桂陵에서 무찔렀다.[1]

19년, 제후들이 위나라 양릉襄陵을 포위했다.[2] 장성長城을 쌓아 고양固陽에서 막았다.[3]

十七年 與秦戰元里 秦取我少梁 圍趙邯鄲 十八年 拔邯鄲 趙請救于齊 齊使田忌孫臏救趙 敗魏桂陵[1] 十九年 諸侯圍我襄陵[2] 築長城 塞固陽[3]

① 敗魏桂陵패위계릉

신주 《죽서기년》의 계산으로, 위혜왕 17년에 벌어진 계릉전투이다. 이 전투 역시 위나라가 대패하여 석문전투에 이어 2차로 몰락하는 계기가 된다. 위나라는 비록 조나라 한단을 함락했지만 제나라에 패한다. 《고본 죽서기년집증》에서 인용한 《수경주》에 따르면, 이때 송나라와 위衞나라 군사도 위魏나라 남쪽 (진류군陳留郡) 양릉襄陵에서 제나라를 응원하여 위魏나라를 압박했다고 한다.

② 諸侯圍我襄陵제후위아양릉

한漢나라 때 진류군陳留郡 양읍현襄邑縣이며 위나라 남쪽이다. 《고본죽서기년집증》에서 《수경주》에 기록된 《죽서기년》을 인용했는데 이때 혜왕은 한韓나라와 함께 제후들의 군대를 막았다. 대치한 나라가 제나라와 송나라인데, 제나라는 또 초나라에게 군사를 주둔시키도록 요구했다고 한다. 아울러 《죽서기년》 기록은 혜왕 18년이다.

③ 築長城 塞固陽축장성 새고양

정의 塞의 발음은 '새[先代反]'이다. 《괄지지》에서 말한다. "고양현은 한나라 옛 현이고 은주 은성현 영역에 있다." 살펴보니 위나라에서 장성을 쌓아서 정鄭 땅에서 낙수 물가에 닿았으니, 북쪽으로 은주에 도달하고 승주 고양현에 이르러 막히게 되었다. 고양은 산으로 연결되어 동쪽으로는 황하에 이르고 서남쪽으로는 하夏와 회會 등의 주에 이른다. 梱의 발음은 '고固'이다.

塞 先代反 括地志云 梱陽縣 漢舊縣也 在銀州銀城縣界 按 魏築長城 自鄭濱洛 北達銀州 至勝州固陽縣爲塞也 固陽有連山 東至黃河 西南至夏會等州 梱音 固矣

> 20년, 조나라 한단을 돌려주고 장수漳水에서 서로 회맹했다.①
> 21년, 진秦나라와 동彤에서 회합했다. 조나라 성후가 죽었다.②
> 28년, 제나라 위왕威王이 죽었다. 중산군中山君은 위魏나라 재상이 되었다.③

> 二十年 歸趙邯鄲 與盟漳水上[1] 二十一年 與秦會彤 趙成侯卒[2] 二十八
> 年 齊威王卒 中山君相魏[3]

① 歸趙邯鄲 與盟漳水上귀조한단 여맹장수상

[정의] 한단은 명주현이다. 장漳은 물 이름이다. 장수의 근원은 명주 무
안현 삼문산三門山에서 나온다.

邯鄲 洺州縣也 漳 水名 漳水源出洺州武安縣三門山也

② 與秦會彤 趙成侯卒여진회동 조성후졸

[집해] 서광이 말했다. "〈육국연표〉에서는 27년에 단丹을 봉하고 이름을
회會라고 했다. 단은 위魏나라 대신이다."

徐廣曰 年表云二十七年 丹封名會 丹 魏大臣也

③ 中山君相魏중산군상위

[색은] 살펴보니 위문후가 중산中山을 멸망시키고 그의 아우에게 지키게
했다가 얼마 있다가 나라를 복원시켜서 이에 이르러 처음으로 위나라 재
상으로 삼았다. 중산은 뒤에 또 조나라가 멸망시켰다.

按 魏文侯滅中山 其弟守之 後尋復國 至是始令相魏 其中山後又爲趙所滅

[신주] 〈육국연표〉에서는 위혜왕 29년에 중산군이 재상이 되었다고
한다.

30년,[1] 위나라가 조나라를 침략하자[2] 조나라는 위급함을 제나라에 알렸다. 제나라 선왕宣王은 손자孫子의 계책을 채용해 조나라를 구원하고 위나라를 쳤다. 위나라는 마침내 크게 군사를 일으키고 방연龐涓 장군을 시켜서 태자 신申에게 상장군이 되라고 했다. 외황外黃을 지나는데 외황의 서자徐子[3]가 태자에게 일러 말했다.

"신에게 백 번 싸워 백 번 승리할 술책이 있습니다."

태자가 말했다.

"들려줄 수 있겠소?"

객이 말했다.

"군이 원하시니 알려드리겠습니다."

三十年[1] 魏伐趙[2] 趙告急齊 齊宣王用孫子計 救趙擊魏 魏遂大興師 使龐涓將 而令太子申爲上將軍 過外黃 外黃徐子[3]謂太子曰 臣有百戰百勝之術 太子曰 可得聞乎 客曰 固願效之

① 三十年삼십년

신주 《죽서기년》에서는 혜왕 27년 12월부터 28년 초까지 이 전투가 벌어졌다고 기록하고 있다. 그렇다면 〈위세가〉 기년으로 혜왕 29년이 되어야 한다.

② 魏伐趙위벌조

정의 〈손빈전〉에서는 "위나라가 조나라와 더불어 한나라를 공격하자 한나라가 급하게 제나라에 알렸다.[魏與趙攻韓 韓告急齊]"로 되어 있으니,

이 문장이 잘못된 것이다. 위나라가 조나라를 침략하자 조나라에서 제나라에 구원을 요청했으며, 제나라에서 손빈을 시켜 조나라를 구원케 하고 위나라를 계릉桂陵에서 무너뜨린 것은 18년이었다.

孫臏傳云魏與趙攻韓 韓告急齊 此文誤耳 魏伐趙 趙請救齊 齊使孫臏救趙 敗魏桂陵 乃在十八年也

 주석처럼 한나라를 도와 제나라가 군사를 일으킨 것이다. 이것이 전국시대 삼진三晉의 운명을 가름한 마릉전투이다. 위나라는 이후로 완전히 몰락하여 삼진의 주도권이 조趙나라로 넘어가게 된다.

③ 外黃徐子외황서자

집해 유향의 《별록》에서 "서사徐子는 외황外黃 사람이다."라고 했다. 외황은 당시 송나라에 속했다.

劉向別錄曰 徐子 外黃人也 外黃時屬宋

정의 《괄지지》에서 말한다. "옛날 어성圉城은 남북으로 2개의 성이 있었는데, 변주 옹구현의 영역에 있었다. 본래는 외황에 속했는데 곧 태자 신申이 서자徐子를 만난 땅이다."

括地志云 故圉城有南北二城 在汴州雍丘縣界 本屬外黃 即太子申見徐子之地也

신주 이때 위나라는 이미 대량大梁으로 수도를 옮긴 뒤였다.

이에 서자가 말했다.

"태자께서 스스로 장군이 되어 제나라를 공격해 크게 승리하고 거莒 땅[①]을 병탄하시더라도 곧 부유함은 위나라를 갖는 것만 못하고, 귀한 것은 왕이 되는 것에서 더할 것이 없습니다. 만약 제나라와 싸웠다가 이기지 못한다면, 만세에도 위나라는 없을 것입니다. 이를 신은 백 번 싸워 백 번 승리하는 술책이라고 합니다."

태자가 말했다.

"그렇소. 청컨대 반드시 공공의 말을 따라서 돌아오겠소."

객이 말했다.

"태자께서 비록 돌아오시고자 하나 그렇게 못하실 것입니다. 저들 중 태자에게 싸워 공격할 것을 권하면서 단물만 빨아먹으려고 하는 자들이 많으니[②] 태자께서 비록 돌아오시고자 해도, 아마 그러지 못할 것입니다."

曰 太子自將攻齊 大勝幷莒[①] 則富不過有魏 貴不益爲王 若戰不勝齊 則萬世無魏矣 此臣之百戰百勝之術也 太子曰 諾 請必從公之言而還矣 客曰 太子雖欲還 不得矣 彼勸太子戰攻 欲啜汁者衆[②] 太子雖欲還 恐不得矣

① 大勝幷莒대승병거

정의 거莒는 밀주현이며 제나라 동남쪽에 있다. 서쪽에서 제나라를 쳐부수고 아울러 거 땅에 이른다면, 제나라 땅은 다했다는 말이다.

莒 密州縣也 在齊東南 言從西破齊 幷至莒地 則齊土盡矣

② 欲啜汁者衆욕철즙자중

정의 啜의 발음은 '철[穿悅反]'이고, 汁의 발음은 '집[之入反]'이다. 공훈

만을 바라는 자가 많다는 것이다.

啜 穿悅反 汁 之入反 冀功勳者衆也

태자가 이 때문에 돌아가고자 했으나, 그의 수레를 모는 자가 말했다.

"군사를 거느리고 출정했다가 그냥 돌아오는 것은 패배한 것과 같습니다."

태자는 마침내 제나라 사람들과 싸우다가 마릉馬陵①에서 패배했다. 제나라는 위나라의 태자 신을 포로로 잡고 장군 방연龐涓을 죽였으며, 군대는 마침내 크게 부서졌다.

太子因欲還 其御曰 將出而還 與北同 太子果與齊人戰 敗於馬陵① 齊虜魏太子申 殺將軍涓 軍遂大破

① 馬陵마릉

집해 서광이 말했다. "원성元城에 있다."

徐廣曰 在元城

색은 서광이 말했다. "원성에 있다." 살펴보니 《죽서기년》에서는 28년에 제나라 전반田盼과 마릉馬陵에서 싸웠다. 2년 앞서 위나라는 한나라를 마릉에서 무찔렀다. 18년에 조나라가 또 위나라를 계릉에서 무찔렀다고 한다. 계릉桂陵과 마릉은 다른 곳이다.

徐廣曰 在元城 按紀年二十八年 與齊田盼戰于馬陵 上二年 魏敗韓馬陵 十八年 趙又敗魏桂陵 桂陵與馬陵異處

정의 우희의《지림》에서 말한다. "마릉은 복주 견성현 동북쪽 60리에 있는데, 구릉이 있고 산골짜기는 깊고 높아서 복병을 둘 수 있는 곳이다." 살펴보니 방연이 패한 곳이 곧 이곳이다. 서광은 마릉을 설명하여 위주 원성현 동남쪽 1리에 있다고 했는데, 방연이 패한 곳은 이 곳이 아니다. 〈전경중완세가〉에서 말한다. "선왕宣王 2년 위나라가 조나라를 침략하자 조나라는 한나라와 친해서 함께 위나라를 공격했는데, 조나라가 불리한 상태에서 남량南梁에서 싸웠다. 한나라가 제나라에 요청하자, 제나라에서는 전기田忌와 전영田嬰을 장군으로 삼고 손자孫子를 군사軍師로 삼아 한나라와 조나라를 구원하게 했는데, 위나라를 공격해 마릉에서 크게 쳐부수었다." 살펴보니 남량은 여주에 있다. 또 여기서 "태자는 상장군이 되어 외황外黄을 지나갔다."라고 했다.

또 〈손빈전〉에서 말한다. "위나라와 조나라가 한나라를 공격하자, 한나라가 위급한 것을 제나라에 알렸다. 제나라에서 전기 장군을 시켜 출병하게 하자 바로 대량大梁으로 달려갔다. 위나라 장수 방연은 이 소식을 듣고 한나라를 떠나 돌아갔는데, 제나라 군대는 이미 지나쳐 서쪽으로 갔다." 살펴보니 손자는 아궁이를 줄이고 퇴군해서 3일을 행군해 마릉에 이르렀고, 마침내 방연을 살해하고 위나라 태자 신을 포로로 잡았으며 위나라 군대를 크게 쳐부수었다고 했다. 그러므로 우희의 설명처럼 변주의 외황에서 후퇴하여 복주 동북쪽 60리에 이르렀다고 한 것이 이것이다. 그러나 조나라와 한나라가 함께 위나라를 공격해 남량에서 싸우다가 곤경에 처하고, 한나라가 위급해지자 제나라에 구원을 요청했다. 제나라 군사는 대량으로 달려가고 위나라는 마릉에서 무너졌는데, 어찌 다시 하수 북쪽을 건너서 위주 원성에 이르렀다는 것이 타당하겠는가? 서광의 설명이 잘못된 것이다.

虞喜志林云 馬陵在濮州鄄城縣東北六十里 有陵 澗谷深峻 可以置伏 按 龐涓 敗即此也 徐說馬陵在魏州元城縣東南一里 龐涓敗非此地也 田完世家云宣王 二年 魏伐趙 趙與韓親 共擊魏 趙不利 戰於南梁 韓氏請於齊 齊使田忌田嬰將 孫子爲師 救韓趙 以擊魏 大破之馬陵 按 南梁在汝州 又此傳云太子爲上將軍 過外黃 又孫臏傳云魏與趙攻韓 韓告急齊 齊使田忌將而往 直走大梁 魏將龐涓 聞之 去韓而歸齊 軍已過而西矣 按 孫子減竈退軍 三日行至馬陵 遂殺龐涓 虜 魏太子申 大破魏軍 當如虞喜之說 從汴州外黃退至濮州東北六十里是也 然趙 韓共擊魏 戰困於南梁 韓急 請救於齊 齊師走大梁 敗魏馬陵 豈合更渡河北 至 魏州元城哉 徐說定非也

신주 위 정의 에서, 하수 북쪽을 건넜다는 말은 잘못이다. 당시 하수 는 당나라 때와 달리 하북 병원을 대각선으로 가로지르는 강이 옛 청하 淸河였기 때문이다. 둘 다 당시 황하 남쪽으로, 위나라와 제나라 국경이 맞닿은 지점이다.

동쪽 대량으로 천도

31년, 진秦나라, 조나라, 제나라가 함께 위나라를 공격했다.[①] 진나라 장군 상군商君(상앙)이 위나라 장군 공자 앙印을 속이고 그의 군대를 습격해 빼앗고 쳐부수었다. 진나라에서 상군商君을 등용해 동쪽 땅은 하수에 이르렀다. 제나라와 조나라도 자주 위나라를 격파했다. 위나라는 안읍安邑이 진나라에 가까워지자 이에 도읍을 대량大梁으로 옮겨 다스렸다.[②] 공자 혁赫을 태자로 삼았다.[③]

33년, 진나라 효공이 죽고 상군이 진나라에서 도망쳐 위나라로 돌아오자 위나라는 노하고 받아들이지 않았다.

35년, 제나라 선왕과 평아平阿[④] 남쪽에서 회합했다.

三十一年 秦趙齊共伐我[①] 秦將商君詐我將軍公子印而襲奪其軍 破之 秦用商君 東地至河 而齊趙數破我 安邑近秦 於是徙治大梁[②] 以公子赫爲太子[③] 三十三年 秦孝公卒 商君亡秦歸魏 魏怒 不入 三十五年 與齊宣王會平阿南[④]

① 秦趙齊共伐我진조제공벌아

색은 살펴보니 《죽서기년》에서 "29년 5월, 제나라 전반田盼이 위나라 동쪽 변방을 공격했다. 9월, 진나라 위앙衛鞅이 위나라 서쪽 변방을 공격했다. 10월, 한단(조나라)에서 북쪽 변방을 공격했다. 왕이 위앙을 공격했으나 위나라의 군사가 패전했다."라고 한 것이 이것이다. 그러나 29년이라고 말한 것은 (여기와) 동일하지 않다.

按 紀年二十九年五月 齊田肦伐我東鄙 九月 秦衛鞅伐我西鄙 十月 邯鄲伐我北鄙 王攻衛鞅 我師敗績是也 然言二十九年 不同

신주 31년의 주된 기사는 도읍을 옮긴 것이다. 그로 인해 30년에 들어가야 할 기사들이 31년에 포함되었다. 즉 제나라, 진나라, 조나라가 위나라 변방을 공격한 사건은 혜왕 30년이고, 앙卬이 잡힌 것은 31년이다. 《죽서기년》으로 따지면 혜왕 29년과 30년이다.

② 於是徙治大梁어시사치대량

집해 서광이 말했다. "지금의 준의浚儀이다." 살펴보니 《급총기년》에서 말한다. "양나라 혜성왕 9년 4월 갑인일에 도읍을 대량으로 옮겼다."

徐廣曰 今浚儀 駰案 汲冢紀年曰梁惠成王九年四月甲寅 徙都大梁也

색은 《죽서기년》에서는 혜왕 9년이라고 했는데, 아마 잘못일 것이다.

紀年以爲惠王九年 蓋誤也

정의 《진류풍속전》에서 말한다. "위나라의 도읍이다. 필만畢萬이 10대의 수레로 대량으로 옮겼다." 살펴보니 지금의 변주 준의浚儀이다.

陳留風俗傳云魏之都也 畢萬十葉徙大梁 按 今汴州浚儀也

신주 준의는 한漢나라 때 진류군이며 훗날 북송北宋의 수도 개봉開封이다. 당시 한나라 국경과 그리 멀지 않다. 그러나 〈육국연표〉에서는 도읍을 옮긴 사실이 나오지 않는다. 《고본죽서기년집증》에서는 정밀하게 고증하여 《수경주》 등에 기록된 '혜왕 6년 4월 갑인일'이 정확하다고 한다. 〈위세가〉에 따르면 혜왕 7년이 된다. 즉 마릉전투에 앞서 태자가 외황을 지나간 것은 우연이 아니다. 도읍 바로 옆이므로 태자의 군대가 수도를 출발하여 그 길로 통과한 것이다.

③ 公子赫爲太子공자혁위태자

신주 〈육국연표〉에서는 32년에 나온다. 본문 앞에 기년이 탈락된 것으로 보인다.

④ 會平阿南회평아남

집해 〈지리지〉에서 패군에 평아현이 있다고 한다.
地理志沛郡有平阿縣也

신주 〈전국시대 수정 연표〉 기년으로 보면 회동한 것은 제나라 선왕宣王이 아니라 제나라 위왕威王이다.

혜왕은 군사들이 여러 차례 패하자 예로 (자신을) 낮추고 폐백을 두텁게 해 현자들을 초빙했다. 추연鄒衍, 순우곤淳于髡, 맹가孟軻 (맹자)[1] 등이 모두 양梁나라에 이르렀다. 양혜왕[2]이 말했다.

"과인이 재주가 없어 군사가 밖에서 세 번 꺾이고 태자는 포로가 되었으며 상장군이 죽었습니다. 나라가 이 때문에 텅 비게 되었고 선군先君의 종묘사직은 수모를 당했으니 과인은 매우 부끄럽습니다. 장로들께서 1,000리 길을 멀다고 여기시지 않고[3] 다행히도 폐읍敝邑의 조정에 이르셨습니다. 장차 어떻게 하면 우리나라를 이롭게 할 수 있겠습니까?"

맹가가 말했다.

"군주께서는 이처럼 이익만 말씀하시면 옳지 않습니다. 무릇 군주께서 이익만 바라신다면 대부들도 이익만 바라고, 대부들이 이익만 바란다면 백성도 이익만 바랄 것이니 위와 아래가 이익만을 다툰다면 국가는 위태해질 것입니다. 사람의 군주 된 자는 인의가 있을 뿐인데 어찌 이익만을 바라십니까?"

惠王數被於軍旅 卑禮厚幣以招賢者 鄒衍淳于髡孟軻[1]皆至梁 梁惠王[2]曰 寡人不佞 兵三折於外 太子虜 上將死 國以空虛 以羞先君宗廟社稷 寡人甚醜之 叟不遠千里[3] 辱幸至樊邑之廷 將何利吾國 孟軻曰君不可以言利若是 夫君欲利則大夫欲利 大夫欲利則庶人欲利 上下爭利 國則危矣 爲人君 仁義而已矣 何以利爲

① 鄒衍淳于髡孟軻추연순우곤맹가

신주 추연은 전국시대 음양오행가陰陽五行家, 순우곤은 전국시대 유세가, 맹가는 대유大儒이다. 맹가는 전국시대 사람으로 이름은 가軻이고 자는 자여子輿이며 노나라 사람이다. 공자의 손자인 자사子思에게 학문을 전수받아 공자의 학문을 계승했다. 성선설을 주창한 사람이다.

② 梁惠王양혜왕

신주 위혜왕魏惠王을 뜻한다. 위무후魏武侯의 아들로 위나라 군주가 되었다. 혜왕 9년(서기전 361) 위나라 수도를 지금의 산서성 하현夏縣 서북쪽의 안읍安邑에서 지금의 하남성 개봉시開封市인 대량大梁으로 옮기면서 위나라를 양梁나라라고도 칭했다. 그래서 《맹자》 등에는 양혜왕으로 나온다.

③ 叟不遠千里수불원천리

집해 유희가 말했다. "수叟는 장로의 호칭이고 흰머리에 의거해서 말한 것이다."

劉熙曰 叟 長老之稱 依皓首之言

36년, 다시 제나라 왕과 함께 견甄 땅에서 회합했다. 이해에 혜왕이 죽고[1] 아들 양왕襄王이 즉위했다.[2]

양왕 원년, 제후들과 함께 서주徐州[3]에서 회합했는데 제후들이 서로를 왕이라고 칭했다. 아버지 혜왕을 추존해 왕이라 했다.[4]

三十六年 復與齊王會甄 是歲 惠王卒[1] 子襄王立[2] 襄王元年 與諸侯會 徐州[3] 相王也 追尊父惠王爲王[4]

---

① 是歲 惠王卒시세 혜왕졸

색은 《죽서기년》을 살펴보니 혜성왕 36년에 원년을 고쳐서 1년이라고 칭했으며 죽지 않았다고 한다.

按紀年 惠成王三十六年改元稱一年 未卒也

신주 혜왕 36년에 왕이라 칭하고 원년을 고쳤다는 것은 《죽서기년》과 그 고증들을 살펴보면 일치한다. 사마천은 양왕을 양왕과 애왕 둘로 나누어 기록한 것으로 보인다. 다시 말하면 〈위세가〉에서 양왕 기년은 모두 혜왕 후기 기년이며, 애왕 기년은 그대로 모두 양왕 기년이 된다.

② 子襄王立자양왕입

색은 《세본》에서는 양왕의 이름을 사嗣라고 했다.

系本襄王名嗣

③ 徐州서주

집해 서광이 말했다. "지금의 설현이다."

徐廣曰 今薛縣

신주 위혜왕과 제위왕齊威王이 서주에서 회맹한 것은 서기전 334년이다. 이때 서로를 왕이라고 높였는데 이를 서주상왕徐州相王이라고 한다. 이후 각 제후들은 주왕周王의 권위를 무시하고 왕의 칭호를 사용했고, 시호도 이전의 후侯나 공公에서 왕으로 높였다.

④ 追尊父惠王爲王추존부혜왕위왕

집해 서광이 말했다. "2년에 조나라를 정벌했다."

徐廣曰 二年 伐趙

신주 〈육국연표〉에서 조나라를 친 것은 위양왕 3년이다.

5년, 진秦나라는 위나라 용가龍賈의 군대 4만 5,000명을 조음雕陰[1]에서 무찌르고, 위나라 초焦와 곡옥曲沃[2]을 포위했다. 이에 진나라에 하서河西 땅을 주었다.[3]

五年 秦敗我龍賈軍四萬五千于雕陰[1] 圍我焦曲沃[2] 予秦河西之地[3]

① 雕陰조음

집해 서광이 말했다. "상군에 있다."

徐廣曰 在上郡

정의 《괄지지》에서 말한다. "조음 옛 현은 부주 낙교현 북쪽 30리에 있으며 조음 옛 성이 이곳이다."

括地志云 彫陰故縣在鄜州洛交縣北三十里 彫陰故城是也

② 圍我焦曲沃위아초곡옥

정의 《괄지지》에서 말한다. "옛 초성焦城은 섬현 동북쪽 100보에 옛 괵성虢城 안 동북쪽 모퉁이에 있으며 주周와 동성同姓이다. 곡옥曲沃에 성이 있는데 섬현 서남쪽 32리에 있다. 살펴보니 지금은 곡옥점曲沃店이 있다."

括地志云 故焦城在陝縣東北百步古虢城中東北隅 周同姓也 曲沃有城 在陝縣西南三十二里 按 今有曲沃店也

신주 여기 곡옥은 옛 진晉의 곡옥이 아니다. 황하가 남쪽에서 흐르다가 위수渭水와 합류하여 동쪽으로 꺾이는 곳에서 가깝다.

③ 予秦河西之地여진하서지지

정의 화주에서 북쪽으로 동주에 이르기까지 아울러 위魏의 하북 땅인데, 모두 진秦나라에 편입되었다.

自華州北至同州 竝魏河北之地 盡入秦也

신주 여기의 '하북'은 곧 위나라 하서 지방을 말한다.

6년, 진秦나라와 함께 응應 땅①에서 회합했다. 진나라에서 위나라의 분음汾陰, 피지皮氏② 그리고 초焦 땅을 빼앗았다. 위나라에서 초나라를 공격해 형산陘山③에서 무찔렀다.

7년, 위나라에서 상군上郡④을 모두 진나라에 편입시켰다. 진나라에서 위나라의 포양蒲陽⑤을 항복시켰다.

8년, 진나라에서 위나라의 초와 곡옥 땅을 돌려주었다.

六年 與秦會應① 秦取我汾陰皮氏焦② 魏伐楚 敗之陘山③ 七年 魏盡入上郡于秦④ 秦降我蒲陽⑤ 八年 秦歸我焦曲沃

① 與秦會應여진회응

집해 서광이 말했다. "영천군 부성현에 응향應鄉이 있다.

徐廣曰 潁川父城有應鄉也

정의 應의 발음은 '응[乙陵反]'이다. 《괄지지》에서 말한다. "옛 응성은 옛 응향인데 여주 노산현 동쪽 30리에 있다."

應 乙陵反 括地志云 故應城 故應鄉也 在汝州魯山縣東三十里

② 秦取我汾陰皮氏焦진취아분음피지초

정의 《괄지지》에서 말한다. "분음 고성은 포주 분음현 북쪽 9리에 있다. 피지 고성은 강주 용문현 서쪽 180보에 있다."

括地志云 汾陰故城在蒲州汾陰縣北九里 皮氏故城在絳州龍門縣西一百八十步也

신주 한성韓城에서 황하 건너 동쪽이며, 황하와 분수汾水가 만나는 지점이다. 진나라는 이미 위나라 하동 땅까지 위협할 정도로 강력해졌다.

③ 陘山형산

집해 서광이 말했다. "밀현에 있다."

徐廣曰 在密縣

정의 《괄지지》에서 말한다. "형산은 정주 신정현 서남쪽 30리에 있다."

括地志云 陘山在鄭州新鄭縣西南三十里

④ 上郡于秦상군우진

정의 《괄지지》에서 말한다. "상군 고성은 수주 상현 동남쪽 50리에 있는데 진秦과 위魏의 상군 땅이다." 살펴보니 단, 부, 연, 수 등의 주州는 북쪽으로 고양固陽에 이르는데 아울러 상군 땅이다. 위나라에서 장성을 쌓아 진나라와 경계로 삼고, 화주 정현 이북부터 낙수洛水의 물가에서 경주 낙원현 백어산白於山에 이르고, 동북쪽으로는 승주 고양현에 이르며 동쪽으로는 하서 상군의 땅에 이르는데, 모두 진나라로 편입되었다.

括地志云 上郡故城在綏州上縣東南五十里 秦魏之上郡地也 按 丹鄜延綏等州北至固陽 竝上郡地 魏築長城界秦 自華州鄭縣已北 濱洛至慶州洛源縣白於山 即東北至勝州固陽縣 東至河西上郡之地 盡入於秦

신주 위나라는 하서 땅을 모두 잃었다.

⑤ 蒲陽포양

정의 습주에 있는데 습천현 포읍 고성이 이곳이다.

在隰州 隰川縣蒲邑故城是也

12년, 초나라에서 위나라를 양릉襄陵에서 무찔렀다. 제후의 집정자들이 진秦나라 재상 장의長儀와 설상齧桑[1]에서 회합했다.

13년, 장의[2]가 위나라 재상이 되었다. 위나라 여자가 장부丈夫로 변화했다. 진나라에서 위나라 곡옥과 평주平周[3]를 빼앗았다.

16년, 양왕襄王이 죽고 아들 애왕哀王이 계승했다.[4] 장의는 다시 진나라로 돌아갔다.

十二年 楚敗我襄陵 諸侯執政與秦相張儀會齧桑[1] 十三年 張儀[2]相魏 魏有女子化爲丈夫 秦取我曲沃平周[3] 十六年 襄王卒 子哀王立[4] 張儀 復歸秦

① 齧桑설상

집해 서광이 말했다. "양梁과 팽성 사이에 있다."

徐廣曰 在梁與彭城之間

신주 〈하거서〉에 나오는 '설상'이다. 당시 송나라 영역이다.

② 張儀장의

신주 장의는 위나라 사람으로 전국시대의 유세가이다. 제후들에게 소진蘇秦의 합종설合從說에 반대하고, 여러 제후국은 진나라를 섬겨야 한다는 연횡설連橫說을 주장했다. 그러나 진나라 혜왕이 죽는 바람에 실각하고 위나라로 망명해 재상이 되었지만 얼마 후 죽었다.

③ 曲沃平周곡옥평주

정의 강주 동향현은 진晉의 곡옥읍이다. 《십삼주지》에서 말한다. "옛

평주현은 분주 개휴현 서쪽 50리에 있다."

絳州桐鄉縣 晉曲沃邑 十三州志云 古平周縣在汾州介休縣西五十里也

역시 여기 곡옥은 진晉나라의 곡옥이 아니다. 앞서 나왔던 황하와 위수가 만나는 지점의 하동 곡옥점이다. 진나라에서 빼앗았다가 5년 전에 돌려주었는데 다시 빼앗은 것이다.

④ 襄王卒 子哀王立양왕졸 자애왕입

집해 순욱荀勗이 말했다. "화교和嶠는 '《죽서기년》에서는 황제黃帝부터 시작해 위魏나라 지금 왕에서 끝난다.'라고 했다. 지금 왕이란 위나라 혜성왕의 아들이다. 태사공의 《사기》를 살펴보니 혜성왕은 다만 혜왕惠王을 말한 것이다. 혜왕의 아들은 양왕襄王이고, 양왕의 아들은 애왕哀王이다. 혜왕은 36년에 죽고 양왕은 재위 16년 만에 죽어서 혜왕과 양왕을 합치면 52년이 된다. 지금 고문古文(《죽서기년》)을 살펴보니 혜성왕은 즉위 36년을 원년으로 고쳐 1년이라고 하고 원년을 고친 뒤 17년에 죽었다. 《사기》에서 혜왕과 혜성왕의 세대를 잘못 나누어 두 왕의 연수로 삼은 것이다. 《세본》에서는 혜왕이 양왕을 낳았다고 했고 애왕은 없다. 그렇다면 지금 왕이란 위나라 양왕이다."

荀勗曰 和嶠云 紀年起自黃帝 終於魏之今王 今王者 魏惠成王子 案太史公書 惠成王但言惠王 惠王子曰襄王 襄王子曰哀王 惠王三十六年卒 襄王立十六年卒 幷惠襄爲五十二年 今案古文 惠成王立三十六年 改元稱一年 改元後十七年卒 太史公書爲誤分惠成之世 以爲二王之年數也 世本惠王生襄王而無哀王 然則今王者魏襄王也

색은 살펴보니 《세본》에서 양왕은 소왕昭王을 낳았다고 했는데 애왕은 없으니 아마 일대一代가 빠진 듯하다. 《죽서기년》에서는 혜성왕 36년을 설명하고 또 후원後元 17년에 졸했다고 일컬었다. 지금 이곳에서 혜왕의 역사를 나누어 두 왕의 연수로 삼았고, 또 애왕이 있어서 총 23년이라고 하였는데, 기사紀事가 매우 명백하니 아마도 의심할 것이 없다. 공연孔衍이 서술한 《위어》에서는 애왕이 있었다. 아마도 《죽서기년》을 지으면서 애왕의 대代를 빠뜨린 것 같다. 그러므로 양왕의 연대를 나누어 혜왕의 후원後元으로 삼았으니, 곧 양왕 연대를 애왕 시대에 포함시켜야 할 뿐이다.

按 系本襄王生昭王 無哀王 蓋脫一代耳 而紀年說惠成王三十六年 又稱後元一十七年卒 今此分惠王之歷以爲二王之年 又有哀王 凡二十三年 紀事甚明 蓋無足疑 而孔衍敍魏語亦有哀王 蓋紀年之作失哀王之代 故分襄王之年爲惠王後元 卽以襄王之年包哀王之代耳

신주 순욱과 화교는 속석束晳과 별도로 《죽서기년》을 정리한 사람이다. 그리하여 《죽서기년》에도 속석본과 순욱, 화교본이 존재하게 되었다. 자세한 것은 《진서晉書》〈속석전〉에 기록되어 있다.

애왕 원년, 다섯 나라가 함께 진秦나라를 공격했으나[1] 이기지 못하고 물러났다.

2년, 제나라는 위나라를 관진觀津[2]에서 무찔렀다.

5년, 진나라에서 저리자樗里子[3]를 시켜 위나라 곡옥[4]을 공격해서 빼앗고, 서수犀首[5]를 안문岸門[6]에서 쫓아냈다.

哀王元年 五國共攻秦[1] 不勝而去 二年 齊敗我觀津[2] 五年 秦使樗里子[3]伐取我曲沃[4] 走犀首[5]岸門[6]

① 五國共攻秦오국공공진

정의 한, 위, 초, 조, 연이다.

韓魏楚趙燕也.

신주 제나라까지 포함하여 6국이 함께 합종하여 진나라를 공격한 첫 번째 사건이다. 초나라가 중심이었으며 조나라 무령왕 8년이다. 전투는 그다음 해까지 이어지지만 조나라는 진나라에게 크게 패한다. 자세한 것은 〈조세가〉에 기록되어 있다.

② 觀津관진

정의 《괄지지》에서 말한다. "관진성은 기주 조양현 동남쪽 25리에 있다." 본래 조나라 읍인데, 지금은 위魏나라에 속한다.

括地志云 觀津城在冀州棗陽縣東南二十五里 本趙邑 今屬魏也

신주 여기서는 위나라와 함께한 조나라가 빠져 있으며 〈육국연표〉, 〈조세가〉, 〈전경중완세가〉에서 모두 관진이 아닌 관택觀澤이라고 했다. 〈조세가〉에서는 관택의 위치를 이곳보다 한참 동쪽인 돈구현頓丘縣이라고 했다.

③ 樗里子저리자

색은 진秦나라 소왕의 아우 질疾이 저리樗里에 거주해서 호칭으로 삼았다.

秦昭王弟疾居樗里 因號焉

④ 曲沃곡옥

신주 여기 곡옥이 옛 진晉의 중심지인 곡옥이다. 북쪽에는 강絳이 있고 남쪽에는 위나라 옛 도읍지 안읍安邑이 있으니, 위나라는 이제 하동 땅 중심부마저 진나라에게 빼앗기게 된다. 〈진본기〉에서는 초焦를 함락했다고 나온다.

⑤ 犀首서수

색은 서수는 관직 이름인데 곧 공손연公孫衍이다.

犀首 官名 即公孫衍

신주 〈진본기〉에서 서수는 한나라 군을 이끌던 한나라 장수라고 나온다. 원래 진나라에서 대량조大良造를 지냈었다.

⑥ 岸門안문

집해 서광이 말했다. "영음潁陰에 안정岸亭이 있다."

徐廣曰 潁陰有岸亭

색은 서광은 영음에 안문정이 있다고 했는데, 유씨는 하동군 피지현에 안두정岸頭亭이 있다고 했다.

徐廣云潁陰有岸門亭 劉氏云河東皮氏縣有岸頭亭也

정의 《괄지지》에서 말한다. "안문은 허주 장사현 서북쪽 18리에 있으며 지금의 이름은 서무정西武亭이다."

括地志云 岸門在許州長社縣西北十八里 今名西武亭

신주 위 색은 의 주석에서 "하동군 피지현에 안두정岸頭亭이 있다."고 한 곳은 《중국역사지도집》에서도 안문으로 표기되어 있는데, 전한前漢 때 하동군 지역으로 비정된다.

6년, 진나라에서 공자 정政^①을 돌아오게 해서 태자로 삼았다. 진나라와 함께 임진臨晉에서 회합했다.

7년, 제나라를 공격했다.^② 진나라와 더불어 연燕나라를 정벌했다.^③

六年 秦(求)[來]立公子政^①爲太子 與秦會臨晉 七年 攻齊^② 與秦伐燕^③

① 公子政공자정

색은 위魏나라 공자이다.

魏公子也

② 攻齊공제

집해 서광이 말했다. "〈연표〉에서는 제나라를 공격해 췌자贅子를 복濮 땅에서 포로로 잡았다고 한다."

徐廣曰 年表云擊齊 虜贅子於濮也

③ 與秦伐燕여진벌연

신주 〈육국연표〉에도 이 기록이 있지만, 〈연소공세가〉에는 없다. 또 〈전경중완세가〉와 〈연소공세가〉를 보면, 전년에 연나라는 이미 제나라에게 크게 패하여 나라가 크게 약화되어 조나라 무령왕의 보호를 받고 있었다. 또 위나라와 진나라는 연나라와 국경을 맞대지 않아서 공격하려면 제나라나 조나라를 거쳐야 했다. 상식적으로 두 나라가 연합하여 약소국 연나라를 공격할 까닭이 없었고, 제나라나 조나라가 길을 내줄 리도 만무하다. 연나라가 무너지고 조나라가 개입하여 소왕昭王을 세우는 과정은 〈조세가〉와 〈연소공세가〉에 자세하게 기록되어 있다.

〈진본기〉를 보면 초나라가 (한나라) 옹지雍氏를 포위하자, 진나라에서 저리질을 보내 한나라를 도와 동쪽에서 제齊를 공격하게 하고, 도만到滿을 시켜 위나라를 도와 연燕을 공격하게 했다고 한다. 아마 〈육국연표〉와 〈위세가〉의 "진과 함께 연을 공격했다.[與秦伐燕]"는 기록은 이것에서 연유한 기록일 것이다. 하지만 초나라가 한나라를 공격한 것을 제나라와 연나라를 쳤다고 했으니, 이는 〈진본기〉가 잘못되었음을 알 수 있다. 그런데 이때 〈한세가〉의 《사기집해》 주석을 보면, 서광은 《죽서기년》을 인용하여 "제나라와 송나라가 자조煮棗를 포위했다."고 했다. 〈전경중완세가〉에서는 제나라에서 역시 위나라를 쳤다고 했다. 〈지리지〉에서는 자조는 한漢나라 때 제음군濟陰郡 원구현冤句縣에 있고, 당시 위나라 땅이며 대량大梁 농쪽에 있다.

〈육국연표〉, 〈진본기〉, 〈초세가〉, 〈한세가〉를 종합하여 보면, 진나라는 초나라를 쳐서 8만을 베고 초나라 장수 굴개屈匄를 무찌른다. 〈육국연표〉와 〈위세가〉에서 나온 "진과 함께 연을 공격했다.[與秦伐燕]"라는 기록은 결국 "진과 함께 제를 공격했다.[與秦伐齊]"는 것일 것이다. 그리하여 《죽서기년》에 따라 〈진본기〉를 수정하여, "저리질을 시켜 한나라를 도와서 동쪽에서 초楚를 공격하게 하고, 도만을 시켜 위나라를 도와서 제齊를 공격하게 했다."라고 해야 타당할 것이다. 《사기》의 주석과 〈지리지〉만으로도 그 진실을 캐낼 수 있다. 즉 '연燕' 자는 '제齊' 자를 잘못 기록한 것으로 볼 수 있다.

8년, 위衛나라를 공격해서 변방의 성城 중 2개를 빼앗았다.[1] 위나라 군주가 걱정하자 여이如耳[2]가 위나라 군주를 만나서 말했다.

"청컨대 위魏나라 군사를 물러나게 하고 성릉군成陵君을 면직시키게 하면 좋겠습니까?"

위衛나라 군주가 말했다.

"선생께서 과연 그렇게 해주신다면 나는 위衛나라에 대대로 선생을 섬기라고 요청하겠습니다."

여이가 성릉군을 만나 말했다.

"옛날에 위魏나라에서 조나라를 정벌하여 양장羊腸을 끊어 알여閼與[3]를 함락시키고, 조나라를 처단한다고 약속했었습니다. 조나라가 둘로 나뉘어 멸망하지 않은 것은 위魏나라가 합종책의 맹주가 되었기 때문입니다. 지금 위衛나라는 이미 멸망에 가까워졌으니 장차 서쪽의 진秦나라를 섬기겠다고 요청할 것입니다. 그러니 진秦나라가 위衛나라를 풀어주어 함께하는 것은 위魏나라가 위衛나라를 풀어주는 것만[4] 못할 것입니다. 그러면 위衛나라는 위魏나라를 덕으로 여기는 것이 필시 끝이 없을 것입니다."

八年 伐衛 拔列城二[1] 衛君患之 如耳[2]見衛君曰 請罷魏兵 免成陵君可乎 衛君曰 先生果能 孤請世世以衛事先生 如耳見成陵君曰 昔者魏伐趙 斷羊腸 拔閼與[3] 約斬趙 趙分而爲二 所以不亡者 魏爲從主也 今衛已迫亡 將西請事於秦 與其以秦醳衛 不如以魏醳衛[4] 衛之德魏必終無窮

① 拔列城二발열성이

《죽서기년》에서 말한다. "8년, 적장翟章이 위衛나라를 정벌했다."

紀年云 八年 翟章伐衛

열성列城은 변방에 있는 성보城堡라는 뜻이다. 읍성의 장관을 뜻하기도 한다.

② 如耳여이

위魏나라 대부의 성명이다.

魏大夫姓名也

③ 閼與알여

서광이 말했다. "상당군에 있다."

徐廣曰 在上黨

閼의 발음은 '연[於連反]'이고, 與의 발음은 '예預'이다. 양장판도羊腸阪道는 태항산맥에 있는데, 남쪽 입구는 회주懷州이며 북쪽 입구는 노주潞州이다. 알여 고성은 노주와 의주儀州에 있다. 만약 양장羊腸을 단절시키고 알여를 함락시켜 북쪽으로 항주에 잇대면, 조나라 동쪽과 서쪽이 단절되어 둘로 나뉜다.

閼 於連反 與音預 羊腸阪道在太行山上 南口懷州 北口潞州 閼與故城在潞州 及儀州 若斷羊腸 拔閼與 北連恆州 則趙國東西斷而爲二也

양장이란 양의 창자처럼 산맥을 돌아 구불구불하여 붙은 이름이다. 택주澤州는 상당군上黨郡 남단이고, 회주懷州는 한漢의 하내군河內郡 일대이다. 〈조세가〉에 따르면 알여성은 노주潞州나 의주儀州에 있다고 한다. 둘 다 옛날 상당군 북부 일대로 조나라 땅이었다.

④ 魏醳衛 위석위

정의 醳의 발음은 '역釋'이다.

醳音釋

신주 醳은 풀어준다는 뜻일 때는 '석'으로, 진한 술이란 뜻일 때는 '역'으로 발음한다.

성릉군이 말했다.

"그렇게 하겠소."

여이가 위魏나라 왕을 만나서 말했다.

"신이 위衛나라 군주를 만난 적이 있었습니다. 위衛나라는 옛날 주나라 왕실의 갈래로 작은 나라라고 일컬어지지만 보배로운 기물이 많이 있습니다. 지금 우리나라에서 어려움으로 압박해도 보배로운 기물들이 나오지 않는 것은 그 마음속으로 위衛나라를 공격하거나 위나라를 풀어주는 것을 왕王께서 주관하지 못한다고 여기기 때문입니다. 그래서 보배로운 기물들이 비록 나와도 반드시 왕께 들어오지는 않을 것입니다. 신이 마음속으로 헤아려보니 먼저 위나라를 풀어주자고 말하는 자가 반드시 위나라에서 뇌물을 받은 자입니다."

여이가 나가자 성릉군이 들어가서 위왕魏王을 만나 여이가 한 말을 했다. 위왕은 그의 설명을 듣고 군사를 해산시키고 성릉군을 파면한 후 종신토록 만나지 않았다.

成陵君曰 諾 如耳見魏王曰 臣有謁於衛 衛故周室之別也 其稱小國 多寶器 今國迫於難而寶器不出者 其心以爲攻衛醳衛不以王爲主 故寶器

雖出必不入於王也 臣竊料之 先言醳衛者必受衛者也 如耳出 成陵君
入 以其言見魏王 魏王聽其說 罷其兵 免成陵君 終身不見

9년, 진秦나라 왕과 임진에서 회합했다. 장의張儀와 위장魏章[1]이 모두 위魏나라로 돌아왔다. 위나라 재상 전수田需가 죽자, 초나라에서 장의, 서수犀首, 설공薛公[2]을 음해했다.

초나라 재상 소어昭魚[3]가 소대蘇代에게 일러 말했다.

"전수가 죽었는데 우리는 장의, 서수, 설공 중에서 한 사람이 위나라 재상이 될까 두려워하고 있습니다."

소대가 말했다.

"그렇다면 누가 재상이 되면 군君께서 편안하겠습니까?"

소어가 말했다.

"나는 태자[4]께서 친히 재상이 되기를 바라오."

소대가 말했다.

"청컨대 군君을 위해 북쪽에서 반드시 도울 것이오."

소어가 말했다.

"어떻게 할 것입니까?"

소대가 대답했다.

"군君께서 양왕梁王이라 하고 제가 군君을 대신하여 설득하기를 청하겠습니다."

소어가 말했다.

"어떻게 할 것입니까?"

> 九年 與秦王會臨晉 張儀魏章[1]皆歸于魏 魏相田需死 楚害張儀犀首薛
> 公[2] 楚相昭魚[3]謂蘇代曰 田需死 吾恐張儀犀首薛公有一人相魏者也
> 代曰 然相者欲誰而君便之 昭魚曰 吾欲太子[4]之自相也 代曰 請爲君北
> 必相之 昭魚曰 奈何 對曰 君其爲梁王 代請說君 昭魚曰 奈何

① 張儀魏章장의위장

색은 장章은 위나라의 장수가 되었고 뒤에 진秦나라 재상이 되었다.

章爲魏將 後又相秦

② 薛公설공

색은 전문田文이다.

田文也

신주 《죽서기년》의 고증에 따르면 여기서 '설공'이라고 한 사람은 《전
국책》〈위책〉에 보이는 위문자魏文子라고 한다. 따라서 《사기》에서 거듭
맹상군으로 착각하여 '설공'이라 한 것은 잘못이라 한다. 그 말대로 맹상
군은 30여 년 뒤의 사람이다.

③ 楚相昭魚초상소어

색은 소해휼昭奚恤이다.

昭奚恤也

④ 太子태자

색은 태자는 곧 양왕襄王이다.

太子即襄王也

양왕이 아니라, 양왕의 태자로 뒤에 소왕昭王이 된다.

소대가 대답했다.

"저는 초나라에서 왔는데 소어가 매우 근심하며 말하길, '전수가 죽었는데 나는 장의, 서수, 설공 중 한 사람이 위魏나라 재상이 될까 두렵습니다.'라고 했소. 제가 말하길, '양梁나라 왕은 오랫동안 군주였으니 반드시 장의를 재상으로 삼지 않을 것입니다. 장의가 재상이 되면 반드시 진秦나라는 우右가 되고 위魏나라는 좌左가 될 것이고, 서수가 재상이 되면 반드시 한나라는 우右가 되고 위魏나라는 좌左가 될 것이며, 설공이 재상이 되면 반드시 제나라는 우右가 되고 위나라는 좌左가 될 것이오. 양나라 왕은 오랫동안 군주였으니 반드시 편하지 않겠지요.'라고 했습니다. 그러면 왕이 '그렇다면 과인은 누구를 재상으로 삼아야 하오?'라고 물을 것인데 이때 제가 '태자 자신이 재상이 되느니만 못합니다. 태자 자신이 재상이 되면 이 세 사람은 모두 태자가 늘 재상으로 있을 수는 없다고 여겨서 모두 장차 자신의 나라가 위나라를 섬기도록 힘을 써서 승상의 도장을 얻으려 할 것입니다. 위魏나라의 강성함과 세 만승萬乘 나라 ①의 도움이 있다면 위나라는 반드시 편안해질 것입니다. 그러니 태자 자신이 재상이 되는 것만 같지 않습니다.'라고 말할 것입니다."

마침내 북쪽으로 가서 양왕梁王을 만나 이렇게 고했더니 태자가 과연 위나라의 재상이 되었다.

對曰 代也從楚來 昭魚甚憂 曰 田需死 吾恐張儀犀首薛公有一人相魏
者也 代曰 梁王 長主也 必不相張儀 張儀相 必右秦而左魏 犀首相 必
右韓而左魏 薛公相 必右齊而左魏 梁王 長主也 必不便也 王曰 然則
寡人孰相 代曰 莫若太子之自相 太子之自相 是三人者皆以太子爲非
常相也 皆將務以其國事魏 欲得丞相璽也 以魏之彊 而三萬乘之國[①]
輔之 魏必安矣 故曰莫若太子之自相也 遂北見梁王 以此告之 太子
果相魏

① 三萬乘之國삼만승지국

신주 진秦나라, 한韓나라, 제齊나라를 말한다. 장의, 서수, 설공이 후의
를 갖고 있는 나라이다.

10년, 장의가 죽었다.

11년, 진秦나라 무왕武王과 응應에서 회동했다.

12년, 태자가 진나라에 조회하러 갔다.

(13년) 진나라가 쳐들어와서 위魏나라 피지皮氏 땅을 침벌했는데[①]
함락시키지 못하자 포위를 풀었다.

14년, 진나라에서 무왕의 왕후를 (위나라로) 돌아가게 했다.

16년, 진나라에서 위魏나라 포반蒲反,[②] 양진陽晉, 봉릉封陵을 함락
시켰다.[③]

17년, 진나라와 임진臨晉에서 회동했다. 진나라에서 포반을 돌려
주었다.

18년, 진나라와 함께 초나라를 침략했다.④

21년, (위나라가) 제나라와 한나라와 함께 진나라 군사를 함곡函谷
에서 무찔렀다.⑤

十年 張儀死 十一年 與秦武王會應 十二年 太子朝於秦 秦來伐我皮
氏① 未拔而解 十四年 秦來歸武王后 十六年 秦拔我蒲反②陽晉封陵③
十七年 與秦會臨晉 秦予我蒲反 十八年 與秦伐楚④ 二十一年 與齊韓
共敗秦軍函谷⑤

① 秦來伐我皮氏진래벌아피지

신주 〈육국연표〉에서는 애왕 13년이라 한다. 여기서는 글자가 탈락되
었다. 이때 진나라는 앞서 무수武遂에 성을 쌓았는데, 그마저 한韓나라
에 돌려주고 철수한다. 피지와 무수는 나란히 하동에 있다.

② 蒲反포반

신주 〈육국연표〉에 나오는 포판蒲坂이다. 서하 땅에서 하동으로 건
너오는 나루터 중 하나로, 황하와 연수沇水가 만나는 언덕이다. 황하
와 위수渭水가 만나는 지점의 북쪽에 있다. 이때 빼앗았다가 이듬해
돌려준다.

③ 蒲反陽晉封陵포반양진봉릉

색은 《죽서기년》에서는 '진양晉陽과 봉곡封谷'으로 되어 있다.

紀年作晉陽封谷

양진陽晉은 마땅히 '진양晉陽'이 되어야 한다. 《사기》의 내용이 잘못된 것이다. 《괄지지》에서 말한다. "진양 고성은 지금 이름은 진성晉城인데 포주 우향현 서쪽 35리에 있다." 〈연표〉에서 "위애왕 16년 진나라가 위나라 두양杜陽과 진양을 함락했다."라고 한 것이 곧 이 성이다. 봉릉封陵도 포주에 있다. 살펴보니 진양 고성은 조주에 있는데 〈소진열전〉에 나온다.

陽晉當作晉陽也 史文誤 括地志云 晉陽故城今名晉城 在蒲州虞鄕縣西三十五里 表云魏哀王十六年秦拔我杜陽晉陽 卽此城也 封陵亦蒲州 按陽晉故城在曹州 解在蘇秦傳也

이 주석의 진양晉陽은 오늘날 산서성 성도인 태원시太原市에 있던 조나라 옛 도읍 진양과는 다른 곳이다.

④ 與秦伐楚여진벌초

서광이 말했다. "20년에 제나라 왕과 한韓에서 회합했다."

徐廣曰 二十年 與齊王會于韓

〈육국연표〉에 따르면 18년에 초나라를 친 사건은 진, 제, 위, 한 4개국이 연합하여 공격한 사건이다.

⑤ 秦軍函谷진군함곡

서광이 말했다. "하수와 위수가 하루 동안 끊겼다."

徐廣曰 河渭絶一日

〈육국연표〉에서는 3국이 연합하여 함곡관을 공격했다고 한다.

> 23년, 진秦나라에서 다시 위나라 하외河外와 봉릉封陵을 돌려주고
> 화해했다. 애왕이 죽고[1] 아들 소왕昭王이 계승했다.[2]
> 二十三年 秦復予我河外及封陵爲和 哀王卒[1] 子昭王立[2]

① 哀王卒애왕졸

색은 살펴보니 《급총기년》에서는 애왕이 20년에 세상을 떠났고, 소왕
은 3년상을 마치고 비로소 원년이라고 칭했다고 한다.

按 汲冢紀年終於哀王二十年 昭王三年喪畢 始稱元年耳

② 子昭王立자소왕입

색은 《세본》에서는 소왕의 이름이 속遫이라고 했다.

系本昭王名遫

> 소왕昭王 원년, 진秦나라는 위나라 양성襄城을 함락했다.
> 2년, 진나라와 싸웠는데 위나라가 불리했다.
> 3년, 한나라를 도와 진나라를 공격했는데, 진나라 장수 백기白起
> 가 위魏나라 군사 24만을 이궐伊闕에서 무찔렀다.[1]
> 6년, 진나라에 하동河東 지방 400리를 주었다.[2] 망묘芒卯가 속여
> 서 위나라에 중용되었다.[3]
> 7년, 진나라에서 위나라의 크고 작은 성 61개를 함락했다.
> 8년, 진나라 소왕이 서제西帝가 되고 제나라 민왕潛王이 동제東帝가

되었는데, 한 달 남짓 후에 모두 제帝에서 되돌려 다시 왕이라고 일컬었다.

9년, 진나라가 위나라 신원新垣과 곡양曲陽성을 함락했다.[4]

昭王元年 秦拔我襄城 二年 與秦戰 我不利 三年 佐韓攻秦 秦將白起敗我軍伊闕二十四萬[1] 六年 予秦河東地方四百里[2] 芒卯以詐重[3] 七年 秦拔我城大小六十一 八年 秦昭王爲西帝 齊湣王爲東帝 月餘 皆復稱王歸帝 九年 秦拔我新垣曲陽之城[4]

① 我軍伊闕二十四萬아군이궐이십사만

신주 이궐은 낙양 서남쪽에 있으며, 낙수 지류인 이수伊水가 흐르는 곳이다.

② 予秦河東地方四百里여진하동지방사백리

신주 위나라는 안읍安邑과 동남부 일대를 제외하고 하동 땅을 모두 잃게 된다.

③ 芒卯以詐重망묘이사중

색은 망묘가 지혜와 거짓으로 위나라에 중용된 것을 이른다.

謂卯以智詐見重於魏

④ 秦拔我新垣曲陽之城진발아신원곡양지성

정의 《괄지지》에서 말한다. "곡양 고성은 회주懷州 제원현 서쪽 10리에 있다." 신원은 곡양에 가까운데 어딘지 단정하기에는 자세하지 않다.

(年表及)括地志云 曲陽故城在懷州濟源縣西十里 新垣近曲陽 未詳端的所之
處也

신주 회주懷州는 하내군 서쪽을 가리킨다. 이제 위나라는 하동 땅 동
쪽의 하내 땅까지 진나라에게 위협받게 되었다. 〈육국연표〉를 보면 이듬
해(서기전 286) 위나라는 마침내 옛 수도 안읍과 하내를 진나라에게 바쳤다
고 한다. 하내 전부는 아니고 서쪽 일부였을 것이다. 이제 하동 땅 전체
가 진나라 땅이 되었다. 산서山西 일대에서 당연히 그다음 목표는 조나라
진양晉陽과 한나라 상당上黨이 된다.

10년, 제나라가 송나라를 멸했는데 송나라 왕은 위나라 온溫 땅
에서 죽었다.[1]
12년, 진, 조, 한, 연나라가 함께 제나라를 공격해서[2] 제수濟水 서
쪽에서 무찌르자 민왕은 도망쳤다. 연나라는 홀로 임치로 들어갔
다. 진秦나라 왕과 서주西周[3]에서 회합했다.
十年 齊滅宋 宋王死我溫[1] 十二年 與秦趙韓燕共伐齊[2] 敗之濟西 湣王
出亡 燕獨入臨菑 與秦王會西周[3]

① 齊滅宋 宋王死我溫제멸송 송왕사아온

신주 서기전 286년이다. 이때 송나라 마지막 군주는 걸송桀宋이라 불
리던 강왕康王 언偃이다. 〈송미자세가〉에 자세히 기록되어 있다.

② 與秦趙韓燕共伐齊여진조한연공벌제

송나라가 망하자 진나라는 제나라 견제에 나서서 위소왕 11년에 조나라와 초나라를 끌어들인다. 그리고 12년에 마침내 위나라, 한나라, 연나라마저 끌어들여 제나라를 공격한다. 이 전쟁으로 진나라를 견제할 수 있는 유일한 강대국인 제나라마저 무너지고 진나라 독주시대가 열린다. 자세한 것은 〈연소공세가〉와 〈전경중완세가〉에 기록되어 있다.

③ 西周서주

정의 곧 왕성王城이다. 지금의 하남군성이다.

即王城也 今河南郡城也

13년, 진나라가 위나라 안성安城①을 빼앗았는데, 군사들이 대량에 이르렀다가 떠났다.②

18년, 진나라가 영郢을 함락시키자 초나라 왕은 진陳 땅으로 옮겼다.

19년, 소왕이 죽고 아들 안희왕安釐王이 계승했다.③

十三年 秦拔我安城① 兵到大梁 去② 十八年 秦拔郢 楚王徙陳 十九年 昭王卒 子安釐王立③

---

① 安城안성

정의 《괄지지》에서 말한다. "안성 고성은 예주 여릉현 동남쪽 71리에 있다."

括地志云 安城故城 豫州汝陵縣東南七十一里

〈육국연표〉에도 나온다. 하지만 정의 와는 달리 《중국역사지도집》에서는 대량의 서북쪽 황하의 남쪽에 위치한다고 표기하고 있다.

② 兵到大梁 去병도대량 거

집해 서광이 말했다. "14년에 큰 홍수가 났다."

徐廣曰 十四年大水

③ 子安釐王立자안희왕입

색은 《세본》에서 안희왕의 이름은 어圉라고 한다.

系本安僖王名圉

신릉군 무기

안희왕 원년, 진秦나라가 위나라 두 성을 함락시켰다.

2년, 또 위나라의 두 성을 함락시키고 대량大梁 부근에 군을 주둔시키자 한나라가 와서 구원했다. 진나라에 온溫 땅을 주고 화해했다.

3년, 진나라는 위나라 네 성을 함락시키고 4만 명의 목을 베었다.

4년, 진나라가 위, 한, 조나라 군대를 쳐부수고 15만 명을 죽이자,[①] 위나라 장군 망묘가 달아났다. 위나라 장수 단간자段干子는 진나라에 남양南陽 땅[②]을 주고 화해를 청했다. 소대蘇代가 위왕에게 일러 말했다.

"벼슬아치의 인장을 탐하는 자는 단간자이고 땅을 탐하는 자는 진나라입니다. 지금 왕께서 땅을 탐하는 자를 시켜서 인장을 탐하는 자를 통제하려 하시거나, 인장을 탐하는 자를 시켜서 땅을 탐하는 자를 통제하려 하시는데, 위나라 땅이 다하지 않으면 그칠 줄을 모를 것입니다. 또 무릇 땅으로 진나라를 섬기는 것은 비유컨대 땔감을 안고 불을 구하는 것과 같으니 땔감이 다하지 않으면 불은 꺼지지 않을 것입니다."

安釐王元年 秦拔我兩城 二年 又拔我二城 軍大梁下 韓來救 予秦溫以

和 三年 秦拔我四城 斬首四萬 四年 秦破我及韓趙 殺十五萬人[1] 走我

將芒卯 魏將段干子請予秦南陽[2]以和 蘇代謂魏王曰 欲璽者段干子也

欲地者秦也 今王使欲地者制璽 使欲璽者制地 魏氏地不盡則不知已

且夫以地事秦 譬猶抱薪救火 薪不盡 火不滅

① 秦破我及韓趙 殺十五萬人 _{진파아급한조 살십오만인}

신주 〈백기열전〉에 따르면 이 전투를 이끈 사람은 백기白起이다. 〈백기
열전〉에서는 5만, 〈양후열전〉에서는 10만, 〈육국연표〉에서는 15만 명을
베었다고 각각 달리 기록하고 있다.

② 南陽_{남양}

집해 서광이 말했다. "(하내군) 수무에 있다."

徐廣曰 在脩武

왕이 말했다.

"이는 또한 옳은 말이오. 그러나 일이 시작되어 이미 행해지고 있
으니 바꾸지 못하겠소."

소대가 대답했다.

"왕께서는 홀로 육박놀이를 하는 이들이 효梟를 귀하게 여기는 까
닭을[1] 보지 못하신 것입니다. 편리하면 잡아먹고 불리하면 중지

하기 때문입니다. 지금 왕께서 이르시기를 '일이 시작되어 이미 행해지고 있으니 바꾸지 못하겠소.'라고 하셨는데, 어찌 왕께서 지혜를 쓰시는 것이 효梟를 쓰는 것만 같지 못하십니까.[②]"

王曰 是則然也 雖然 事始已行 不可更矣 對曰 王獨不見夫博之所以貴 梟者[①] 便則食 不便則止矣 今王曰 事始已行 不可更 是何王之用智不 如用梟也[②]

① 博之所以貴梟者박지소이귀효자

신주 박博은 육박六博, 즉 장기의 일종이다. 육박판이 고대 중국의 많은 동경에 그려져 있는 것으로 보아 유래가 매우 오래되었음을 알 수 있다. 중국 하나라 때부터 이 놀이가 있었던 것으로 보는 견해도 있는데, 최초의 기록은 《사기》〈은본기〉에 나와 있어 은나라 때 이미 성행했던 놀이임을 짐작하게 해준다. 그 기록에 "제무을帝武乙은 무도無道해 인형을 만들어 천신이라 하고, 인형과 함께 육박놀이를 하면서 …… 천신이 이기지 못하면 모욕을 주었다.[帝武乙無道 爲偶人 謂之天神與之博 …… 天神不勝 乃僇辱之]"라고 하였다. 또 〈효문본기〉에서 효경제가 세자 시절에 오나라 태자와 육박놀이를 하다가 화가나 육박판으로 때려 죽였다고 했다. 우리나라에서도 고대부터 육박이 성행했다. 김해 대성동 23호분과 김해 양동리 유적에서 발굴된 동경과 고려시대 동경에 육각판이 새겨져 있다. 동이족 상나라에서 성행하고 가야에서 성행한 것으로 추정해 보면 동이족 문화의 산물로 여겨진다.

육박놀이의 원형판과 도구가 중국 호남성 장사 마왕퇴에서 발견되었는데, 판, 윷, 말, 어魚가 있었다. 특히 말은 효梟와 산散으로 나뉘어 있어 말의 역할이 달랐음을 짐작하게 한다. 아마도 장기의 차車, 포包처럼 그 권한이 큰 비중을 차지하고 있었을 것이다. 따라서 "육박놀이 하는 자는 효를 귀히 여긴다."는 말은 육박놀이에서 효의 권한이 그만큼 크다는 뜻이다. 소대는 단간자가 진나라에 남양 땅을 주고 화해를 청한 것을 왕의 권한으로 중지시켜 달라고 요청한 것이다.

② 是何王之用智不如用梟也 시하왕지용지불여용효야

[정의] 박국의 말 중 머리에 올빼미 형상을 새긴 것이 있다. 도박을 하는 자가 올빼미를 얻어 적합하면 그 말을 먹지만 만약 불리하면 나머지 말을 움직이는 것이다.

博頭有刻爲梟鳥形者 攊得梟者合食其子 若不便則爲餘行也

> 9년, 진秦나라에서 위나라 회懷 땅을 빼앗았다.
> 10년, 진나라 태자 외外가 위나라에서 인질로 있다가 죽었다.
> 11년, 진나라에서 처구郪丘를 빼앗아 갔다.[1]
> 九年 秦拔我懷 十年 秦太子外質於魏死 十一年 秦拔我郪丘[1]

---

① 秦拔我郪丘 진발아처구

[집해] 서광이 말했다. "처구郪丘는 다른 판본에는 '늠구廩丘'로 되어 있고 또 형구邢丘로도 되어 있다. 처구는 지금의 송공현이다.

徐廣曰 郪丘 一作廩丘 又作邢丘 郪丘今爲宋公縣

[색은] 郪의 발음은 '차[七糸反]'이다. '처妻'로도 발음한다.

郪 七糸反 又音妻

정의 郪의 발음은 '차[七私反]'이다. '처妻'로도 발음한다. 〈지리지〉에는 여남군 신처현이라고 일렀다. 응소가 말했다. "진秦이 위魏를 정벌하고 처구를 빼앗았는데, 한漢나라가 일어나 신처新郪라 했다. 장제章帝가 은殷나라 후예를 봉하고 송宋으로 이름을 고쳤다."

郪 七私反 又音妻 地理志云汝南郡新郪縣 應劭曰 秦伐魏 取郪丘 漢興爲新郪 章帝封殷後 更名宋也

신주 위나라는 서쪽만이 아니라 남쪽에서도 진나라에게 시달리게 되었다.

진나라 소왕이 좌우에 일러 말했다.

"지금 시대와 한나라와 위나라가 시작했던 시대를 비교하면 어느 시대가 강한가?"

대답해 말했다.

"지금이 시작했을 때보다 강하지 못합니다."

왕이 말했다.

"지금 시대의 여이如耳, 위제魏齊와 맹상군孟嘗君, 망묘芒卯[①]와 비교하면 누가 더 현명한가?"

대답해 말했다.

"그들(맹상군, 망묘)만 못합니다."

왕이 말했다.

"맹상군이나 망묘의 현명함으로 강한 한나라와 위나라를 인솔하고 진秦나라를 공격했어도 오히려 과인을 어쩌지 못했소. 지금 무능한 여이와 위제가 약한 한나라와 위나라를 인솔하고 진나라를 친다 해도 참으로 과인을 어쩌지 못할 것은 또한 분명하오."

좌우에서 모두가 말했다.

"심히 그러할 것입니다."

중기中旗가 비파에 기대고[2] 대답해 말했다.

秦昭王謂左右曰 今時韓魏與始孰彊 對曰 不如始彊 王曰 今時如耳魏齊與孟嘗芒卯[1]孰賢 對曰 不如 王曰 以孟嘗芒卯之賢 率彊韓魏以攻秦 猶無奈寡人何也 今以無能之如耳 魏齊而率弱韓魏以伐秦 其無奈寡人何亦明矣 左右皆曰 甚然 中旗馮琴[2]而對曰

① 如耳魏齊與孟嘗芒卯여이위제여맹상망묘

신주 여이如耳는 한韓나라 신하인데 《사기정의》에서는 위魏나라 대부로 되어 있다. 위제魏齊는 위소왕魏昭王의 재상이자 공자公子였는데 과거 범저范雎를 고문한 적이 있어 범저가 진秦나라 재상이 되자 두려워 자살했다. 맹상孟嘗은 이른바 '전국사공자戰國四公子' 중 한 명으로 제나라 공족公族이다. 진秦나라의 재상이 되었다가 모함을 받자 탈출해서 제나라의 재상이 되었으나 다시 위魏나라의 재상이 되었다. 망묘芒卯는 맹묘孟卯라고도 쓰는데 제나라 출신의 위나라 장수로 용병用兵에 능하였다.

② 中旗馮琴중기빙금

색은 살펴보니 《전국책》에서는 '추금推琴'(거문고를 밀쳐놓음)으로, 《춘추후어》에서는 '복금伏琴'(거문고를 품음)으로, 《한비자》에서는 '추슬推瑟'(비파

를 밀쳐놓음)로, 《설원》에는 '복슬伏瑟'(비파를 품음)로 되어 있다. 문장이 각각
같지 다르다.

按 戰國策作推琴者 春秋後語作伏琴 而韓子作推瑟 說苑作伏瑟 文各不同

"왕께서 천하를 헤아리심이 잘못되었습니다. 진晉나라 6경 시대
에 지씨知氏가 가장 강성해 범씨와 중항씨를 멸망시켰습니다. 또
한나라와 위나라의 군사를 인솔해 조양자趙襄子를 진양에서 포위
하고, 진수晉水를 터트려 진양성에 물을 대었는데,[①] 침수되지 않
은 곳은 삼판三版 정도였습니다. 지백知伯이 물 위를 순행할 때 위
환자가 수레를 몰고 한강자가 참승參乘했습니다.[②] 지백이 말하기
를 '나는 처음에 물이 남의 나라를 망하게 할 수 있다는 것을 알
지 못했는데 지금에야 알았소. 분수汾水는 안읍安邑을 잠기게 할
수 있고,[③] 강수絳水는 평양平陽을 잠기게 할 수 있소.[④]'라고 했
다. 그러자 (위태롭게 여긴) 위환자가 한강자韓康子를 팔꿈치로 찌르
자, 한강자는 위환자의 발을 밟아서 (알았음을 표하니) 팔꿈치와 발이
수레 위에서 닿은 결과, 지백의 땅은 나눠지고 몸은 죽고 나라는
망해 천하의 웃음거리가 되었습니다. 지금 진나라 군사가 비록 강
하나 지씨보다 강하지 못합니다. 한나라와 위나라는 비록 약하지
만 오히려 진양 아래에 있을 때보다 현명합니다. 이는 마침 팔꿈
치로 치고 발을 밟았던 때의 방법을 쓸 수 있으니 원컨대 왕께서
는 쉽게[⑤] 여기지 마십시오."
이에 진秦나라 왕은 두려워했다.

王之料天下過矣 當晉六卿之時 知氏最彊 滅范中行 又率韓魏之兵以
圍趙襄子於晉陽 決晉水以灌晉陽之城[1] 不湛者三版 知伯行水 魏桓子
御 韓康子爲參乘[2] 知伯曰 吾始不知水之可以亡人之國也 乃今知之汾
水可以灌安邑[3] 絳水可以灌平陽[4] 魏桓子肘韓康子 韓康子履魏桓子
肘足接於車上 而知氏地分 身死國亡 爲天下笑 今秦兵雖彊 不能過知
氏 韓魏雖弱 尙賢其在晉陽之下也 此方其用肘足之時也 願王之勿易
也[5] 於是秦王恐

① 決晉水以灌晉陽之城결진수이관진양지성

정의 《괄지지》에서 말한다. "진수晉水의 근원은 병주 진양현 서쪽 현
옹산懸甕山에서 나온다. 《산해경》에서는 현옹산에서 진수가 나와 동남
쪽으로 흘러 분수汾水에 물을 댄다고 한다. 옛날 조양자가 진양을 지키
자 지씨智氏가 산을 막고 물을 대어 물에 잠기지 않은 것은 3판이었다.
그 물도랑이 높이를 타고 서쪽으로 쏟아져 진양성으로 들어가 두루 잠기
게 했고 동남쪽에서 성을 나와 분양汾陽으로 쏟아졌다.

括地志云 晉水源出幷州晉陽縣西懸甕山 山海經云懸甕之山 晉水出焉 東南流
注汾水 昔趙襄子保晉陽 智氏防山以水灌之 不沒者三版 其瀆乘高西注入晉陽
城 以周灌漑 東南出城注於汾陽也

② 魏桓子御 韓康子爲參乘위환자어 한강자위참승

신주 《전국책》〈진책〉에서는 두 사람의 역할이 바뀌어 나온다.

③ 汾水可以灌安邑분수가이관안읍

정의 안읍은 강주 하현에 있는데 본래 위나라 도읍이다. 분수는 동북쪽에서 안읍의 서남쪽을 거쳐 하수河水로 들어간다.

安邑在絳州夏縣 本魏都 汾水東北歷安邑西南入河也

신주 안읍을 적시는 물이 연수沇水이고, 평양을 적시는 물이 분수이다.

④ 絳水可以灌平陽강수가이관평양

정의 평양과 진주는 본래 한韓나라의 도읍지이다. 《괄지지》에서 말한다. "강수絳水는 일명 백수白水라고 하는데, 지금은 이름이 불천弗泉이고 근원은 강산絳山에서 나온다. 샘이 솟아 용솟음치며 북쪽으로 주입되어 폭포처럼 떨어져 여울에 쌓여 그 깊이가 20여 길이나 되는데, 바라보면 지극히 기이한 경관이 된다." 살펴보니 이것을 끌어서 평양성平陽城을 잠기에 한다는 것이다.

平陽 晉州 本韓都也 括地志云 絳水一名白水 今名弗泉 源出絳山 飛泉奮湧 揚波北注 縣流積壑二十許丈 望之極爲奇觀矣 按 引此灌平陽城也

⑤ 易也이야

색은 易의 발음은 '오[以豉反]'이다.

易音以豉反

제나라와 초나라가 서로 약속하고 위나라를 공격하자, 위나라에서 사람을 시켜 진나라에 구원을 요청했다. 이때 사신으로 가는 사람들의 관과 수레 덮개가 서로 바라볼 정도로 이어졌지만 진나라는 구하러 오지 않았다. 위魏나라 사람 중 당저唐雎[1]라는 사람이 있어 나이가 90여 세인데, 위나라 왕에게 일러 말했다.

"노신이 청컨대 서쪽의 진秦나라 왕을 설득해서 군사들로 하여금 신보다 먼저 출동하게 하겠습니다."

위나라 왕이 재배를 올리고 마침내 수레를 준비해 보냈다. 당저가 진나라에 도착해 들어가서 진나라 왕을 뵈었다. 진나라 왕이 말했다.

"장인丈人께서 망연芒然하게 멀리서 이곳까지 오시느라 매우 고생하시었소. 위나라에서 와서 구원을 요청한 것이 여러 번이어서 과인은 위나라기 급박한 것을 알고 있을 따름입니다."

당저가 대답했다.

齊楚相約而攻魏 魏使人求救於秦 冠蓋相望也 而秦救不至 魏人有唐雎[1]者 年九十餘矣 謂魏王曰 老臣請西說秦王 令兵先臣出 魏王再拜 遂約車而遣之 唐雎到 入見秦王 秦王曰 丈人芒然乃遠至此 甚苦矣 夫魏之來求救數矣 寡人知魏之急已 唐雎對曰

① 唐雎당저

[색은] 雎의 발음은 '쳐[七余反]'이다.

七余反

[신주] 전국戰國 때 위魏나라 사람인데 당저唐且로 더 많이 알려졌다.

"대왕께서 이미 위나라가 급박한 것을 알고도 구원병을 일으키지 않는 것은 신이 가만히 생각해보니 계책을 쓰는 신하 중 맡길 만한 자가 없다고 여겼을 것입니다. 무릇 위나라는 1만 승乘의 나라입니다. 그러나 서면西面하고 진나라를 섬기면서 동쪽 울타리라고 칭하고 의관과 혁대를 받아 봄과 가을에 제사를 지내는 것은 진나라가 강하기 때문에 함께하려고 하는 것입니다.[①]

지금 제나라와 초나라 군사가 이미 위나라 교외에서 합류했는데도, 진나라가 구원병을 일으키지 않는 것은 또한 장차 그것이 급하지 않다고 믿기 때문일 것입니다. (위나라가) 매우 급해져서 저들에게 땅을 떼어주고 합종을 약속한다면 왕께서는 또한 무엇으로 구원하시겠습니까? 반드시 급해질 때까지 기다려서 구제한다면, 이는 하나의 동쪽 울타리인 위나라를 잃고 두 적인 제나라와 초나라를 강하게 하는 것인데, 왕께 무슨 이로운 것이 있겠습니까?"

이에 진나라 소왕은 급히 군사를 일으켜서 위나라를 구원케 하자 위나라는 다시 안정되었다.

大王已知魏之急而救不發者 臣竊以爲用策之臣無任矣 夫魏 一萬乘之國也 然所以西面而事秦 稱東藩 受冠帶 祠春秋者 以秦之彊足以爲與也[①] 今齊楚之兵已合於魏郊矣 而秦救不發 亦將賴其未急也 使之大急 彼且割地而約從 王尙何救焉 必待其急而救之 是失一東藩之魏而彊二敵之齊楚 則王何利焉 於是秦昭王遽爲發兵救魏 魏氏復定

① 以秦之彊足以爲與也이진지강족이위여야

색은 여與는 한편이 되어서 친하고 화평을 맺는 것을 이른다.

與謂許與爲親而結和也

조나라에서 사람을 시켜 위나라 왕에게 말하게 했다.

"우리를 위해 범좌范痤[1]를 죽여준다면, 우리는 70리의 땅을 바치겠습니다."

위나라 왕이 말했다.

"좋소."

관리를 시켜서 잡으려고 포위했으나 아직 죽이지는 않았다. 범좌는 이 때문에 지붕에 올라가 용마루에 걸터앉아[2] 사신에게 일러 말했다.

"저를 죽여서 파는 것은 저를 살려서 파는 것만 같지 못합니다. 만약 제가 죽었다고 하면 조나라에서 왕에게 땅을 주지 않을 것인데, 왕께서는 장차 어찌하시렵니까? 그러니 먼저 땅을 떼어 받은 다음에 저를 죽이는 것만 못할 것입니다."

위나라 왕이 말했다.

"좋은 말이다."

범좌는 이로 인해 신릉군信陵君[3]에게 편지를 올려서 말했다.

"저는 옛날에 위나라 재상에서 면직되었으나, 조나라에서 땅을 떼 주면서 저를 죽이려고 하는데, 위나라 왕은 그 청을 들어주려 합니다. 만약 강한 진秦나라가 또한 장차 조나라를 답습하려고 한다면, 군君께서는 장차 어찌하시겠습니까?"

그러자 신릉군이 왕에게 말해 나가게 해 주었다.

> 趙使人謂魏王曰 爲我殺范痤[1] 吾請獻七十里之地 魏王曰 諾 使吏捕之
> 圍而未殺 痤因上屋騎危[2] 謂使者曰 與其以死痤市 不如以生痤市 有如
> 痤死 趙不予王地 則王將奈何 故不若與先定割地 然後殺痤 魏王曰 善
> 痤因上書信陵君[3]曰 痤 故魏之免相也 趙以地殺痤而魏王聽之 有如彊
> 秦亦將襲趙之欲 則君且奈何 信陵君言於王而出之

① 范痤범좌

신주 범좌范痤는 위나라 재상으로 위나라를 합종책의 맹주로 만들었다. 조나라에서 범좌를 죽이고 합종책의 맹주가 되려고 한 것이다. 《전국책》에서는 범좌范座로 되어 있다.

② 上屋騎危상옥기위

집해 위危는 용마루이다.

危 棟上也

색은 騎의 발음은 '기奇'이다. 위危는 용마루이다. 《예기》〈상대기喪大記〉에서 '중옥리위中屋履危'(지붕 한가운데 높은 곳을 밟고)라고 했는데 아마도 지붕에 올라가서 군사를 피한 것이다.

上音奇 危 棟上也 禮云中屋履危 蓋昇屋以避兵

③ 信陵君신릉군

신주 신릉군은 위소왕魏昭王의 서자庶子이자 안희왕安釐王과 어머니가 다른 동생이다. 안희왕이 즉위한 후 그를 신릉군에 봉해 주었다. 《전국책》에서는 주기朱己, 〈위세가〉에는 무기無忌로 나온다.

위나라 왕은 진秦나라가 구원해준 일 때문에 진나라와 친하고 한 나라를 공격해서 옛 땅을 요구하려고 했다.[1] 무기無忌가 위나라 왕에게 말했다.

"진나라는 융戎, 적翟과 더불어 풍속이 같아서 호랑이와 이리의 마음을 가졌고, 마구 탐하고 이로움을 좋아하며 신용이 없어서 예의나 덕행을 알지 못합니다. 진실로 이익이 있으면 친척이나 형 제도 돌아보지 않아 날짐승이나 길짐승과 같을 뿐입니다. 이는 천하에서 알고 있는 것으로 두텁게 베풀고 덕을 쌓은 바가 있지 않습니다.

그래서 태후인 모친은 걱정하다가 죽었습니다. 양후穰侯는 외삼 촌으로 그 공이 막대한데도 마침내 쫓겨났습니다. 두 아우는 죄 가 없는데도 거듭 봉국을 빼앗겼습니다.[2] 친척들에게도 이와 같 은데 하물며 원수의 나라에는 어떻겠습니까? 지금 왕께서 진나라 와 함께하면서 한나라를 정벌하는 것은 진나라라는 우환을 더욱 가까이하는 것으로, 신은 매우 당혹스럽습니다. 왕께서 인식하지 못하신다면 현명하지 못하신 것이고, 여러 신하들이 알려주지 않 는다면 충성하지 않는 것입니다.

魏王以秦救之故 欲親秦而伐韓 以求故地[1] 无忌謂魏王曰 秦與戎翟同 俗 有虎狼之心 貪戾好利無信 不識禮義德行 苟有利焉 不顧親戚兄弟 若禽獸耳 此天下之所識也 非有所施厚積德也 故太后母也 而以憂死 穰侯舅也 功莫大焉 而竟逐之 兩弟無罪 而再奪之國[2] 此於親戚若此 而況於仇讎之國乎 今王與秦共伐韓而益近秦患 臣甚惑之 而王不識則 不明 群臣莫以聞則不忠

① 魏王以秦救之故~以求故地위왕이진구지고~이구고지

신주 주난왕周赧王 50년(서기전 265)에 제齊, 초楚가 위魏를 공격했는데 진이 도왔다. 진은 조趙와 손잡고 한韓을 치려고 했는데, 위가 진을 고맙게 생각해서 진과 조 연합군에 가담해서 한을 친 후 잃은 땅을 회복하려 하였다.

② 故太后母也~而再奪之國고태후모야~이재탈지국

신주 진소양왕秦昭襄王의 생모는 미씨羋氏로 초楚나라 사람인데, 선태후宣太后가 되어 그와 아버지가 다른 동모제同母弟 양후穰侯(위염魏冉)에게 정사를 맡겼다. 소양왕은 이를 우려해서 주난왕 49년(서기전 226)에 범저의 의견에 따라 선태후를 폐하고, 양후를 도陶 땅에서 내쫓고, 동모제인 고릉군高陵君 현顯과 경양군涇陽君 리悝를 추방했다.

지금 한나라는 한 여자가 한 약한 군주를 받들어[①] 안으로는 대란이 일어났고 밖으로는 강한 진秦나라와 위나라의 군사와 번갈아 싸우니, 왕께서는 망하지 않겠느냐고 여기십니까? 한나라가 망하고 진나라가 정나라의 땅을 소유하여 대량大梁과 이웃하게[②] 되면, 왕께서 편하실 것이라고 여기십니까? 왕께서 옛 땅을 얻으려고 지금 강한 진나라를 업고서 친하게 지내는 것이 왕께서는 이롭다고 여기십니까?

今韓氏以一女子奉一弱主[①] 内有大亂 外交彊秦魏之兵 王以爲不亡乎 韓亡 秦有鄭地 與大梁鄰[②] 王以爲安乎 王欲得故地 今負彊秦之親 王以爲利乎

① 今韓氏以一女子奉一弱主금한씨이일여자봉일약주

신주 한나라 한혜왕桓惠王이 어려서 즉위했기 때문에 9년 동안 모후母后가 실권을 잡았다.

② 與大梁鄴여대량업

색은 《전국책》에는 '업鄴'이 '인鄰'으로 되어 있다. '인'이 맞다.

戰國策鄴 作鄰字爲得

진나라가 섬길 수 없는 나라는 아니지만, 한나라가 망한 뒤에는 반드시 다른 일을 만들 것인데, 다른 일을 만들게 되면 반드시 쉽고 이로운 것으로 나아갈 것이고, 쉽고 이로운 것으로 나아가는 것이 초나라와 조나라를 침략하는 것은 반드시 아닐 것입니다. 이는 무엇 때문이겠습니까? 산을 넘고 하수를 건너 한나라 상당上黨을 끊고 강한 조나라를 공격하는 것은 알여閼與의 일① 을 반복하는 것이므로 진나라는 반드시 하지 않을 것입니다.

만약 하내河內에 길을 터서 업鄴과 조가朝歌를 등지고, 장수漳水와 부수滏水를 건너서 조나라 군사와 한단의 교외에서 결전하는 것은 곧 지백知伯의 재앙과 같은 것이니 진나라는 또 감히 하지 않을 것입니다. 초나라를 침벌하려면 섭곡涉谷에 길을 터서② 3,000리를 가야 합니다.③

秦非無事之國也 韓亡之後必將更事 更事必就易與利 就易與利必不伐楚與趙矣 是何也 夫越山踰河 絶韓上黨而攻彊趙 是復閼與之事① 秦必

不爲也 若道河內 倍鄴朝歌 絶漳滏水 與趙兵決於邯鄲之郊 是知伯之
禍也 秦又不敢 伐楚 道涉谷② 行三千里③

① 是復閼與之事시부알여지사

색은 復의 발음은 '부[扶富反]'이다. 지난해 진과 한이 서로 알여를 공격
하자 조사趙奢가 진나라 군대를 처부수었다고 이른 것이다.

復音扶富反 謂前年秦韓相攻閼與 而趙奢破秦軍

② 道涉谷도섭곡

색은 도道는 행行과 같다. 섭곡涉谷은 초나라로 가는 험한 길이다. 진
나라에서 초나라로 향하는 두 길이 있다. 섭곡은 서도西道이고, 하내河內
는 동도東道이다.

道猶行也 涉谷是往楚之險路 從秦向楚有兩道 涉谷是西道 河内是東道

③ 行三千里행삼천리

정의 유백장이 말했다. "진의 군사가 초나라로 향하는 두 길이 있는데,
섭곡은 서도이고, 하외河外는 동도이다. 포야襃斜에서 양주로 들어가는
것은 곧 동남쪽으로 신주에 이르러 석성산石城山을 공격하는 것인데, 험
준하고 좁은 요새이다."

劉伯莊云 秦兵向楚有兩道 涉谷是西道 河外是東道 從襃斜入梁州 即東南至申
州攻石城山 險阨之塞也

명액冥阨의 요새①를 공격하는 것은 길이 아주 멀어서 공격하기 아주 어려울 것이니,② 진나라는 또 하지 않을 것입니다. 만약 하내에 길을 터서 대량大梁을 등지고③ 상채上蔡와 소릉召陵을 오른쪽에 두고,④ 초나라 군사와 진陳나라 교외에서 결전하는 일은 진나라에서 또 감히 하지 않을 것입니다.

그러므로 진나라는 반드시 초나라와 조나라를 정벌하지 않을 것이고, 또 위衛와 제나라도 공격하지 않을 것입니다.⑤

而攻冥阨之塞① 所行甚遠 所攻甚難② 秦又不爲也 若道河外 倍大梁③ 右(蔡左)[上蔡]召陵④ 與楚兵決於陳郊 秦又不敢 故曰秦必不伐楚與趙矣 又不攻衛與齊矣⑤

① 冥阨之塞명액지새

집해 손검이 말했다. "명액은 초나라의 험한 요새이다." 서광이 말했다. "어떤 이는 지금의 강하군 맹현이라고 한다."

孫檢曰 楚之險塞也 徐廣曰 或以爲今江夏鄳縣

정의 冥은 '맹盲'으로 발음한다. 《괄지지》에서 말한다. "석성산石成山은 신주 종산현 동남쪽 21리에 있다. 위나라에서 명액을 공격했는데 곧 이곳이다. 산 위에는 옛날 석성石城이 있다. 《수경주》에서 '어떤 이는 맹鄳에 있다.'라고 하는데, 이 산을 가리킨 것이다. 《여씨춘추》에서 '구새九塞'라고 말했는데 이곳이 그 하나이다."

冥音盲 括地志云 石城山在申州鍾山縣東南二十一里 魏攻冥阨即此 山上有故石城 注水經云 或言在鄳 指此山也 呂氏春秋云 九塞 此其一也

② 所攻甚難소공심난

색은 공攻은 또한 '치致'로 되어 있다. 《전국책》에서는 '치군致軍'이라는 문장이 나오는데, 군량을 대기 어렵다는 말이다.

攻 亦作致 戰國策見作致軍 言致軍糧難也

③ 若道河外 倍大梁약도하외 배대량

정의 하외河外를 따라 함곡관을 나가 동주 남쪽을 거쳐 정주에 이른다. 동쪽 진주로 향하면 대량을 등지게 된다.

從河外出函谷關 歷同州南至鄭州 東向陳州 則背大梁也

④ 右(蔡左)[上蔡]召陵우상채소릉

집해 서광이 말했다. "다른 판본에는 '좌左' 자가 없다."

徐廣曰 一無 左字

정의 상채현은 예주 북쪽 70리에 있고 소릉邵陵 고성은 또한 예주 언성현 동쪽 45리에 있으니, 나란히 진주 서쪽에 있다. 변주에서 남쪽으로 가서 진주 서쪽 교외로 향하면 상채와 소릉이 바로 남면하고, 동쪽으로 향하면 모두 자신의 오른쪽이니, 반드시 '좌左' 자가 없어야 한다.

上蔡縣在豫州北七十里 邵陵故城亦在豫州郾城縣東四十五里 竝在陳州西 從汴州南行向陳州之西郊 則上蔡邵陵正南面 向東皆身之右 定無左字也

⑤ 不攻衛與齊矣불공위여제의

정의 위衛와 제齊는 모두 한, 조, 위魏의 동쪽에 있다. 그러므로 진秦나라에서 정벌하지 못하는 것이다.

衛齊皆在韓趙魏之東 故秦不伐也

무릇 한나라가 망한 뒤에 군사를 출동시키는 날은 위나라가 아니면 공격할 곳이 없을 뿐입니다. 진나라는 이미 회懷, 모茅,[1] 형구邢丘[2]를 차지했는데, 성을[3] 궤진垝津[4]에 쌓고 하내河內에 다다르게 되면, 하내의 공共과 급汲[5]은 반드시 위험해질 것입니다. 또 정나라의 땅[6]을 차지하고 원옹垣雍[7]을 얻어 형택滎澤의 물을 터서 대량을 잠기게 하면, 대량은 반드시 망할 것입니다.

夫韓亡之後 兵出之日 非魏無攻已 秦固有懷茅[1]邢丘[2] 城[3]垝津[4]以臨河內 河內共汲[5]必危 有鄭地[6] 得垣雍[7] 決滎澤水灌大梁 大梁必亡

① 秦固有懷茅진고유회모

［집해］ 서광이 말했다. "수무脩武에 지현이 있는데, 모정茅亭이 있다."

徐廣曰 在脩武軹縣 有茅亭

［정의］ 茅의 발음은 '모[卯包反]'이다. 회주 무척현 서쪽 11리에 있는 옛 회성懷城은 본래 주周나라 읍인데, 뒤에 진晉나라에 속했다. 《좌전》에서는 주나라에서 정鄭나라 사람 소분생蘇忿生에게 12개 읍을 주었는데, 그 하나가 찬모攢茅라고 한다. 《괄지지》에서 "회주 획가현 동북쪽 25리에 있다."고 했다. 획가는 옛 수무脩武이다.

茅 卯包反 懷州武陟縣西十一里故懷城 本周邑 後屬晉 左傳云周與鄭人蘇忿生十二邑 其一曰攢茅 括地志云在懷州獲嘉縣東北二十五里也 獲嘉 古脩武也

② 邢丘형구

［집해］ 서광이 말했다. "평고平皐에 있다."

徐廣曰 在平皐

정의 《괄지지》에서 말한다. "평고 고성은 회주 무덕현 동남쪽 20리에 있다. 본래 형구읍으로 하수 물가의 땅에 있다."

括地志云 平皋故城在懷州武德縣東南二十里 本邢丘邑也 以其在河之皋地也

③ 城성

색은 살펴보니 《전국책》에서는 형구와 안성安城이라 했는데, 여기서는 '안安' 자가 빠졌을 뿐이다.

按 戰國策云邢丘安城 此少安字耳

④ 垝津궤진

색은 하북에 있다. 垝의 발음은 '궤[九毁反]'이다.

在河北 垝音九毁反

정의 垝는 '궤詭'로 발음하는데 글자가 잘못된 것이고 '연延'이라 쓰는 것이 마땅하다. 《괄지지》에서 말한다. "연진延津의 옛날 세속에서 부른 이름은 임진臨津이다. 옛 성은 위주 청기현 서남쪽 26리에 있다. 두예가 '급군의 성 남쪽에 연진이 있다.'라고 한 것이 이것이다."

垝音詭字誤 當作延 括地志云 延津故俗字名臨津 故城在衛州清淇縣西南二十六里 杜預云 汲郡城南有延津是也

신주 사마천이 압축해서 서술하는 과정에서 일부 탈락되거나 주석들이 잘못된 부분들이 보인다. 양옥승은 《사기지의》에서 이렇게 말했다. "성궤진城垝津은 '궤진에 성을 쌓아[築城於垝津]'이다. 《순자》〈강국〉에서는 《사기》를 인용한 주석이 같고 궤진垝津은 곧 위진圍津이다. 조참曹參이 위진을 건넜다는 것으로 증명할 수 있다. 〈순자전〉에서는 잘못 베껴 '어진圍津'이라 했는데, 곧 동군 백마白馬의 '위진'이다. 위圍, 위韋, 궤垝의 세 글자는 고대에 통가자로 썼다."

⑤ 河内共汲하내공급

서광이 말했다. "급현은 하내군에 속한다."

徐廣曰 汲縣屬河内

급汲은 또한 '파波' 자로 되어 있다. 파와 급은 모두 현의 이름이고 함께 하내군에 속한다.

汲 亦作波 波及汲皆縣名 俱屬河内

⑥ 有鄭地유정지

서광이 말했다. "성고와 형양은 또한 정나라에 속한다."

徐廣曰 成皋滎陽亦屬鄭

⑦ 得垣雍득원옹

서광이 말했다. "원옹성은 권현에 있는데 권현은 위魏나라에 속했다. 권현에는 또 장성長城이 있는데 양무陽武를 거쳐서 밀密에 이른다.

徐廣曰 垣雍城在卷縣 卷縣屬魏也 卷縣又有長城 經陽武到密者也

雍의 발음은 '용[於用反]'이다. 《괄지지》에서 말한다. "옛 성은 정주 원무현 서북쪽 7리에 있다."《이아》〈석례〉에서는 "지명인 권현은 이성理城 혹은 원성垣城이다."라고 한다. 한나라가 망한 뒤에 진秦나라가 정나라 땅을 차지하여 원옹성을 얻고, 형택을 따라 도랑을 터서 옹雍을 거쳐 대량大梁을 잠기게 할 것이라는 말이다.

雍 於用反 括地志云 故城在鄭州原武縣西北七里 釋例 地名卷縣 理或垣城也 言韓亡之後 秦有鄭地 得垣雍城 從滎澤決溝歷雍灌大梁是也

왕의 사신이 나가서 그릇되게 안릉씨安陵氏를 진나라에서[1] 헐뜯어 진나라에서 죽이려고 한 지 오래되었습니다. 진나라 섭양葉陽과 곤양昆陽은 무양舞陽과 이웃해 있는데,[2] 사신[3]의 험담을 듣고 따른다면 안릉씨는 죽을 것이고,[4] 무양의 북쪽을 감싸서 동쪽으로 허許에 다다르면 남쪽 나라는 반드시 위태로울 것입니다.[5] 그런데 나라에 해가 없겠습니까?

王之使者出過而惡安陵氏於秦[1] 秦之欲誅之久矣 秦葉陽昆陽與舞陽鄰[2] 聽使[3]者之惡之 隨安陵氏而亡之[4] 繞舞陽之北 以東臨許 南國必危[5] 國無害(已)[乎]

① 安陵氏於秦안릉지어진

[집해] 서광이 말했다. "소릉召陵에 안릉향이 있고 정강征羌에는 안릉정이 있다."

徐廣曰 召陵有安陵鄉 征羌有安陵亭也

[정의] 《괄지지》에서 말한다. "언릉현鄢陵縣 서북쪽 15리이다. 이기는 6국 시대에는 안릉安陵이라 했다고 한다." 위왕魏王의 사신이 나가 진나라로 향한다고 말한 것은 함께 한나라를 정벌하다가 잘못이 생기면 다시 안릉씨를 진나라에서 미워하게 될 것이니, 지금 정벌하는 것은 거듭 잘못이라는 말이다.

括地志云 鄢陵縣西北十五里 李奇云六國時爲安陵也 言魏王使者出向秦云 共伐韓以成過失 而更惡安陵氏於秦 今伐之 重非也

[신주] 안릉은 하남성河南省 언릉현으로 비정한다. 위양왕魏襄王의 동생 성후成侯를 봉封했던 나라였는데, 뒤에 위魏와 안릉군安陵君 성후成侯의

관계가 소원해지자 위魏는 그를 진秦에 참소해 치게 하려 했다.

② 秦葉陽昆陽與舞陽鄰진섭양곤양여무양인

정의 《괄지지》에서 말한다. "섭양은 지금의 허주 섭현이다. 곤양 고성은 허주 섭현 북쪽 25리에 있다. 무양 고성은 섭현 동쪽 10리에 있다." 이때 섭양과 곤양은 진秦에 속하고 무양은 위魏에 속했다.

括地志云 葉陽今許州葉縣也 昆陽故城在許州葉縣北二十五里 舞陽故城在葉縣東十里 此時葉陽昆陽屬秦 舞陽屬魏也

③ 聽使청사

색은 앞 글자는 평성이고 뒤의 글자는 거성이다.

上平聲 下去聲

④ 隨安陵氏而亡之수안릉지이망지

정의 수隨는 청聽과 같다. 무기無忌의 설명은 사신이 안릉씨를 헐뜯으면 또한 진나라에서 안릉씨를 없애라는 청을 들어줄 것이라는 말이다. 그러나 무양의 북쪽을 감싸고 동쪽 허 땅에 다다르면 허는 반드시 위태로워질 것인데, 진나라에서 허를 차지하면 위나라는 해로움이 없겠느냐는 말이다.

隨猶聽也 無忌說言使者惡安陵氏 亦聽秦亡安陵氏 然繞舞陽之北以東臨許 許必危矣 秦有許地 魏國可無害

⑤ 以東臨許 南國必危이동임허 남국필위

정의 남국南國은 지금의 허주 허창현 남서쪽 40리의 허창 고성이다.

이때는 한나라에 속했는데 위魏나라 남쪽에 있었다. 그래서 남국이라고 말했다. 《괄지지》에서 말한다. "주나라 때는 허국許國이었는데 무왕이 주紂를 정벌하고 봉한 곳이다. 〈지리지〉에서 영천군 허현은 옛날 허국이고 강성姜姓이며 사악四岳의 후예인 문숙文叔을 봉한 곳인데, 24명의 군주를 거쳐 초나라에게 멸망했다." 삼경三卿이 진晉나라를 배반하자 그 땅은 한나라에 귀속되었다.

南國 今許州許昌縣南西四十里許昌故城是也 此時屬韓 在魏之南 故言南國 括地志云 周時爲許國 武王伐紂所封 地理志云潁川許縣古許國 姜姓 四岳之後 文叔所封 二十四君 爲楚所滅 三卿背晉 其地屬韓

무릇 한나라를 미워하고 안릉씨를 아끼지 않는 것은 그렇다 치더라도, 진秦나라가 남국을 아끼지 않는다고 걱정하지 않는 것은 잘못입니다. 지난날 진나라가 하서河西에 있을 때는 진晉나라(위나라)의 도읍 대량까지 거리가 1,000리였고,[1] 하수와 태항산이 막아주고 주나라와 한나라가 가로막아 주었습니다. 임향林鄕[2] 전투부터 지금까지 진秦나라는 일곱 번 위나라를 공격하고,[3] 다섯 번 포전圃田 안으로[4] 쳐들어와서 변방의 성은 다 함락되었고 문대文臺는 무너졌으며,[5] 수도垂都는 불탔고,[6] 수풀은 베어졌으며, 고라니와 사슴은 모두 잡혔습니다. 뒤이어 나라까지 포위당했습니다.

夫憎韓不愛安陵氏可也 夫不患秦之不愛南國非也 異日者 秦在河西晉國去梁千里[1] 有河山以闌之 有周韓以間之 從林鄕[2]軍以至于今 秦七

攻魏③ 五入圍中④ 邊城盡拔 文臺墮⑤ 垂都焚⑥ 林木伐 麋鹿盡 而國繼
以圍

① 晉國去梁千里진국거량천리

　집해　 서광이 말했다. "위魏나라 영역은 1,000리이다. 또 이르기를 하남
군 양현에 주성注城이 있다고 한다."

徐廣曰 魏國之界千里 又云河南梁縣有注城

　정의　 하서는 동주이다. 진晉은 강주에 도읍하고 위나라는 안읍安邑에
도읍했는데, 모두 하동군에 있고 대량과의 거리는 1,000리이다.

河西 同州也 晉國都絳州 魏都安邑 皆任河東 去大梁有千里也

② 林鄕임향

　집해　 서광이 말했다. "임향은 완현에 있다."

徐廣曰 林鄕在宛縣

　색은　 유씨가 말했다. "임林은 지명인데, 아마 춘추시대 정나라 땅 비림
棐林이며, 대량의 서북쪽에 있다." 서광이 말했다. "완릉에 있다."

劉氏云林 地名 蓋春秋時鄭地之棐林 在大梁之西北 徐廣云在宛陵也

　정의　 《괄지지》에서 말한다. "완릉 고성은 정주 신정현 동북쪽 38리에
있는데 본래 정나라 옛 현이다." 유씨와 서광의 설명을 살펴보니 이곳이
그 땅이다.

括地志云 宛陵故城在鄭州新鄭縣東北三十八里 本鄭舊縣也 按劉徐二說 是其
地也

③ 七攻魏칠공위

신주 《사기지의》에 따르면《전국책》에서는 '칠七'을 '십十'이라 했다.

④ 五入囿中오입유중

집해 서광이 말했다. "다른 판본에는 '유囿'가 '성城' 자로 되어 있다."

徐廣曰 一作城也

색은 유囿는 곧 포전圃田이다. 포전은 정나라 늪지인데, 위魏에 속했다. 서광은 다른 판본에는 '성城' 자로 되어 있다고 했다. 《전국책》에서는 '국중 國中'으로 되어 있다.

囿即圃田 圃田 鄭薮 屬魏 徐廣云一作城 而戰國策作國中

정의 《괄지지》에서 말한다. "포전택은 정주 관성현 동쪽 3리에 있다. 《주례》에서는 예주의 늪지를 포전이라고 한다."

括地志云 圃田澤在鄭州管城縣東三里 周禮云豫州薮曰圃田也

⑤ 文臺墮문대휴

색은 문대文臺는 대의 이름이다. 《열사전》에서는 은릉군隱陵君이 문대 에서 술을 베풀었다고 한다.

文臺 臺名 列士傳曰隱陵君施酒文臺也

정의 墮의 발음은 '휴[許規反]'이다. 《괄지지》에서 말한다. "문대는 조주 원구현 서북쪽 65리에 있다."

墮 許規反 括地志云 文臺在曹州冤句縣西北六十五里也

신주 墮는 '무너지다'라는 뜻일 때는 '휴'로 발음하고, '떨어지다', '게으 르다'라는 뜻일 때는 '타'로 발음한다.

⑥ 垂都焚수도분

集解 서광이 말했다. "다른 판본에는 '위산도분魏山都焚'이라고 했다. 구양句陽에 수정垂亭이 있다."

徐廣曰 一云 魏山都焚 句陽有垂亭

索隱 수垂는 지명이다. 묘廟가 있는 곳을 도都라고 한다. 모두 위魏나라 읍 이름이다.

垂 地名 有廟曰都 竝魏邑名

또 진군秦軍은 오랫동안 말을 달려 대량의 북쪽에서 동쪽으로 도陶와 위衛[1]의 교외에 이르렀다가 북쪽으로 평감平監[2]에 이르렀습니다. 진秦나라에게 망한 곳은 화산華山의 남쪽과 북쪽,[3] 하외河外와 하내河內[4]의 큰 현縣들이 수십이고[5] 이름난 도시가 수백입니다.[6] 진秦나라가 하서河西의 진晉에 있어서 대량과 1,000리의 거리라도 재앙은 이와 같았습니다.

또 하물며 진秦에게 한나라를 없애고 정나라의 땅을 가지게 하면, 하수河水와 산이 막아주는 것이 없고 주나라와 한나라를 사이를 두는 것도 없어져서 대량과의 거리가 100리이니, 재앙은 반드시 여기에서 말미암을 것입니다.[7]

又長驅梁北 東至陶衛之郊[1] 北至平監[2] 所亡於秦者 山南山北[3] 河外河內[4] 大縣數十[5] 名都數百[6] 秦乃在河西晉 去梁千里 而禍若是矣 又況於使秦無韓 有鄭地 無河山而闌之 無周韓而間之 去大梁百里 禍必由此矣[7]

① 東至陶衛之郊동지도위지교

정의 도陶는 조주 정도定陶이다. 위衛는 곧 송주 초구현으로 위문공 衛文公이 도읍했는데, 진秦나라 군사가 지나면서 그 교외를 빼앗았다.

陶 曹州定陶也 衛即宋州楚丘縣 衛文公都之 秦兵歷取其郊也

② 平監평감

집해 서광이 말했다. "평현은 하남군에 속한다. 평平은 다른 판본에서는 '호乎' 자라고 했다. 《사기》에서는 제齊나라 감지闞止를 '감監' 자로 썼다. 감闞은 동평군 수창현에 있다."

徐廣曰 平縣屬河南 平 或作乎字 史記齊闞止作監字 闞在東平須昌縣

신주 《사기지의》에 따르면 《전국책》의 호감乎闞으로 '평平' 자가 잘못되었다고 한다.

③ 山南山北산남산북

정의 산은 화산華山이다. 화산의 동남쪽은 7국시대에 등주로 한나라에 속했으며 여주는 위나라에 속했다. 화산 북쪽의 동同, 화華, 은銀, 수綏는 모두 위魏나라 땅이었다.

山 華山也 華山之東南 七國時鄧州屬韓 汝州屬魏 華山之北 同華銀綏竝魏地也

④ 河外河内하외하내

정의 하외는 화주 동쪽으로 괵虢, 섬陝에 이르는 것을 말하고, 하내는 포주 동쪽으로 회懷, 위衛에 이르는 것을 말한 것이다.

河外謂華州以東至虢陝 河内謂蒲州以東至懷衛也

⑤ 大縣數十대현수십

집해 서광이 말했다. "다른 판본에는 '백百'으로 되어 있다."

徐廣曰 一作百

⑥ 名都數百명도수백

집해 서광이 말했다. "다른 판본에는 '십十'으로 되어 있다."

徐廣曰 一作十

⑦ 禍必由此矣화필유차의

신주 《사기지의》에 따르면 《전국책》에서는 '유由'를 '백百'이라 했다고 한다. 이에 따라 해석하면 "재앙은 반드시 이보다 백배가 될 것입니다." 라는 의미이다.

> 지난날 합종이 이루어지지 못한 것은① 초나라와 위나라가 의심하고 한나라는 얻을 것이 없다고 여겼기 때문입니다. 지금 한나라는 진나라 군사의 공격을 받은 지 3년인데, 진나라가 굴복시켜서 강화하려 하지만② (한나라는) 망한다는 것을 알면서도 듣지 않고③ 조나라에 인질을 보내 천하에서 기러기처럼 진을 쳐 진나라의 칼날을 무뎌지게 하기를 청하고 있습니다. 초나라와 조나라는 반드시 군사를 모을 것입니다. 이는 모두 진나라의 욕심이 끝이 없어 천하의 나라를 다 없애서 자신의 신하로 삼지 않으면, 반드시 그치지 않는다는 것을 알기 때문입니다.

異日者 從之不成也^① 楚魏疑而韓不可得也 今韓受兵三年 秦橈之以
講^② 識亡不聽^③ 投質於趙 請爲天下鴈行頓刃 楚趙必集兵 皆識秦之欲
無窮也 非盡亡天下之國而臣海内 必不休矣

① 從之不成也종지불성야

색은 從의 발음은 '종[足松反]'이다.

從音足松反

② 今韓受兵三年 秦橈之以講금한수병삼년 진요지이강

색은 橈의 발음은 '뇨[尼孝反]'이다. 한나라가 진秦나라 군사의 침입을
당해 굽히고 흔들린 것이 이미 3년이 지났는데, 강화를 설득해서 한나라
와 화해하려고 한다는 것을 말한다.

橈音尼孝反 謂韓被秦之兵 橈擾已經三年 云欲講說與韓和

③ 識亡不聽식망불청

색은 식識은 지知와 같다. 그러므로 《전국책》에서는 "한나라는 망할
걸 알기에 오히려 듣지 않았다."라고 했다.

識猶知也 故戰國策云韓知亡猶不聽也

이런 까닭에 신은 합종으로써 왕을 섬기는 것^①을 원하는 것이니,
왕께서 빨리 초나라와 조나라의 맹약을 받아들이고, 한나라의

인질을 끼고서[2] 한나라를 보존시켜 주면서 옛 땅을 요구한다면, 한나라는 반드시 바칠 것입니다.[3] 이는 군사와 백성이 수고롭지 않고도 옛 땅을 얻게 되어 그 공은 진秦나라와 같이 한나라를 정벌하거나 또 강한 진나라와 이웃해서 생기는 재앙보다 많을 것입니다.[4]

是故臣願以從事王[1] 王速受楚趙之約 (趙)[而]挾韓之質[2]以存韓 而求故地 韓必效之[3] 此士民不勞而故地得 其功多於與秦共伐韓 而又與彊秦鄰之禍也[4]

① 從事王종사왕

색은 從의 발음은 '종[足松反]'이다. 종사는 합종해서 왕을 섬긴다는 말이다.《전국책》에서도 또한 그러하다.

從音足松反 從事 言合從事王也 戰國策亦然

② 挾韓之質협한지질

색은 한나라가 인질을 조나라에 들이게 되면 조나라는 한나라의 인질을 끼고 한나라와 친하게 된다는 말이다.

言韓以質子入趙 則趙挾韓質而親韓也

③ 韓必效之한필효지

색은 효效는 치致와 같다. 조趙나라에서 옛 땅에 이르는 것을 이른다.

效猶致也 謂致故地於趙也

정의 무기는 위왕에게 빨리 초나라와 조나라의 합종을 받아들이라고 했다. 조나라와 초나라가 한나라 인질을 끼고 한나라를 보전하면서 위나라에서 땅을 요구하면 한나라는 반드시 땅을 바칠 것이니, 진나라와 더불어 한나라를 침벌하여 동시에 진나라와 이웃이 되어 생기는 재앙보다 낫다는 것이다.

無忌令魏王速受楚趙之從 趙楚挾持韓之質以存韓 而魏以求地 韓必效之 勝於與秦伐韓又與秦鄰之禍殊也

④ 而又與彊秦鄰之禍也이우여강진린지화야

《전국책》에서는 '우又' 자가 '무無' 자로 되어 있다. 그에 따라 해석하면 "그 공은 진秦나라와 함께 한나라를 정벌하는 것보다 많고, 강한 진나라와 이웃하는 재앙이 없을 것입니다."가 되니 〈위세가〉 본문보다 자연스런 문장이 된다.

> 무릇 한나라를 보존시키면 위나라는 편안하고 천하가 이롭게 되는 것이니, 이는 또한 왕에게 하늘이 주는 때입니다.[1] 공共과 영甯 땅[2]에서 한나라 상당上黨으로 통하게 하고 안성安城[3]에서 길을 터주면 드나드는 세금을 거둘 수 있으니, 이는 위나라가 그 상당 땅을 가지고 한나라를 거듭 인질로 잡는 것입니다. 지금 그 세금이 있으면 나라를 부유하게 할 수 있습니다. 한나라는 반드시 위나라를 덕으로 여기고 위나라를 사랑하고 위나라를 중히 여기면서도 위나라를 두려워할 것이니 한나라는 반드시 감히 위나라를 배반하지 못할 것입니다. 이는 곧 한나라가 위나라의 현이 되는

것입니다. 위나라가 한나라를 현으로 삼게 된다면 위衞와 대량과 하외는 반드시 편안할 것입니다. 지금 한나라를 보존시키지 않으면, 이주二周와 안릉安陵은 반드시 위태롭게 되고 초나라와 조나라는 크게 부서지며 위衞나라와 제나라는 매우 두려워하게 되므로, 천하의 제후들이 서쪽을 향해 진秦나라로 달려가 조회하여 신하가 되는 일이 오래 걸리지 않을 것입니다."

夫存韓安魏而利天下 此亦王之天時已^① 通韓上黨於共甯^② 使道安成^③ 出入賦之 是魏重質韓以其上黨也 今有其賦 足以富國 韓必德魏愛魏 重魏畏魏 韓必不敢反魏 是韓則魏之縣也 魏得韓以爲縣 衛大梁河外 必安矣 今个存韓 二周安陵必危 楚趙大破 衛齊甚畏 天下西鄕而馳秦 入朝而爲臣不久矣

① 天時已천시이

신주 《전국책》에서는 '천시天時'(하늘이 주는 때)가 '대시大時'(좋은 기회)로 되어 있다.

② 通韓上黨於共甯통한상당어공영

집해 서광이 말했다. "조가朝歌에 영향甯鄕이 있다."

徐廣曰 朝歌有甯鄕

정의 공共은 위주 공성현이다. 영甯은 회주 수무현인데 본래는 은殷나라 영읍甯邑이었다. 《한시외전》에서 "무왕이 주紂를 정벌하는데 군사를 영 땅에서 훈련시켰다. 그러므로 수무脩武라고 한다."라고 했다. 지금 위魏나라에서는 공과 영의 길을 개통하여, 한나라 상당으로 하여금 바로 통하는 길을 얻어서 가게 하려는 것이다.

共 衛州共城縣 甯 懷州脩武縣 本殷之甯邑 韓詩外傳云武王伐紂 勒兵於甯 故曰脩武 今魏開通共甯之道 使韓上黨得直路而行也

③ 使道安成사도안성

정의 《괄지지》에서 말한다. "옛날 안성은 정주 원무현 동남쪽 20리에 있다." 당시에는 위魏에 속했다.

括地志云 故安城在鄭州原武縣東南二十里 時屬魏也

신주 《전국책》에서는 '사도이통使道已通'(길이 이미 통하게 하면)으로 되어 있다.

> 20년, 진秦나라가 한단을 포위하자 신릉군 무기는 조서를 위조하여 장군 진비晉鄙[1]의 군사를 빼앗아 조나라를 구원해 조나라가 온전하게 되었다. 무기는 그로 인해 조나라에 머물렀다.
> 26년, 진나라 소왕이 죽었다.
> 二十年 秦圍邯鄲 信陵君無忌矯奪將軍晉鄙兵以救趙[1] 趙得全 無忌因留趙 二十六年 秦昭王卒

① 晉鄙兵以救趙진비병이구조

정의 《괄지지》에서 말한다. "위덕魏德 고성은 일명 진비성晉鄙城으로 위현 서북쪽 50리에 있는데, 공자 무기가 조서를 위조하여 진비의 군사를 빼앗았다. 그러므로 위덕성이라고 부른다."

括地志云 魏德故城一名晉鄙城 在衛縣西北五十里 即公子無忌矯奪晉鄙兵 故
名魏德城也

예정된 망국

30년, 무기無忌는 위나라로 돌아와 다섯 나라의 군사를 인솔하고, 진나라를 공격해 하외河外에서 무찌르고 몽오蒙驁를 패주시켰다. 위나라 태자 증增은 진秦나라에 인질로 있었는데, 진나라에서 노하여 위나라 태자 증을 가두고자 했다. 어떤 이가 태자 증을 위해 진나라 왕에게 일러 말했다.[①]

"공손희公孫喜[②]가 예전에 위나라 재상에게 일러 말하기를 '청컨대 위魏나라에서 빠르게 진秦나라를 공격하면 진나라 왕은 노하여 반드시 증을 가둘 것입니다. 위왕이 또 노하여 진나라를 공격하면 진나라는 반드시 증에게 상처를 입힐 것입니다.'라고 했습니다. 지금 왕께서 태자 증을 가둔다면 이는 공손희의 계책이 적중한 것입니다. 그러므로 태자 증을 귀하게 여겨 위나라와 화합하고, 제나라와 한나라로부터 의심받게 하는 것만 같지 못할 것입니다."

이에 진나라에서 증을 가두는 것을 그만두었다.

三十年 無忌歸魏 率五國兵攻秦 敗之河外 走蒙驁 魏太子增質於秦 秦怒 欲囚魏太子增 或爲增謂秦王[①]曰 公孫喜[②]固謂魏相曰 請以魏疾擊秦 秦王怒 必囚增 魏王又怒 擊秦 秦必傷 今王囚增 是喜之計中也 故不若貴增而合魏 以疑之於齊韓 秦乃止增

① 或爲增謂秦王혹위증위진왕

［색은］ 살펴보니 《전국책》에서는 "소진蘇秦이 공자 증을 위해 진왕에게 말했다."라고 되어 있다.

按 戰國策作蘇秦爲公子增謂秦王

［신주］ 소진은 이때 벌써 죽었으니 사마정의 해석은 맞지 않다.

② 公孫喜공손희

［색은］ 《전국책》에서는 '공손연公孫衍'으로 되어 있다.

戰國策作公孫衍

［신주］ 공손연은 위魏나라 음진陰晉 사람인데, 일찍이 서수 땅의 관리를 지냈기에 서수犀首라고 칭한다. 처음 진秦에서 벼슬했으나 장의張儀와 사이가 좋지 않았다가 장의가 죽은 후 진나라 재상이 되고 각국을 유세하며 오국五國의 재상이 되었다. 〈장의열전張儀列傳〉에 자세히 나온다.

31년, 진秦나라 왕 정政이 처음으로 즉위했다.

34년, 안희왕安釐王이 죽고 태자 증이 계승했는데, 바로 경민왕景湣王이다.① 신릉군 무기가 죽었다.

三十一年 秦王政初立 三十四年 安釐王卒 太子增立 是爲景湣王① 信陵君無忌卒

---

① 安釐王卒 ~ 爲景湣王인희왕졸 ~ 위경민왕

색은 《세본》에서 말한다. "안희왕이 경민왕 오午를 낳았다."

系本云 安釐王生景湣王午

경민왕 원년, 진나라에서 위魏나라의 20개 성을 함락하고 진나라 동군東郡으로 삼았다.[1]

2년, 진나라에서 위나라 조가朝歌를 빼앗았다. 위衛나라는 야왕 野王으로 옮겼다.[2]

3년, 진나라에서 위魏나라 급汲 땅을 빼앗았다.

5년, 진나라에서 위魏나라 원垣, 포양蒲陽 그리고 연衍 땅을 빼앗 았다.[3]

15년, 경민왕이 죽고 아들 왕 가假가 즉위했다.

景湣王元年 秦拔我二十城 以爲秦東郡[1] 二年 秦拔我朝歌 衛徙野王[2]

三年 秦拔我汲 五年 秦拔我垣蒲陽衍[3] 十五年 景湣王卒 子王假立

---

① 以爲秦東郡이위진동군

신주 이로써 위魏나라는 동쪽을 제외하고 3면이 진나라에 둘러싸이게 되며, 조나라와 연결도 끊어지게 된다. 진나라는 마침내 제나라 서쪽 국 경까지 닿았다. 진나라 통일 21년 전이다.

② 衛徙野王위사야왕

집해 서광이 말했다. "위衛나라는 복양에서 야왕으로 옮겼다."

徐廣曰 衛從濮陽徙野王

③ 秦拔我垣蒲陽衍진발아원포양연

집해 서광이 말했다. "12년에 진秦나라에 성을 바쳤다."

徐廣曰 十二年獻城秦

정의 《괄지지》에서 말한다. "옛 원垣 땅은 본래 위魏나라 왕원王垣으로 강주 원현 서북쪽 20리에 있다. 포읍 고성은 습주 습천현 남쪽 45리에 있다." 포수蒲水 북쪽에 있으므로 포양蒲陽이라고 했다. 연衍은 지명이고 정주에 있다.

括地志云 故垣地本魏王垣也 在絳州垣縣西北二十里 蒲邑故城在隰州隰川縣南四十五里 在蒲水之北 故曰蒲陽 衍 地名 在鄭州

신주 〈육국연표〉도 〈위세가〉와 같다. 그러나 《사기지의》에 따르면 이때 진나라가 친 곳은 포양 한 곳이며, 나머지는 덧붙여진 글자라고 한다.

왕 가假 원년, 연나라 태자 단丹은 형가荊軻에게 진나라 왕을 찌르게 했는데, 진왕에게 발각되었다.①

3년, 진나라는 대량을 물에 잠기게 하고 왕 가假를 사로잡아서②

마침내 위나라를 멸하고 군현으로 삼았다.

王假元年 燕太子丹使荊軻刺秦王 秦王覺之① 三年 秦灌大梁 虜王假②

遂滅魏以爲郡縣

① 秦王覺之진왕각지

집해 서광이 말했다. "2년에 신정新鄭에서 반란이 일어났다."

徐廣曰 二年 新鄭反

② 王假왕가

집해 《열녀전》에서 말한다. "진秦나라에서 가假를 살해했다."

列女傳曰 秦殺假

태사공은 말한다.

나는 옛날 대량 옛터에 갔었는데 옛터에 사는 사람이 말하기를 "진秦나라에서 양梁을 쳐부수고 하수의 도랑을 끌어 대량을 잠기게 하자, 3개월 만에 성이 무너지고 왕이 항복을 청했으며, 마침내 위나라를 멸했다."라고 했다. 설명하는 자들은 모두 위나라에서 신릉군을 등용하지 않은 까닭에 나라는 좁아지고 약해져서 망했다고 하는데, 나는 그렇지 않다고 생각한다. 하늘이 마침 진나라에게 천하를 평정케 했으나 아직 그 사업이 이루어지지 못했는데, 위魏나라가 비록 아형阿衡의 보좌를 얻었다고 한들 어찌 보탬이 있었겠는가?[①]

太史公曰 吾適故大梁之墟 墟中人曰 秦之破梁 引河溝而灌大梁 三月城壞 王請降 遂滅魏 說者皆曰魏以不用信陵君故 國削弱至於亡 余以爲不然 天方令秦平海内 其業未成 魏雖得阿衡之佐 曷益乎[①]

---

① 魏雖得阿衡之佐 曷益乎위수득아형지좌 갈익호

색은 살펴보니 초주가 말했다. "내가 들으니 이른바 하늘이 망하게 하는 것은 어진 이가 있지만 쓰지 않는 데 있다. 썼다면 어찌 망했겠는가? 주왕紂王에게 삼인三仁(상나라의 기자, 비간, 미자)을 쓰게 했다면 주周나라는 왕이 될 수 없었을 것이거늘 하물며 호랑이와 이리 같은 진나라이겠는가?"

按 譙周曰以予所聞 所謂天之亡者 有賢而不用也 如用之 何有亡哉 使紂用三仁 周不能王 況秦虎狼乎

색은술찬 사마정이 펼쳐 밝히다.

필공의 후예는 나라를 따라서 성을 삼았다. 큰 이름(위魏)을 처음 상으로 받고, 수를 가득 채우니 저절로 정도正道가 되었다. 자손은 번창했고 대대로 충정을 쌓았다. 양간楊干은 욕을 당했고 지씨는 목숨이 달아났다. 문후 때 비로소 후侯로 세워졌고 무후 때 실로 강성해졌다. 대량 땅 동쪽으로 옮기자 장안長安(진나라)이 북쪽을 엿보았다. 망묘芒卯는 이미 공이 없었고, 공손앙도 밖에 기대었다. 왕 가假는 땅이 줄고 약해져서 진왕 정政에게 포로가 되었구나.

畢公之苗 因國爲姓 大名始賞 盈數自正 胤裔繁昌 系載忠正 楊干就戮 智氏奔命 文始建侯 武實彊盛 大梁東徙 長安北偵 卯旣無功 卬亦外聘 王假削弱 虜於秦政

[지도 1] 위세가

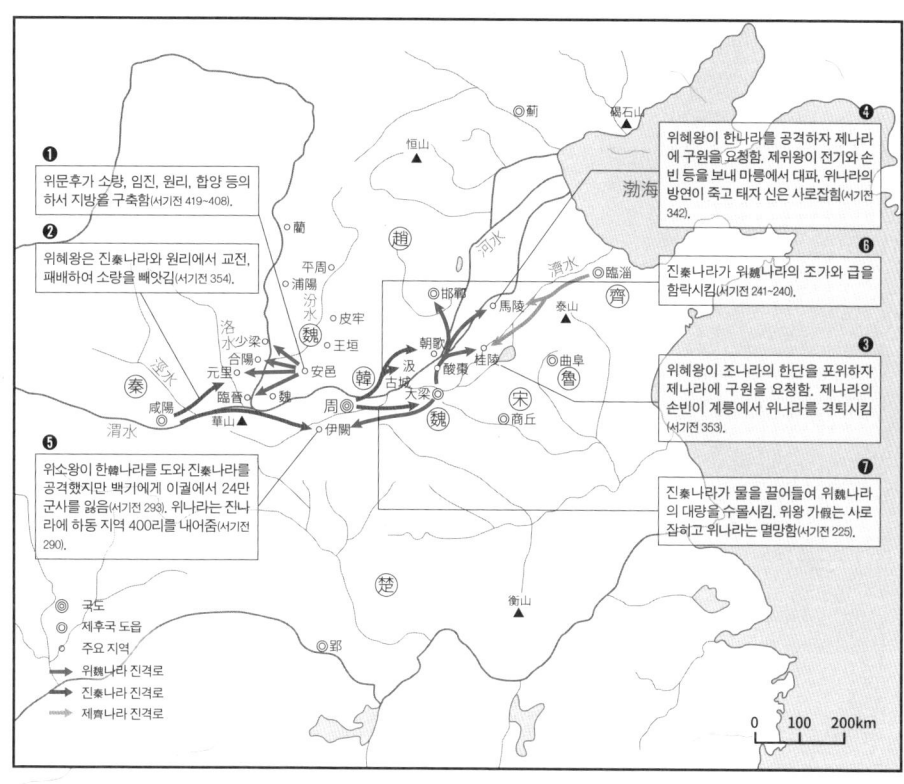

❶ 위문후가 소량, 임진, 원리, 합양 등의 하서 지방을 구축함(서기전 419~408).

❷ 위혜왕은 진秦나라와 원리에서 교전, 패배하여 소량을 빼앗김(서기전 354).

❺ 위소왕이 한韓나라를 도와 진秦나라를 공격했지만 백기에게 이궐에서 24만 군사를 잃음(서기전 293). 위나라는 진나라에 하동 지역 400리를 내어줌(서기전 290).

❹ 위혜왕이 한나라를 공격하자 제나라에 구원을 요청함. 제위왕이 전기와 손빈 등을 보내 마릉에서 대파, 위나라의 방연이 죽고 태자 신은 사로잡힘(서기전 342).

❻ 진秦나라가 위魏나라의 조가와 급을 함락시킴(서기전 241~240).

❸ 위혜왕이 조나라의 한단을 포위하자 제나라에 구원을 요청함. 제나라의 손빈이 계릉에서 위나라를 격퇴시킴(서기전 353).

❼ 진秦나라가 물을 끌어들여 위魏나라의 대량을 수몰시킴. 위왕 가假는 사로잡히고 위나라는 멸망함(서기전 225).

◎ 국도
◎ 제후국 도읍
○ 주요 지역
➤ 위魏나라 진격로
➤ 진秦나라 진격로
➤ 제齊나라 진격로

0   100   200km

사기 제45권 史記卷四十五

한세가 韓世家

사기 제45권 한세가 제15

史記卷四十五 韓世家第十五

신주 사마천의 〈한세가韓世家〉를 해석할 때 문제가 되는 것은 두 개의 한국이다. 하나는 고한국古韓國이고 다른 하나는 전국시대 한국韓國이다. 사마천은 〈한세가〉를 "한韓나라의 선조는 주周나라와 동성同姓으로 성은 희씨姬氏이다. 그 후예는 진晉나라를 섬겨서 한원韓原에 봉해짐을 얻어서 한무자韓武子라고 했다."라고 시작했다. 앞 문장의 주나라 동성 희성의 한국이 고한국이다. 고한국은 진晉나라에 망했는데 훗날 진의 호족 한씨韓氏가 조趙, 위魏씨와 함께 진국을 나누는 '삼가분진三家分晉'으로 세운 나라가 전국시대의 한국韓國이다.

　사마천은 한나라 선조를 주왕조와 동성인 희성이라고 설명했지만 그가 누구인지 특정하지 못했다. 선조가 누구인지는 모르지만 그 후예가 진나라를 섬겨서 한원에 봉해진 한무자韓武子이다. 한무자는 희성 한씨韓氏로 이름이 만이어서 한만韓萬으로 불리는데, 사후 시호가 무武였기 때문에 한무자로 불린다. 서기전 679년 곡옥무공이 진의 군주인 진후민晉侯緡을 죽인 후 진후晉侯로 등극했는데 이후 한만을 한원韓原에 봉했다. 한원의 위치에 대해서 중국 학계에서는 지금의 섬서성 한성시韓城市 경내에 있는 옛 한성현韓城縣 서남쪽이라고 보고 있다. 또한 중국에서는 고한국古韓國의 위치를 한만이 봉해졌던 지금의 섬서성 한성시 경내인 한원韓原이라고 보고 있다. 고한국은 서기전 757년에 진국晉國에 의해 멸망했다는 것이다.

그러나 북한의 리지린은 1961년 북경대 박사학위 논문이었던《고조선 연구》에서 이에 대해 다른 견해를 제시했다.《시경詩經》〈한혁韓奕〉에서 "높은 저 한나라 성이여, 연나라 백성들이 완성했네. …… 왕께서 한후韓侯에게 추追나라와 맥貊나라를 내리셨네.[溥彼韓城 燕師所完 …… 王錫韓侯 其追其貊]"라는 구절이 나온다. 한나라 성을 연나라 백성들이 쌓았다는 것이다. 또한 한후가 추나라와 맥나라를 관장했다는 노래이다. 리지린은 여기에 나오는 한국韓國을 한족漢族의 국가로 볼 수 있는 근거가 아주 박약하다면서 이렇게 주장했다.

"요컨대 〈한혁〉에 보이는 한국은 한족 국가로 주장할 수 있는 근거가 매우 박약하다. 고한국 지역인 오늘의 산서성 북부에는 일찌기 맥족이 거주하였으며, 맥족과 한후 간에 장기간의 투쟁이 있은 사실로 보아서 그 고한국은 맥족의 거주 지역을 차지한 것으로 보인다. 《리지린의 고조선 연구》, 말, 2018, 535쪽)"

리지린은 고조선과 부여의 제후국들을 '한국汗國'이라고 부르는데, 고한국은 맥국의 한국汗國이라는 것이다. 즉 고한국은 맥국의 국가인데, 그 근거로 고한국 지역은 맥족 지역과 상호 출입하고 있는 곳이고, 또한 한자 중에서 '한韓' 자는 '한국'의 '한' 외의 다른 의미가 없다는 것이다. 리지린은 맥족이 요동, 요서의 고조선의 북부에 거주했는데, 서기전 12세기 이전에 현재의 중국 북부까지 진출했다고 했다.

　중국 학자들이 고한국의 한족이 동쪽으로 와서 건립한 국가가 삼한三韓이라고 주장하는 데 비해, 리지린은 거꾸로 맥족이 일찍부터 중국 북부까지 진출해서 세운 나라가 고한국이라고 주장했다. 사마천이 고한국이 서주에서 분봉한 희성의 국가라면서도 전혀 그 내용을 적어놓지 못한 이유는 리지린의 말처럼 맥국의 한국汗國이기 때문일 수도 있다. 한국에 대해서는 앞으로 다각도의 연구가 필요하지만 북한의 리지린이 1961년 제기한 수준 이상의 연구는 없는 것이 현재의 현실이다.

군주 세계

1. 고한국古韓國

한후韓侯 → …… → 한후현부韓侯顯父

2. 한씨 영수

한무자韓武子 → 구백賕伯 → 한간韓簡 → 자여子輿 → 한헌자韓獻子 → 한선자韓宣子 → 한정자韓貞子(한평자韓平子) → 한간자韓簡子 → 한장자韓莊子 → 한강자韓康子 → 한무자韓武子(전前 424~전前 409)

3. 한국 군주

군주 칭호	이름	재위 기간(모두 서기전)
한경후韓景侯(한경자韓景子)	건虔(처處)	408~400
한열후韓烈侯(한무후韓武侯)	취取	399~387
한문후韓文侯		386~377
한애후韓哀侯		376~375(376~371)
한의후韓懿侯(한공후韓共侯, 한장후韓莊侯)	약산若山	374~363 370~359
한소후韓昭侯(한소희후韓昭釐侯, 한소희후韓昭僖侯)	무武	362~333 358~333
한선혜왕韓宣惠王(정위후鄭威侯, 정선왕鄭宣王, 한선왕韓宣王)		332~312
한양왕韓襄王(한양애왕韓襄哀王)	창倉	311~296
한희왕韓釐王	구咎	295~273
한환혜왕韓桓惠王		272~239
한왕안韓王安	안安	238~230

진나라를 나누다

한韓나라 선조는 주周나라와 동성으로^① 성은 희씨姬氏이다. 그
후예는 진晉나라를 섬겨서 한원韓原^②에 봉해짐을 얻어서 한무자
韓武子라고 했다. 한무자의 뒤 3세三世에^③ 한韓의^④ 궐厥이 봉지를
따라 성을 한씨韓氏라고 했다.

韓之先與周同姓^① 姓姬氏 其後苗裔事晉 得封於韓原^②曰韓武子 武子
後三世^③有韓^④厥 從封姓爲韓氏

① 韓之先與周同姓한지선여주동성

색은 살펴보니《좌전》에서 '한邘, 진晉, 응應, 한韓, 무지목武之穆'이라
고 한 것은 곧 무왕의 아들이므로《시경》에서 '한후출조韓侯出祖'(한후가
나가서 노제路祭를 지내다)라고 일컬은 것이니, 이는 한韓나라가 있었는데 먼
저 없어진 것이다. 지금 이 문장에 의거해서 이른다면 "그 후예는 진晉나
라를 섬겨 한원韓原에 봉해질 수 있어서 한무자라고 했다."라고 한 것이
니, 곧 무자는 본래 한후韓侯의 후손이고 진晉나라가 한원에 봉했으니,
곧 지금 풍익군 한성韓城(사마천의 고향)이 이곳이다.

그러나《세본》이나《좌전》의 옛 설명을 살펴보면 모두 한만韓萬을 곡옥

曲沃 환숙桓叔의 아들이라고 말하니, 곧 진晉나라의 방계이다. 또《국어》에서 숙향叔向이, 한선자韓宣子는 능히 한무자의 덕을 닦았다고 하자 한기韓起가 재배하고 사양해서 말하기를 "환숙 이하로부터 우리에게 준 것이 기쁘다."고 했으니, 또한 환숙은 곧 한韓나라 조상이라는 말이다. 지금 한후의 후손 중에는 별도로 환숙桓叔이 있지만, 곡옥의 환숙과는 관련없다. 이와 같다면 태사공의 뜻과 또한 어긋남이 있다.

按 左氏傳云邘晉應韓 武之穆 是武王之子 故詩稱韓侯出祖 是有韓而先滅 今據此文 云其後裔事晉 封于韓原 曰韓武子 則武子本是韓侯之後 晉又封之於韓原 即今之馮翊韓城是也 然按系本及左傳舊說 皆謂韓萬是曲沃桓叔之子 即是晉之支庶 又國語叔向謂韓宣子能修武子之德 起再拜謝曰自桓叔已下 嘉吾子之賜 亦言桓叔是韓之祖也 今以韓侯之後別有桓叔 非關曲沃之桓叔 如此則與太史公之意亦有違

신주 이 대목에서 문제되는 것은 물론 전국시대 한국 이전의 고한국이다. 《좌전》에서 한韓을 무왕의 아들이라고 말하고 있고, 《시경》〈대아大雅〉 '한혁韓奕'에서 "한후가 나가서 노제路祭를 지내고, 나가서 도 땅에서 묵도다.[韓侯出祖 出宿于屠]"라고 노래한 한후가 누구인가 하는 점이다. 《시경》〈대아〉 '한혁'에 대해 〈시서詩序〉에서는 "한혁은 윤길보尹吉甫가 선왕宣王을 미화한 것이다.[韓奕 尹吉甫美宣王也]"라고 말하고 있다. 혹은 '한후가 주나라 조정에 조회하러 왔다가 처음으로 왕명을 받고 돌아갔는데, 시인이 시를 지어 전송했다.'는 것이 한혁이란 설도 있다. 《시경》 '한혁'의 첫 장은 "크고 높은 저 양산을[奕奕梁山] 우임금이 다스렸네[維禹甸之] 이제 환하게 트인 그 길을 따라[有倬其道] 한후가 와서 명을 받네.[韓侯受命]"라고 시작한다. 《시경》에 한후에 대한 편이 따로 있음에도 사마천이 누구인지 전혀 밝히지 않은 것도 의문이다. 사마정이 이를 두고 "한나라가 있었는데 먼저 없어졌다."라고 말한 것도 고한국에 대한 궁색한 해석이다. 고한국의 실체를 밝히는 것은 한중 고대사의 여러 수수께끼를 푸는 중요한 단서가 될 것이다.

〈한세가〉는 전국시대 한韓나라에 대한 이야기이다. 곡옥 환숙桓叔은 진문후晉文侯 구仇의 아우 성사成師이다. 그 후손 무공武公에 이르러 진晉을 통합한다. 자세한 것은 〈진세가〉에 기록되어 있다. 《사기지의》도 역시 고증하여 환숙의 아들 장백莊伯의 아우라고 하면서 봉지를 받아 대부가 되었다고 했다. 또한 희성姬性이라는 것이다.

② 得封於韓原득봉어한원

정의 《괄지지》에서 말한다. "한원韓原은 동주 한성현 서남쪽 8리에 있다. 또 한성은 현의 남쪽 18리에 있다. 그러므로 고한국(옛 한국)이다. 《고금지명》에서 '한무자는 한원 고성이 식읍이었다.'라고 했다."

括地志云 韓原在同州韓城縣西南八里 又韓城在縣南十八里 故古韓國也 古今地名云韓武子食菜於韓原故城也

③ 武子後三世무자후삼세

색은 《세본》에서 말한다. "한만韓萬은 구백賕伯을 낳았고, 구백은 정백定伯 간簡을 낳았고, 간은 여輿를 낳았고, 여는 헌자獻子 한궐을 낳았다."

系本云 萬生賕伯 賕伯生定伯簡 簡生輿 輿生獻子厥

신주 《사기지의》에서 말한다. "《좌전》 선공 12년 주석에 '한궐은 한만의 현손이다.'라고 하여, 위 색은 에서 인용한 《세본》과 부합하는데, '3세'는 '4세'가 되어야 한다. 공씨의 소疏에 《세본》을 인용하면서 한간韓簡 한 대를 빠뜨리고 마침내 '아마 복건과 두예가 현손이라고 말한 것은 근거가 없다.'라고 했다."

④ 有韓유한

신주 '유有'는 어떤 왕조의 이름 앞에 붙는 접두사이다.

한궐은 진晉나라 경공景公 3년, 진나라 사구司寇 도안고屠岸賈가 장차 난을 일으켜 영공靈公의 적신 조돈趙盾을 죽이려고 했다. 조돈은 이미 죽었으므로 그의 아들 조삭趙朔을 죽이려고 했다. 한궐은 도안고에게 그만두라고 했으나 도안고는 듣지 않았다. 한궐은 조삭에게 알려서 도망치라고 했다. 조삭이 말했다.

"그대가 반드시 조씨의 제사가 끊어지지 않게 해준다면 죽어도 한이 없소."

한궐은 허락했다. 도안고가 조씨들을 죽이자 한궐은 병을 핑계로 나가지 않았다. 정영程嬰과 공손저구公孫杵臼는 조씨의 고아 조무趙武를 숨겼는데, 한궐은 그것을 알았다.[1]

韓厥 晉景公之三年 晉司寇屠岸賈將作亂 誅靈公之賊趙盾 趙盾已死矣 欲誅其子趙朔 韓厥止賈 賈不聽 厥告趙朔令亡 朔曰 子必能不絕趙祀 死不恨矣 韓厥許之 及賈誅趙氏 厥稱疾不出 程嬰公孫杵臼之藏趙孤趙武也 厥知之[1]

---

① 晉景公之三年 ~ 厥知之진경공지삼년~궐지지

신주 〈조세가〉에도 이 내용이 실려 있다. 멸족의 위험에서 처했던 조씨가 부활해서 진나라의 실권을 쥐고 삼가분진을 통해 조나라를 세우는 내용이다. 조씨 고아라고 불렀던 조무의 할아버지가 조돈이다. 진晉의 권신이었던 조돈은 진양공 사후 공자 옹을 옹립하려다 조야의 반대로 어린 세자 영공을 옹립하고 정권을 장악했다. 그러나 영공의 전횡이 계속되면서 군신들이 영공을 시해하려고 할 때 도주했다가 영공 시해 후 다시 돌아왔다. 주 태사 동호董狐가 "조돈이 그 군주 이고夷皋(영공)을 시해했다."라고 비판했지만 영공 시해에 직접 가담한 것은 아니라는 점에서 비판이 과한 측면이 있다.

> 경공 11년, 한궐과 극극郤克은 군사와 전차 800대를 이끌고 제나라를 공격했는데 제나라 경공頃公을 안鞍[1]에서 무찌르고 봉축보逢丑父를 포로로 얻었다. 이에 진晉나라에서는 육경六卿을 세웠는데[2] 한궐이 한 경卿 지위에 있게 되어 호를 헌자獻子라고 했다.
> 景公十一年 厥與郤克將兵八百乘伐齊 敗齊頃公于鞍[1] 獲逢丑父 於是晉作六卿[2] 而韓厥在一卿之位 號爲獻子

[1] 于鞍우안

[정의] 鞍은 '안安'으로 발음한다. 《괄지지》에서 말한다. "옛 안성鞍城을 세속에서는 마안성馬鞍城이라고 부르는데 제주 평음현 10리에 있다."
音安 括地志云 故鞍城今俗名馬鞍城 在濟州平陰縣十里

[2] 晉作六卿진작육경

〈진세가〉에 따르면, 경공 12년의 일이다. 다만 육경이 아니라 "6군六軍을 일으켜 한궐韓厥, 공삭鞏朔, 조천趙穿, 순추荀騅, 조괄趙括, 조전趙旃을 모두 경경卿으로 삼았다."고 했다.

진나라 경공 17년,[①] 경공이 병이 들어 점을 쳤는데, 대업大業을 완수하지 못한 것이 빌미가 되었다고 했다. 한궐은 조성계趙成季 (조돈)의 공로를 일컫고 지금 후예가 제사를 지내지 못해서 (병이) 경공에게 감응했다고 했다. 경공이 물었다.

"아직 남은 후손이 있는가?"

한궐이 이에 조무趙武를 말하자 다시 옛 조씨의 전읍田邑을 주어서 조씨의 제사를 잇도록 했다.

진나라 도공悼公 7년, 한헌자韓獻子는 늙었다. 한헌자가 죽고 아들 선자宣子가 자리를 대신했다. 선자는 치소를 주州로 옮겨 거주했다.[②]

晉景公十七年[①] 病卜大業之不遂者爲祟 韓厥稱趙成季之功 今後無祀 以感景公 景公問曰 尙有世乎 厥於是言趙武 而復與故趙氏田邑 續趙 氏祀 晉悼公之(十)[七]年 韓獻子老 獻子卒 子宣子代 宣字徙居州[②]

---

① 晉景公十七年진경공십칠년

〈진세가〉에 따르면 경공 17년에 조동趙同과 조괄趙括을 죽이고 일족을 멸족한 다음에 한궐의 청으로 조씨의 서자 무武를 후사로 삼아 제사를 잇게 했다고 한다.

② 宣字徙居州선자사거주

색은 선자의 이름은 기起이다. 주州는 지금의 하내에 있는 것이 맞다.

宣子名起 州 今在河內是也

정의 《괄지지》에서 말한다. "회주 무덕현은 본래 주나라 사구司寇 소분생蘇忿生의 주읍州邑이다."

括地志云 懷州武德縣本周司寇蘇忿生之州邑也

신주 〈위세가〉 안희왕 시대에 신릉군 무기無忌가 왕을 설득하는 과정에도 소분생과 관련된 주석이 달려 있다. 소분생은 서주西周 개국공신의 한 명으로 소蘇 땅을 분봉받아 소성蘇姓의 시조가 되어 소분생이라고 불렸고, 온국溫國을 열었다. 주무왕 때 법률을 맡은 사구였다.

진나라 평공平公 14년, 오吳나라 계찰季札이 진나라에 사신으로 와서 말했다.

"진나라 정치는 마침내 한, 위, 조씨에게 돌아갈 것이다."

진나라 경공 12년, 한선자는 조, 위와 함께 기씨祁氏와 양설씨羊舌氏의 영지를 10개의 현縣으로 나누었다.①

진나라 정공定公 15년, 한선자는 조간자와 더불어 범씨范氏와 중항씨를 침벌했다.② 한선자가 죽고 아들 정자貞子가 대신해 계승했다. 정자는 치소를 평양平陽으로 옮겨 거주했다.③

晉平公十四年 吳季札使晉曰 晉國之政卒歸於韓魏趙矣 晉頃公十二年 韓宣子與趙魏共分祁氏羊舌氏十縣① 晉定公十五年 宣子與趙簡子侵伐范中行氏② 宣子卒 子貞子代立 貞子徙居平陽③

① 分祁氏羊舌氏十縣분기씨양설씨십현

신주 〈진세가〉와 〈위세가〉 주석에 살펴보았듯이 육경이 차지한 곳은 10곳 중 4곳이다.

② 宣子與趙簡子侵伐范中行氏선자여조간자침벌범중항씨

신주 〈진세가〉에 따르면 이 사건은 정공 15년부터 22년까지 이어지는 6경 사이의 거대한 권력투쟁이었다. 마침내 범씨와 중항씨는 망하고 진晉은 조, 위, 한, 지씨의 4경 천하가 된다. 그 중심인물은 조간자趙簡子 앙鞅이었다. 《사기지의》에서 말한다. "조간자와 더불어 범씨와 중항씨를 친 것은 한간자韓簡子 불녕不佞이며, 《좌전》, 〈진세가〉 그리고 〈조세가〉로 증명할 수 있다." 그러므로 본문에서 한선자와 한정자 사이에 한간자 1대가 빠졌음을 알 수 있다.

③ 貞子徙居平陽정자사거평양

색은 《세본》에서는 '평자平子'로 되어 있다. 이름은 수須이고 선자의 아들이다. 또 이르기를 "경자景子는 평양에 거주했다."라고 했다. 평양은 산서山西에 있다. 송충은 말했다. "지금의 하동군 평양현이다."

系本作平子 名須 宣子子也 又云景子居平陽 平陽在山西 宋忠曰今河東平陽縣

정의 평양은 진주성이 이곳이다.

平陽 晉州城是

신주 평양은 당시 진晉 도읍 강絳에서 분수汾水를 따라 북쪽에 있다. 오늘날 임분시臨汾市이다. 동쪽에 양릉襄陵이 있다. 평양은 한漢나라 때는 하동군 소속이었다.

> 정자가 죽고 아들 간자簡子가 계승했다.[1]
>
> 간자가 죽고 아들 장자莊子가 계승했다.
>
> 장자가 죽고 아들 강자康子[2]가 계승했다. 강자는 조양자趙襄子,
> 위환자魏桓子와 함께 지백知伯을 패퇴시키고 그의 영지를 나누어
> 가지니, 영지가 더욱 커져서 진후晉侯보다 커졌다.
>
> 貞子卒 子簡子代[1] 簡子卒 子莊子代 莊子卒 子康子[2]代 康子與趙襄子
> 魏桓子共敗知伯 分其地 地益大 大於諸侯

① 簡子代간자대

[집해] 서광이 말했다. "역사 기록에는 대부분 간자簡子와 장자莊子가
없고, 정자貞子가 강자康子를 낳았다고 한다. 반고도 같다고 썼다."

徐廣曰 史記多無簡子莊子 而云貞子生康子 班氏亦同

[색은] 서광은 "역사 기록에는 대부분 간자와 장자가 없고, 정자가 강자
를 낳았다고 한다. 반고도 같다고 썼다."고 하였다. 살펴보니 《세본》에
간자簡子가 있는데 이름은 불신不信이다. 장자莊子의 이름은 경庚이다.
〈조세가〉에도 간자가 있는데, 이름은 불녕不佞이라고 했다.

徐廣云 史記多無簡子莊子 而云貞子生康子 班氏亦同 按 系本有簡子 名不信
莊子 名庚 趙系家亦有簡子 名不佞

② 康子강자

[색은] 이름은 호虎이다.

名虎

강자가 죽고 아들 무자武子[1]가 계승했다.

무자 2년, 정나라를 공격하고 그 군주 유공幽公을 살해했다.[2]

16년, 무자가 죽고 아들 경후景侯가 계승했다.[3]

경후 건虔 원년, 정나라를 공격하고 옹구雍丘를 빼앗았다.[4]

2년, 정나라는 한나라를 부서負黍에서 무찔렀다.

6년, 조趙, 위魏와 함께 제후의 자리에 반열하게 되었다.

9년, 정나라는 한나라 양적陽翟을 포위했다. 경후가 죽고 아들 열후列侯 취取[5]가 계승했다.

康子卒 子武子[1]代 武子二年 伐鄭 殺其君幽公[2] 十六年 武子卒 子景侯立[3] 景侯虔元年 伐鄭 取雍丘[4] 二年 鄭敗我負黍 六年 與趙魏俱得列爲諸侯 九年 鄭圍我陽翟 景侯卒 子列侯取立[5]

① 武子무자

색은 이름은 계장啓章이다.

名啓章

② 殺其君幽公살기군유공

신주 정나라 유공은 원년에 죽음을 맞고 수공繻公이 뒤를 잇는다. 이후로 정나라가 망하기까지 48년간 두 나라 사이의 격전은 〈정세가〉에 자세히 기록되어 있다.

③ 景侯立경후립

색은 《죽서기년》과 《세본》에서는 모두 '경자景子'로 되어 있는데 이름은

처處이다.

紀年及系本皆作景子 名處

④ 取雍丘 취옹구

신주 옹구는 한漢나라 때 진류군 소속으로 훗날 위魏나라 도읍지가 되는 대량大梁의 동남쪽에 있다. 당시 정나라와 송나라 국경을 이루던 곳이며, 이로써 정나라는 사방에서 한韓나라 공세에 시달린다.

⑤ 列侯取立 열후취입

색은 《세본》에서는 '무후武侯'로 되어 있다.

系本作武侯

정나라를 차지하다

열후 3년, 섭정聶政이 한나라 재상 협루俠累를 살해했다.[1]

9년, 진秦나라에서 한나라 의양宜陽을 공격하고 6개 읍을 빼앗았다.[2]

13년, 열후가 죽고 아들 문후文侯가 계승했다.[3] 이해에 위魏나라 문후文侯가 죽었다.[4]

列侯三年 聶政殺韓相俠累[1] 九年 秦伐我宜陽 取六邑[2] 十三年 列侯卒 子文侯立[3] 是歲魏文侯卒[4]

[1] 聶政殺韓相俠累섭정살한상협루

집해 서광이 말했다. "6년, 노나라를 구원했다."

徐廣曰 六年救魯也

색은 《전국책》에서는 "한괴韓傀를 죽였다."라고 하는데, 고유는 "한괴가 협후俠侯 루累이다."라고 했다.

戰國策作殺韓傀 高誘曰 韓傀 俠侯累也

[2] 秦伐我宜陽 取六邑진벌아의양 취육읍

신주 의양을 이때 차지했다는 말이 아니다. 진나라는 아마 화산華山

남쪽의 낙수洛水 상류 지역을 차지했고 의양까지 진나라 군대가 쳐들어 왔다는 뜻이다. 의양을 빼앗긴 것은 먼 훗날의 일이다. 의양은 낙수를 따라 낙양 서남쪽에 있다.

③ 文侯立문후립

색은 살펴보니《죽서기년》에는 문후가 없고《세본》에는 열후가 없다. 按紀年無文侯 系本無列侯

신주 《죽서기년》은 전국시대 위魏나라 기록이므로, 한나라에 문후가 없었다는 것이 아니라《죽서기년》기록에서 빠졌다는 뜻일 것이다.

④ 是歲魏文侯卒시세위문후졸

신주 수정된 연표에 의하면 위문후는 한나라 열후 4년에 죽고 아들 무후武侯가 뒤를 잇는다.

문후 2년, 정나라를 공격해서 양성陽城을 빼앗았다.[1] 송나라를 공격하고 팽성彭城에 이르러 송나라 군주를 사로잡았다.[2]

7년, 제나라를 공격하여 상구桑丘에 이르렀다.[3] 정나라에서 진晉나라를 배반했다.[4]

9년, 제나라를 침벌하여 영구靈丘에 이르렀다.[5]

10년, 문후가 죽고 아들 애후哀侯가 계승했다.

文侯二年 伐鄭 取陽城[1] 伐宋 到彭城 執宋君[2] 七年 伐齊 至桑丘[3] 鄭反晉[4] 九年 伐齊 至靈丘[5] 十年 文侯卒 子哀侯立

① 伐鄭 取陽城벌정 취양성

신주 양성은 정나라 수도 신정新鄭 서쪽에 있다.

② 到彭城 執宋君도팽성 집송군

신주 팽성(현 서주徐州)은 송나라 도읍으로 상구商丘 동쪽에 있다. 아마 이전에 진晉과 초楚의 압력을 피해 도읍을 이곳으로 옮겼을 것으로 여겨진다.

③ 伐齊 至桑丘벌제 지상구

신주 《사기》 기년 기준으로 한문후 7년은 조경후 7년과 위문후 7년에 해당하는데, 〈조세가〉 주석과 〈위세가〉에 나온다. 삼진三晉이 연나라를 지원한 것이다.

④ 鄭反晉정반진

신주 〈육국연표〉에서는 '정패진鄭敗晉'이라 한다.

⑤ 靈丘영구

정의 영구는 울주현이고 이때는 연나라에 속했다.

靈丘 蔚州縣也 此時屬燕也

신주 〈조세가〉에서 살펴보았듯이 영구에 대한 《사기》 주석은 정확하지 않다. 위 정의 의 영구는 하북성 울현으로 당시 대代에 가까운 곳이며, 〈조세가〉 주석에 설명했듯이 영구는 청하淸河 일대이다. 삼진이 함께 제나라를 친 사건이다.

애후 원년, 조나라, 위나라와 진晉나라를 나누었다. ①

2년, 정나라를 멸하고 이에 따라 도읍을 정 땅으로 옮겼다. ②

哀侯元年 與趙魏分晉國① 二年 滅鄭 因徙都鄭②

① 與趙魏分晉國여조위분진국

신주 한, 조, 위 세 나라가 진나라를 나누어 가지는 삼가분진三家分晉
은 일각에서 전국시대의 시작으로 꼽을 만큼 중요한 사건이다. 삼가분진
은 한, 조, 위씨를 포함한 여섯 가문이 진나라의 6경이 되었다가 한, 조,
위, 지智씨가 실권을 차지하게 된다. 서기전 455년부터 서기전 453년까지
한, 조, 위가 지씨를 몰락시키고 그 땅을 나누어 가졌다. 주고왕周考王
7년(서기전 434) 진애공晉哀公이 죽고, 유공幽公이 즉위하면서 유공은 명목
상이고 한, 조, 위 세 나라가 진을 차지하게 된다. 주위열왕周威烈王 23년
(서기전 403) 한건韓虔, 조적趙籍, 위사魏斯가 정식으로 제후로 책봉되는데,
사마광司馬光은 《자치통감》에서 이를 춘추시대와 전국시대의 분기점으
로 분류했다.

〈한세가〉는 한애후 원년(서기전 376)에 한, 조, 위가 진나라를 나눈 것으로
기록하고 있다. 이해는 진정공晉靖公을 폐해서 서인庶人으로 만든 때이다.
이때 진국의 제사가 끊어졌으므로 진이 망한 것으로 보았는데, 진정공은
서기전 349년에 남은 식읍마저 빼앗기면서 진국은 철저하게 망한 것이다.

서기전 376년은 삼진이 제후가 된 지 27년 뒤의 일이고, 《사기》〈진세
가〉 기년으로 정공靜公 2년이지만 《죽서기년》으로는 진환공晉桓公 13년
에 해당한다. 〈조세가〉와 〈한세가〉 기록으로 검토하면 《죽서기년》 기록
이 더 정확하다고 해서 현대 《중국역사기년표》도 《죽서기년》을 중심으

로 기록하고 있다.

② 滅鄭 因徙都鄭멸정 인사도정

살펴보니 《죽서기년》에서 "위무후魏武侯 21년 한나라가 정나라를 없애고 애후는 정鄭으로 들어갔다. 22년 진환공이 애후를 정에 도읍하게 했다."라고 한다. 이는 한나라가 이미 도읍을 옮기고 따라서 호칭을 고쳐 정이라고 했던 것이다. 그러므로 《전국책》에서 한혜왕을 정혜왕鄭惠王이라고 일컬은 것은 위魏에서 대량大梁으로 옮기자 양왕梁王이라고 부른 것과 같다.

按 紀年魏武侯二十一年 韓滅鄭 哀侯入于鄭 二十二年 晉桓公邑哀侯于鄭 是韓旣徙都 因改號曰鄭 故戰國策謂韓惠王曰鄭惠王 猶魏徙大梁稱梁王然也

정나라를 차지한 이후로 한나라 영토 규모는 한나라 지리를 기준으로 하남군河南郡 동부와 홍농군弘農郡, 영천군潁川郡과 남양군南陽郡 북부, 그리고 위魏나라 하내河內 서부 회랑回廊 지대를 통해 하수 북쪽 상당군上黨郡 남부를 차지했다. 상당군 북부는 조나라가 차지했고 하남군 서부에는 주周나라가 자리하고 있어 한곳으로 힘을 모으기 어려운 지리 구조를 가지고 있었다.

6년, 한엄韓嚴이 그 군주 애후를 시해하여 (애후의) 아들 의후懿侯가 즉위했다.[①]

의후 2년, 위魏나라가 한나라를 마릉馬陵[②]에서 무찔렀다.

5년, 위魏나라 혜왕惠王과 택양宅陽에서 회동했다.[③]

9년, 위나라가 한나라를 회澮에서 무찔렀다.[4]

12년, 의후가 죽고 아들 소후昭侯가 계승했다.

六年 韓嚴弑其君哀侯 而子懿侯立[1] 懿侯二年 魏敗我馬陵[2] 五年 與魏惠王會宅陽[3] 九年 魏敗我澮[4] 十二年 懿侯卒 子昭侯立

① 子懿侯立의후립

색은 살펴보니 〈육국연표〉에서는 의후를 '장후莊侯'라고 했다. 또《죽서기년》에서 말한다. "진환공晉桓公이 애후에게 정鄭에 도읍하게 하자, 한산견韓山堅은 군주 애후를 해치고 한약산韓若山을 세웠다." 약산이 곧 의후인즉, 한엄은 한산견이 되는 것이다.《전국책》에는 또 한중자韓仲子가 있는데, 이름은 수遂이다. 아마 또한 한엄일 것이다.

按 年表懿侯作莊侯 又紀年云晉桓公邑哀侯于鄭 韓山堅賊其君哀侯而立韓若山 若山即懿侯也 則韓嚴爲韓山堅也 而戰國策又有韓仲子 名遂 又恐是韓嚴也

신주 《죽서기년》에서 애후는 3년에 시해당하며, 의후는 애후를 시해한 해를 원년으로 삼았다고 한다. 현대《중국역사기년표》는《죽서기년》을 따르고 있다. 그렇다면 애후 6년이란 기록은 의미가 없을까? 그렇지 않다.

〈진세가〉 주석에 보면《죽서기년》에서는 환공 20년에 환공을 둔류屯留에 유치했다고 한다. 또 〈진세가〉에서 진은 정공靜公 2년에 망했다고 한다. 〈조세가〉에서는 성후成侯 16년에 진군을 단지端氏에 유치했다가 숙후肅侯 원년에 둔류에 유치했다고 한다.《죽서기년》을 기준으로 하면 한애후 6년은 진환공 18년에 해당한다. 그로부터 2년 뒤는 환공 20년인데, 만약 환공이 18년에 살해당했다면 후임 정공 2년에 해당한다. 즉 정공은 비록 망국의 군주이지만 환공의 뒤를 이었다가, 2년에 완전히 쫓겨나 둔류에 유치된 것으로 보인다. 사마천이 〈진세가〉에서 정공 2년에 진晉이 망했다고 쓴 것은 이를 가리킨다. 정공은 다시 〈조세가〉 기록처럼 단지로 옮겨 유치되었다가 다시 둔류로 유치되자마자 살해되었다고 한다. 《사기》의 정공 2년부터 조숙후 원년에 다시 둔류로 유치되기까지 20년이다.

따라서 〈한세가〉 애후 6년 기록은 진환공晉桓公이 18년에 살해당한 기록일 가능성이 높은데, 사마천이 애후로 잘못 인식한 결과일 수 있다. 이것이 맞다면 한엄이 살해한 군주는 한나라 의후가 아니라 진나라 환공인 것이며, 환공은 18년에 살해당하고 후임 정공이 둔류에 유치된 것이다. 이렇듯《죽서기년》과 《사기》 기록이 다른 것은 춘추전국 시대사 연구에 많은 과제를 던져주고 있다. 《죽서기년》이 기년 기록에서 정확하지만 그것도 사라진 기록들을 모아서 재편집된 것이므로《사기》와 비교 연구하여 진실을 찾아야 할 것이다.

② 馬陵마릉

정의 위주 원성현 동남쪽 1리에 있다.

在魏州元城縣東南一里

신주 〈위세가〉에서 살펴본 것처럼 훗날 위나라가 제나라 손빈孫臏에게 대패한 마릉과는 다른 곳이다. 위 정의 의 마릉과는 달리《중국역사지도집》에서는 신정新鄭 동남쪽에 표기되어 있는데 이곳이 맞을 것이다.

③ 宅陽택양

정의 정주에 있다.

在鄭州也

④ **魏敗我澮**위패아회

[집해] 서광이 말했다. "큰비가 3월에 내렸다."

徐廣曰 大雨三月也

[정의] 澮의 발음은 '괴[古外反]'이다. 능주 회수澮水에 있다.

澮 古外反 在陵州澮水之上也

소후 원년, 진秦나라가 한나라를 서산西山에서 무찔렀다.

2년, 송나라에서 우리 황지黃池①를 빼앗았다. 위나라는 (송나라) 주朱를 빼앗았다.

6년, 동주東周를 침략하여② 능관陵觀과 형구刑丘를 빼앗았다.

8년, 신불해申不害가 한나라 재상이 되어 법술을 닦고 도리를 행하자, 국내가 다스려져 제후들이 와서 침벌하지 못했다.

10년, 한희韓姬가 군주 도공悼公을 시해했다.③

11년, 소후가 진나라에 갔다.

22년, 신불해가 죽었다.

24년, 진나라가 쳐들어와서 한나라 의양宜陽을 함락했다.④

昭侯元年 秦敗我西山 二年 宋取我黃池① 魏取朱 六年 伐東周② 取陵觀 邢丘 八年 申不害相韓 脩術行道 國內以治 諸侯不來侵伐 十年 韓姬弑 其君悼公③ 十一年 昭侯如秦 二十二年 申不害死 二十四年 秦來拔我 宜陽④

① 黃池황지

집해 서광이 말했다. "평구에 있다."

徐廣曰 在平丘

신주 〈위세가〉에서는 위나라가 빼앗았다가 다시 빼앗겼다고 한다. 또 《죽서기년》을 기준으로 한다면, 위魏나라는 혜왕 6년에 이미 도읍을 대량大梁으로 옮기는데 평구는 대량 동북에 있다. 또 〈오태백세가〉 주석에서는 진류군 봉구封丘 남쪽이라 하여 약간 다르다. 여기 '아我'는 지리적으로 볼 때 한나라가 아니라 같은 아군인 위나라일 가능성이 있다. 그렇다면 위나라는 한나라 주朱를 빼앗은 것이 아니라 송나라 주를 빼앗은 것이다. 위나라와 한나라가 협력해 송나라를 쳤기 때문이다.

② 伐東周벌동주

정의 하남군 공현이다.

河南鞏縣

③ 韓姬弑其君悼公한희시기군도공

색은 《죽서기년》에서는 '희姬'는 또한 '기玘' 자로 되어 있는데 아울러 姬의 발음은 '이[羊之反]'이다. 희姬는 한나라 대부이다. 왕소는 또한 도공이 어떤 군주인지 알지 못한다고 했다.

紀年姬亦作玘 竝音羊之反 姬是韓大夫 而王邵亦云不知悼公何君也

신주 〈조세가〉 숙후 원년에 해당한다. 즉 〈조세가〉에서 진군晉君을 둔류로 유치한 기록과 〈한세가〉에서 살해한 기록이 일치한다. 그렇다면 이 군주는 결국 진의 마지막 군주 정공靜公일 수밖에 없다. 앞서 〈진세가〉와 〈조세가〉에서 이미 고증하였고, 또 한애후 6년 기록에도 주석을 달아

고증하였다. 양옥승도 《사기지의》에서 역시 〈육국연표〉의 이 기록에 주석을 달아 시해된 도공을 '진정공'이라고 고증하고 있다. 《죽서기년》과 《사기》 기년의 차이는 앞으로 계속 연구해야 할 과제이다.

④ **秦來拔我宜陽**진래발아의양

신주 〈육국연표〉에도 이 기록이 있지만, 의양 함락 기록이 두 번 나오니 잘못된 기록으로 볼 수도 있다. 〈진본기〉에 따르면 진나라에서 의양을 완전히 함락한 것은 진秦나라 무왕 4년(서기전 307)으로 한나라 양왕襄王 5년에 해당한다. 〈한세가〉에도 그 기록이 있다.

25년, 가뭄이 들었는데, 고문高門(높은 성문)을 만들었다. 굴의구屈宜臼[①]가 말했다.

"소후께서는 이 문으로 나가지 못하실 것이다. 왜냐? 제때가 아니기 때문이다. 내가 말하는 바의 때란 시일을 말하는 것이 아니다. 사람에게는 진실로 이로운 때와 불리한 때가 있다. 소후께서 일찍이 이롭게 하려고 고문을 지은 것은 아니다. 지난해 진秦나라에서 의양을 함락시켰고 금년에는 가뭄이 들었는데도 소후께서는 이런 때 백성을 구휼하는 것을 급하게 여기지 않고 사치를 더하는 것만을 돌보니 이것을 일러 '(땅과 식량이) 줄어든 때에 사치를 부린다.[②]'라고 한다."

26년, 고문이 완성되었지만 소후가 죽었으니[③] 과연 이 문으로 나가지 못했다. 아들 선혜왕宣惠王이 계승했다.

二十五年 旱 作高門 屈宜臼[1]曰 昭侯不出此門 何也 不時 吾所謂時者
非時日也 人固有利不利時 昭侯嘗利矣 不作高門 往年秦拔宜陽 今年
旱 昭侯不以此時卹民之急 而顧益奢 此謂 時絀擧贏[2] 二十六年 高門
成 昭侯卒[3] 果不出此門 子宣惠王立

① 屈宜臼굴의구

집해 허신이 말했다. "굴의구는 초나라 대부인데, 위나라에 있었다."

許愼曰 屈宜臼 楚大夫 在魏也

② 時絀擧贏시출거영

집해 서광이 말했다. "때가 쇠퇴해 줄어드는데 사치를 일으키는 것
이다."

徐廣曰 時衰耗而作奢侈

신주 사마광은《자치통감》주현왕周顯王 35년 조에서 '시굴거영時詘擧贏'
이라고 썼다. '시대가 어려운데 사치를 부린다.'는 뜻이다.

③ 昭侯卒소후졸

색은 살펴보니《죽서기년》에서 말한다. "정소후 무武가 죽고 다음으로
위후威侯가 섰다. 위후 7년 (조나라) 한단과 더불어 양릉襄陵을 포위했다.
5월 양혜왕은 위후와 무사巫沙에서 회합했다. 10월, 정선왕鄭宣王이 양梁
나라에 조회했다." 곧 위후의 죽음이 보이지 않는다. 아래에서 한거韓擧
를 무찔렀다고 한 것은 위후 8년에 있었다. 여기 〈한세가〉에서는 곧 선혜
왕 기년이 된다. 또 위에는 도공悼公을 살해했다고 한 것이 있다. 도공은

누구의 시호인지 모른다. 곧 한나라가 미약하고 작아서 국사國史에서 대수를 잃은 것이다. 그러므로 이곳의 문장이나 《세본》이 동일하지 않은데 아마도 다시 고찰할 수 없을 것이다.

按 紀年鄭昭侯武薨 次威侯立 威侯七年 與邯鄲圍襄陵 五月 梁惠王會威侯于巫沙 十月 鄭宣王朝梁 不見威侯之卒 下敗韓擧在威侯八年 而此系家即以爲宣惠王之年 又上有殺悼公 悼公又不知是誰之謚 則韓微小 國史失代系 故此文及系本不同 蓋亦不可復考

신주 《고본죽서기년집증》에서 고증하여 말한다. "정위후鄭威侯는 즉 정선왕鄭宣王인데, 《죽서기년》에서는 한위왕韓威王이라 일컫는다. 《한비자》〈설림說林〉, 〈외저설外儲說 우右〉, 〈난일難一〉에서는 한선왕韓宣王이라 했고, 《사기》〈한세가〉에서는 선혜왕宣惠王이라 했다. 《사기》〈진본기〉에서 '(진 혜문군) 13년 4월 무오일 진 군주가 왕이라 하자 한나라도 왕이라 했다.'라고 한다."

선혜왕 5년, 장의가 진秦나라 재상이 되었다.

8년, 위魏나라에서 한나라 장수 한거韓擧를 무찔렀다.[1]

11년, 군주의 호칭을 왕王이라고 했다.[2] 조나라와 구서區鼠에서 회동했다.

14년, 진秦나라에서 한나라를 언鄢에서 무찔렀다.[3]

宣惠王五年 張儀相秦 八年 魏敗我將韓擧[1] 十一年 君號爲王[2] 與趙會區鼠 十四 秦伐敗我鄢[3]

① **魏敗我將韓擧**위아장한거

색은 한거가 곧 한나라의 장수라는 것은 의심할 것이 없다. 《죽서기년》
에서 한거를 조나라의 장수라고 했는데 아마 한거는 먼저 조나라 장수
가 되었다가 뒤에 한나라로 들어온 듯하다. 또 《죽서기년》에서는 그가
한위왕韓威王 8년에 패했다고 했는데 이는 같지 않다.

韓擧則是韓將不疑 而紀年云韓擧 趙將 蓋擧先爲趙將 後入韓 又紀年云其敗當
韓威王八年 是不同也

신주 〈조세가〉에서는 숙후 23년으로, 선혜왕 6년에 해당한다. 《수경
주》에서는 "(위혜왕 후원) 10년 제나라 전힐田肸이 한단에 들이닥쳐 한거와
평읍平邑에서 싸웠는데 한단의 군사들이 패하여 달아났으며, 한거를 사
로잡고 평읍, 신성新城을 취했다."고 《죽서기년》을 인용하여 설명했다.
즉 이는 조나라 무령왕 원년과 한나라 선혜왕 8년에 있었던 일이다. 방
시명도 현대의 저작인 《고본죽서기년집중》에서 이를 고증하고 있다. 즉
조, 한이 연합하고 제, 위가 연합하여 한단 부근에서 벌인 전투이다.

② **君號爲王**군호위왕

신주 〈육국연표〉에서 한나라 선혜왕 10년은 연나라 역왕易王 10년에
해당하는데, 두 나라 모두 왕을 칭했다고 한다. 또 〈초세가〉 회왕 6년 기록
과도 부합하니 아마 10년이 맞을 것이다.

③ **秦伐敗我鄢**진벌패아언

집해 서광이 말했다. "영천군 언릉현이다. 鄢의 발음은 '언[於乾反]'이다."
徐廣曰 潁川鄢陵縣 音於乾反

정의 지금의 허주 언릉현 서북쪽 15리에 언릉 고성에 있는데 이곳이다.

今許州鄢陵縣西北十五里有鄢陵故城是也

영천군 언릉현은 수도 신정의 동남쪽에 있다. 또 진나라가 언릉까지 가려면 한나라 서쪽 영토를 전부 통과하거나 초나라 서쪽 영토를 모두 잠식한 뒤에야 가능하다. 하지만 그런 일은 훨씬 훗날에 있었다. 또 당시 진나라는 혜문왕 후원 6년이기 때문에 여기의 언鄢은 언릉이 아니라 양국 국경의 어느 지역일 것으로 여겨진다.

16년, 진나라가 한나라를 수어脩魚[1]에서 무찌르고 한나라 장수 모막와 신차申差를 탁택濁澤에서 포로로 잡아갔다.[2] 한나라가 급박해지자 공중公仲[3]이 한왕에게 일러 말했다.

"다른 나라와 함께 하는 것은 믿을 만하지 못합니다. 지금 진나라가 초나라를 침략하고자 한 것은 오래전부터였습니다. 왕께서는 장의에 의지해서 진나라와 화해하고 이름 있는 도시 하나를 뇌물로 주며, 병력을 갖추어 그들과 더불어 남쪽 초나라를 정벌하는 것만 같지 못할 것입니다. 이것은 하나를 둘로 바꾸는 계산이 될 것입니다.[4]"

한나라 왕이 말했다.

"좋은 계책이다."

十六年 秦敗我脩魚[1] 虜得韓將獏申差於濁澤[2] 韓氏急 公仲[3]謂韓王曰 與國非可恃也 今秦之欲伐楚久矣 王不如因張儀爲和於秦 賂以一名都 具甲 與之南伐楚 此以一易二之計也[4] 韓王曰 善

① 脩魚수어

색은 지명이다.

地名

신주 〈진본기〉에는 혜문왕 7년에 기록이 있다. 선혜왕 15년에 해당한다. 〈조세가〉에는 무령왕 9년에 있다. 선혜왕 16년에 해당한다. 〈육국연표〉에서는 선혜왕 15년에 산동 5국의 합종이 성립되어 진나라를 공격했는데 선혜왕 16년까지 이어졌다가 삼진 연합군이 수어에서 패하게 된다.

② 虜得韓將猇申差於濁澤노득한장모신차어탁택

집해 서광이 말했다. "다른 판본에는 경신차鯁申差로 되어 있다. 장사長社에 탁택濁澤이 있다."

徐廣曰 一云鯁申差 長社有濁澤

색은 모와 신차는 두 명의 장수이다. 猇는 '수瘦'로 발음한다. 또한 '경鯁'으로도 되어 있다.

猇申差 二將 猇音瘦 亦作鯁

정의 살펴보니 탁택이란 대개 잘못된 것이고 마땅히 관택觀澤이 되어야 한다. 〈육국연표〉에서 "진秦나라 혜문왕이 원년을 고친 8년, 한나라와 싸워 8만 명의 수급을 베었다. 한나라 선혜왕 16년에 진나라가 한나라를 수어에서 무찌르고 장군 신차를 사로잡았다. 위나라 애왕 2년에 제나라가 위나라를 관택에서 무찔렀다. 조나라 무령왕 9년에 한, 위와 더불어 진나라를 쳤다. 제나라 민왕潛王 7년에 위, 조를 관택에서 무찔렀다."라고 했다. 그러니 탁택은 반드시 잘못된 것이다. 서광은 또 이르길 "탁택은 장사長社에 있다."라고 했으니 착오가 심한데도 깨닫지 못했다. 《괄지지》에서 말한다. "관택은 위주 돈구현 동쪽 18리에 있다."

按 濁澤者蓋誤 當作觀澤 年表云秦惠文王更元八年 與韓戰 斬首八萬 韓宣惠

王十六年 秦敗我脩魚 得將軍申差 魏哀王二年 齊敗我觀澤 趙武靈王九年 與

韓魏擊秦 齊湣王七年 敗魏趙觀澤 濁澤定誤矣 徐廣又云濁澤在長社 不曉錯誤

之甚 括地志云觀澤在魏州頓丘縣東十八里

신주 위 정의 의 내용과 위치 비정은 오류로 보인다. 먼저 탁택이 장사에 있다는 말과 앞서 언鄢을 언릉鄢陵이라 한 것과 같은 말이 아니다. 장사 역시 영천군潁川郡 소속으로 언릉 부근이며 신정新鄭에 더 가깝다. 또 관택의 싸움은 삼진三晉이 진秦나라와 싸운 것이 아니라 조, 위가 연합하여 제나라와 싸운 것으로 별개의 사건이다. 관택의 위치는 위주魏州 돈구현頓丘縣이라면 가능할 수도 있다.

③ 公仲공중

색은 한나라 상국이고 이름은 치侈이다.

韓相國 名侈

④ 此以一易二之計也차이일이이지계야

색은 일一은 이름 있는 도시를 이른다. 이二는 한나라를 공격하지 않게 하고 또 함께 초나라를 공격하는 것을 이른 것이다.

一 謂名都也 二 謂使不伐韓而又與之伐楚也

> 이에 공중公仲에게 경계시켜① 장차 서쪽으로 가서 진秦나라와 강화하려 했다.② 초나라 왕이 듣고 크게 두려워하며 진진陳軫을

불러 알렸다. 진진이 말했다.

"진나라에서 초나라를 침략하고자 한 지 오래되었습니다. 지금 또 한나라의 이름난 도시 하나를 얻고 군사를 갖추었으니, 진나라가 한나라와 군사를 합쳐 초나라를 침략한다면, 이것은 진나라가 기도하면서 구하던 바입니다. 지금 그 기회를 얻었으니 초나라는 반드시 침벌侵伐 당할 것입니다.

왕께서는 신이 하는 말을 들으셔서 사방의 국경 안을 경계시키고, 군사를 일으켜 한나라를 구원한다고 말씀하십시오. 그리고 도로에 전차를 가득 메우게 하시고 믿을 수 있는 신하를 보내시되 많은 수레에 후한 폐백을 실어서 왕께서 자신들을 구원한다고 믿게 하십시오. 설령 한나라가 우리를 따르지 않더라도 한나라는 반드시 왕의 은덕으로 생각해서[3] 틀림없이 안진雁陣을 지어 쳐들어오지 않을 것이니,[4] 이는 진나라와 한나라가 화친하지 못하게 하는 것입니다. 병사들이 비록 이르더라도 초나라는 크게 걱정하지 않아도 됩니다.

(한나라가) 우리를 따르고 진나라와 화평을 단절한다면, 진나라는 반드시 크게 노하여 한나라를 깊이 원망할 것입니다. 한나라가 남쪽으로 초나라와 친교하면 반드시 진나라를 가볍게 여기고, 진나라를 가볍게 여기게 되면 그들이 진나라를 응대하는 데 반드시 공손하지는 않을 겁니다. 이는 진나라와 한나라의 군사를 지치게 해서[5] 초나라의 근심거리가 없어지게 됩니다."

초나라 왕이 말했다.

"좋은 말씀입니다."

乃警公仲之行^① 將西購於秦^② 楚王聞之大恐 召陳軫告之 陳軫曰 秦之

欲伐楚久矣 今又得韓之名都一而具甲 秦韓幷兵而伐楚 此秦所禱祀而

求也 今已得之矣 楚國必伐矣 王聽臣爲之警四境之內 起師言救韓 命

戰車滿道路 發信臣 多其車 重其幣 使信王之救己也 縱韓不能聽我 韓

必德王也^③ 必不爲鴈行以來^④ 是秦韓不和也 兵雖至 楚不大病也 爲能

聽我絶和於 秦 秦必大怒 以厚怨韓 韓之南交楚 必輕秦 輕秦 其應秦必

不敬 是因^⑤秦韓之兵而免楚國之患也 楚王曰 善

① 乃警公仲之行내경공중지행

［색은］ 경警은 '계戒'(경계시킴)이다. 《전국책》에서는 '위衛'로 되어 있다.
警 戒也 戰國策作衛

［신주］ 현재 전하는 《전국책》에서는 '乃儆公仲之行내경공중지행'(공중에게
경계시켜 가게 했다)으로 되어 있다.

② 將西購於秦장서구어진

［색은］ 《전국책》에서는 '강講' 자로 되어 있다. 강講은 또한 모의謀議이고
더불어 화해하여 마음으로 통하는 것을 구하는 것이다.
戰國策作講 講亦謀議 與購求意通

③ 縱韓不能聽我 韓必德王也종한불능덕아 한필덕왕야

［색은］ 한왕은 초나라의 구원을 믿는데, 비록 초나라의 구원이 이를 것
을 기대하지 못하여 (초나라에서) 꺾어서 진나라로 들어가게 되더라도 오히
려 초나라 덕으로 여긴다는 말이다.

言韓王信楚之救 雖不能聽待楚救至 折入於秦 猶德於楚也

④ 必不爲鴈行以來필불위안행이래

색은 한나라는 초나라가 반드시 자신을 구원한다고 여기니, 자신은 비록 진나라를 따라와서 싸우더라도 오히려 왕에게 덕으로 여긴다는 말이다. 그러므로 기러기처럼 줄지어 쳐들어오지 않으니, 마음을 함께하여 진군하지 않는다는 말이다.

言韓以楚必救己 己雖隨秦來戰 猶德於王 故不爲鴈行而來 言不同心旅進也

⑤ 是因시인

신주 《사기》〈한세가〉의 다른 판본에서는 '因인' 자가 '困곤'(지치다) 자로 되어 있었다. 이 경우 "진나라와 한나라의 군사를 지치게 해서"라고 해석되므로 더 자연스럽다.

이에 사방의 국경 안을 경계시키고 군사를 일으켜 한나라를 구원한다고 말했다. 전차가 도로에 가득차게 명을 내리고 믿을 만한 신하를 보내면서 많은 수레에 폐백을 후하게 실어 보내고 한나라 왕에게 일러 말했다.

"불곡不穀(군주의 낮춤말)은 장차 초나라로 나라는 비록 작으나 이미 군대를 모두 일으켰습니다. 원컨대 대국에서 마침내 진나라에 대해 마음대로 하시더라도 불곡은 장차 초나라를 거느리고 한나라를 따라 죽을 것입니다.①"

한나라 왕은 듣고 크게 기뻐하면서 이에 공중公仲이 가는 것을 그만두게 했다.[2] 공중이 말했다.

"안 됩니다. 무릇 실제로 우리를 침략하는 것은 진나라지만 헛된 소문을 내면서 우리를 구원한다고 하는 것은 초나라입니다. 왕께서 초나라가 퍼뜨린 헛된 소문을 믿고 강한 진나라의 적을 가볍게 여긴다면, 왕께서는 반드시 천하의 큰 웃음거리가 될 것입니다. 또 초나라와 한나라는 형제의 나라도 아니고 또 평소 약속하고 모의해 진나라를 침략하려는 것도 아니었습니다.

이미 (진나라가 초나라를) 침벌할 형태가 갖추어지자 이에 따라 군사를 일으켜 한나라를 구한다고 말하는 것은 반드시 진진陳軫의 계책일 것입니다. 또 왕께서 이미 사람을 시켜 진나라에 보고해 놓고 지금 행하지 않으면 이는 진나라를 속이는 것입니다. 무릇 강한 진나라를 속이는 것을 가볍게 여기시고 초나라의 음모를 꾸미는 신하를 믿는다면, 아마 왕께서는 반드시 후회할 것입니다."

乃警四境之內 興師言救韓 命戰車滿道路 發信臣 多其車 重其幣 謂韓王曰 不穀國雖小 已悉發之矣 願大國遂肆志於秦 不穀將以楚殉韓[1] 韓王聞之大說 乃止公仲之行[2] 公仲曰 不可 夫以實伐我者秦也 以虛名救我者楚也 王恃楚之虛名 而輕絶彊秦之敵 王必爲天下大笑 且楚韓非兄弟之國也 又非素約而謀伐秦也 已有伐形 因發兵言救韓 此必陳軫之謀也 且王已使人報於秦矣 今不行 是欺秦也 夫輕欺彊秦而信楚之謀臣 恐王必悔之

---

① 不穀將以楚殉韓불곡장이초순한

색은 순殉은 죽음으로 따르는 것이다. 죽음으로써 한韓나라를 돕는다는 말이다.

殉 從死也 言以死助韓

② 止公仲之行지공중지행

색은 지止는 서쪽 진나라로 가지 않게 하는 것이다.

止不令西之秦

한왕은 듣지 않고 결국 진나라와 단절했다. 진나라는 이로 인해 크게 노하고 군사를 늘려 한나라를 공격해서 크게 싸웠는데, 초나라의 구원병이 한나라에 이르지 않았다.

19년, (진나라가) 한나라를 안문岸門[1]에서 크게 쳐부수었다. 태자 창倉이 진나라에 인질이 되고서야 화해했다.[2]

韓王不聽 遂絶於秦 秦因大怒 益甲伐韓 大戰 楚救不至韓 十九年 大破我岸門[1] 太子倉質於秦以和[2]

---

① 大破我岸門대파아안문

집해 서광이 말했다. "영음에 안정이 있다."

徐廣曰 潁陰有岸亭

정의 《괄지지》에서 말한다. "안문은 허주 장사현 서북쪽 18리에 있는데 지금의 이름은 서무정西武亭이다."

括地志云 岸門在許州長社縣西北十八里 今名西武亭矣

신주 이 지명을 고증한 주석들은 정확하지 않은 것으로 보인다. 당시 위, 한이 연합하여 싸운 곳은 하동 땅인데 이 내용이 〈위세가〉에 자세히 기록되어 있다. 안문은 《중국역사지도집》에 하동과 영천 두 군데로 나온다.

② 太子倉質於秦以和태자창질어진이화
신주 〈진본기〉에서 태자는 전년에 진나라에서 인질이 되었다.

21년,[1] (한나라가) 진나라와 더불어 초나라를 공격하여,[2] 초나라 장수 굴개屈丐를 무찌르고 단양丹陽[3]에서 8만여 명의 수급을 베었다. 이해 선혜왕이 죽고 태자 창倉이 계승했는데, 바로 양왕 襄王[4]이다.

二十一年[1] 與秦共攻楚[2] 敗楚將屈丐 斬首八萬於丹陽[3] 是歲 宣惠王 卒 太子倉立 是爲襄王[4]

---

① 二十一年이십일년
집해 서광이 말했다. "주왕 난赧 3년이다."

徐廣曰 周王赧之三年也

신주 〈초세가〉에서는 초회왕 17년의 사건으로 나오는데, 진秦나라 혜문왕 13년에 해당한다. 초나라가 한나라 옹지雍氏를 포위한 사건과 관련되어 있다. 이때 초나라가 진나라와 서쪽에서 싸우는 한편, 초나라가 한나라 옹지를 포위하자 한나라는 다급하여 진나라에 구원을 요청한다.

또 제나라와 송나라는 연합하여 양릉에서 위魏나라 남쪽을 공격한다. 그러나 〈진본기〉에서는 "초나라가 (한나라) 옹지를 포위하자, 진나라에서 서장 저리질을 보내 한나라를 도와 동쪽에서 제齊를 공격하게 하고, 도만 到滿을 시켜 위나라를 도와 연燕을 공격하게 했다."라고 기록하고 있는데 잘못된 내용으로 여겨진다. 〈진본기〉를 수정하여 "저리질을 시켜 한나라를 도와 동쪽에서 초楚를 공격하고, 도만을 시켜 위나라를 도와 제齊를 공격했다."라고 해야 정확할 것이다.

② 與秦共攻楚여진공공초

집해 서광이 말했다. "(초나라 장수) 경좌景痤를 포위했다."

徐廣曰 圍景痤也

신주 《죽서기년》에서는 경취景翠라고 했으며, 역시 서광이 그것을 인용했다.

③ 丹陽단양

색은 옛날 초나라 도읍지이며 지금 균주均州에 있다.

故楚都 在今均州

정의 《좌전석례》에서 말한다. "초나라는 단양에 있었는데, 지금의 지강현 고성이 이곳이다."

左傳[釋]例云 楚居丹陽 今枝江縣故城是也

신주 〈초세가〉에서 단양은 초나라가 처음 자리했던 곳으로 말하고 있다. 균주는 한漢나라 때 한중군漢中郡의 동부이자 조위曹魏 때 위흥군 魏興郡으로 단양이 그곳에 자리하고 있었다. 지강현枝江縣의 단양은 초나라 옛 수도 단양과 관계없는 곳으로 장강삼협 일대를 말한다.

④ 是爲襄王시위양왕

집해 서광이 말했다. "한편 이르길, 주난왕 6년은 한양애왕韓襄哀王 3년으로 장의가 죽었다고 했다. 난왕 9년은 양애왕 6년으로 진소왕秦昭王이 즉위했다."

徐廣曰 一云周赧王六年 韓襄哀王三年 張儀死 赧王九年 襄哀王六年 秦昭王立

신주 집해 주석은 서광이 〈육국연표〉에서 인용한 것이다. 한편 장의의 죽음을 《죽서기년》에서는 위나라 양왕 9년이라 했는데 《사기》 기록보다 1년 빠른 한양왕 2년에 해당한다.

양왕 4년, 진秦나라 무왕武王과 임진臨晉에서 회동했다. 그해 가을, 진秦나라에서 감무甘茂를 보내 한나라 의양①을 공격했다.

5년, 진나라에서 한나라 의양을 함락하고 6만 명의 수급을 베었다. 진나라 무왕이 죽었다.

6년, 진나라가 다시 한나라에 무수武遂②를 돌려주었다.

9년, 진나라가 다시 한나라 무수를 빼앗아 갔다.

10년, 태자 영嬰이 진나라에 조회 갔다가 돌아왔다.③

11년, 진나라가 한나라를 쳐 양穰 땅을 빼앗았다.④ 진나라와 더불어 초나라를 공격하고 초나라 장수 당매唐眜를 무찔렀다.⑤

襄王四年 與秦武王會臨晉 其秋 秦使甘茂攻我宜陽 五年 秦拔我宜陽① 斬首六萬 秦武王卒 六年 秦復與我武遂② 九年 秦復取我武遂 十年 太子嬰朝秦而歸③ 十一年 秦伐我 取穰④ 與秦伐楚 敗楚將唐眜⑤

① 宜陽의양

정의 《괄지지》에서 말한다. "옛 한성韓城을 일명 의양성宜陽城이라고 하는데 낙주 복창현의 동쪽 14리에 있으며 한나라 의양성이다."

括地志云 故韓城一名宜陽城 在洛州福昌縣東十四里 韓宜陽城也

신주 이듬해 진나라는 의양을 함락함으로써 함곡관에서 낙양으로 이르는 길을 열었다. 한나라는 홍농군弘農郡 일대를 거의 잃은 셈이다.

② 武遂무수

신주 〈진본기〉의 《사기정의》 주석을 보면, 하동河東 평양平陽 부근이라 한다.

③ 太子嬰朝秦而歸태자영조진이귀

집해 서광이 말했다. "진나라와 임진에서 회합하고, 그로 인해 함양咸陽에 이르렀다가 돌아왔다."

徐廣曰 與秦會臨晉 因至咸陽而還

④ 取穰취양

정의 穰의 발음은 '양[人羊反]'이다. 등주현이다. 곽중산의 《남옹주기》에서 말한다. "초나라 별읍別邑이다. 진秦나라는 처음 초나라를 침략하고 공자 회悝를 봉해서 양후穰侯로 삼았다. 뒤에 한韓나라에 속했는데 진나라 소왕이 빼앗았다."

穰 人羊反 鄧州縣也 郭仲産南雍州記云 楚之別邑 秦初侵楚 封公子悝爲穰侯 後屬韓 秦昭王取之也

신주 정의 에서 말한 양穰 땅은 한漢나라 때 남양군南陽郡 서부에 속했다. 당시 판도로 보면 초나라 북부 영토이다. 이때 진나라는 한, 위, 제와 연합하여 초나라를 치는데, 과연 같이 동조하는 한나라를 쳤을지는 의문이다. 또한 같은 해에 진나라가 한나라를 쳤는데 바로 진나라와 손잡고 초나라를 칠 수는 없기 때문이다. 따라서 본문의 '진벌아秦伐我'(진나라에서 한나라를 쳤다)는 '진벌초秦伐楚'(진나라가 초나라를 쳤다)의 오기로 보인다.

⑤ 與秦伐楚 敗楚將唐眛여진벌초 패초장당매

신주 4개국이 연합하여 초나라 북부를 쳤는데 〈초세가〉에 따르면 연합국은 당매를 죽이고 중구重丘를 빼앗았다고 한다. 〈진본기〉에서는 이 사건이 소양왕 8년에 있었다고 기록하고 있지만, 〈육국연표〉에서는 소양왕 6년으로 되어 있다. 그때 조나라가 중산국을 쳤다는 기록이 있는데, 〈육국연표〉에서는 무령왕 25년에 해당한다. 무령왕 25년은 소양왕 6년이 된다. 진나라는 장군 미융羋戎을 시켜 4국이 연합해 초나라 방성方城을 쳤다고 하는데, 방성은 남양군 북부 섭葉이라 하니 중구도 그 일대일 것이다.

제 3 장

망국에 이르다

12년, 태자 영嬰이 죽었다. 공자 구咎와 공자 기슬蟣蝨이 태자가 되려고 다투었다. 이때 기슬은 초나라에 인질로 있었는데, 소대가 한구韓咎에게 말했다.[1]

"기슬이 초나라에 망명해 있는데 초왕은 몹시 돌려보내고 싶어 합니다. 지금 초나라 군사 10여만 명이 방성方城 밖에 주둔하고 있습니다.[2] 공은 왜 초왕에게 만실萬室의 도읍인 옹지雍氏[3] 곁에 성을 쌓으라고 권하지 않습니까? 한나라는 반드시 군사를 일으켜 구원할 것이고[4] 공은 반드시 장군이 될 것입니다. 공께서 한나라와 초나라의 군사로 기슬을 받들어 들어오게 할 수 있다면 반드시 공의 말을 들을 것이 틀림없으며[5] 초나라와 한나라에서는 반드시 공을 봉할 것입니다."

한구는 그의 계책을 따랐다.

十二年 太子嬰死 公子咎公子蟣蝨爭爲太子 時蟣蝨質於楚 蘇代 謂韓咎曰[1] 蟣蝨亡在楚 楚王欲內之甚 今楚兵十餘萬在方城之外[2] 公何不令楚王築萬室之都雍氏之旁[3] 韓必起兵以救之[4] 公必將矣

① 蘇代謂韓咎曰소대위한구왈

신주 양옥승도 《사기지의》에서 이렇게 말한다. "《전국책》에서 '냉향'
이라 한 것이 옳다. 《고사고》는 또한 《사기》를 따라 잘못하였다. 단, 한
구는 공자 구咎이고 기슬과 태자가 되기를 다투는데, 이 편에서는 실제
기슬을 들일 것을 계획하니 뜻이 통하지 않는다." 양옥승은 냉향이 말한
사람이 한구가 아니라 다른 사람이라는 것이다.

② 方城之外방성지외

색은 방성方城은 초나라의 북쪽 국경이다. 지외之外는 북쪽 국경의 북쪽
이다.

方城 楚之北境 之外 北境之北也

정의 《괄지지》에서 말한다. "방성산은 허주 섭현 서남쪽 18리에 있다.
《좌전》에서 초나라 대부 굴완屈完이 제나라 후작(제환공)에게 대답해서
이르기를 '초나라는 방성을 성으로 삼는다.'라고 했는데, 두예가 주석하
여 '방성산은 남양군 섭현 남쪽에 있다.'라고 했다."

括地志云 方城山在許州葉縣西南十八里 左傳云楚大夫屈完對齊侯曰 楚國方
城以爲城 杜注云 方城山在南陽葉縣南

③ 雍氏之旁옹지지방

집해 서광이 말했다. "(영천군) 양적陽翟에 있다."

徐廣曰 在陽翟

정의 《괄지지》에서 말한다. "옛 옹지성은 낙주 양적현 25리에 있다. 옛 노인이 이르기를 '황제黃帝의 신하 옹보雍父가 절굿공이와 절구를 만든 곳이다.'라고 했다."

括地志云 故雍氏城在洛州陽翟縣二十五里 故老云黃帝臣雍父作杵臼也

신주 신정新鄭 서남쪽에 있다. 초나라 수도 영郢에서 한나라 수도 신정에 이르는 길목이다.

④ 韓必起兵以救之한필기병이구지

신주 《전국책》에서는 구救를 '금禁'(막는다)이라 했다.

⑤ 其聽公必矣기청공필의

신주 《전국책》에서는 청聽을 '덕德'이라 했다.

초나라에서 옹지를 포위하자[①] 한나라는 진秦나라에 구원을 요청했다. 진나라는 군사를 일으키지 않고 공손매公孫昧(진나라 신하)를 한나라로 들어가게 했다. 공중이 말했다.

"그대는 진나라가 장차 한나라를 구원할 것이라고 여기십니까?"

공손매가 대답했다.

"진나라 왕의 말씀에 '남정南鄭과 남전藍田 길을 거쳐 군사가 들어가 초나라와 싸울 것이니 공을 기다리겠소.[②]'라고 하셨으나 아마 연합하지 않을 것입니다.[③]"

공중이 말했다.

"그대는 과연 어찌해야 한다고 여기십니까?"

楚圍雍氏[1] 韓求救於秦 秦未爲發 使公孫昧入韓 公仲曰 子以秦爲且

救韓乎 對曰 秦王之言曰 請道南鄭藍田 出兵於楚以待公[2] 殆不合矣[3]

公仲曰 子以爲果乎

① 楚圍雍氏초위옹지

집해 서광이 말했다. "〈진본기〉에서 혜왕 후원 13년은 주난왕 3년이
고, 초회왕楚懷王 17년이고, 제민왕濟湣王 12년인데 모두 '초나라가 옹지
를 포위했다.'라고 일렀다. 《죽서기년》에서는 이것을 또 설명해서 '초나
라 경취景翠가 옹지를 포위했다. 한선왕韓宣王이 죽고 진秦나라는 한나라
를 도와 함께 초나라 굴개屈丐를 무찔렀다.'라고 했다. 또 이르길, '제나라
와 송나라가 자조煮棗를 포위했다.'라고 했다. 모두 《사기》의 〈육국연표〉,
〈전경중완세가〉와 부합한다. 그러나 〈한세가〉에서 이른바 '양왕 12년
한구종기계韓咎從其計'(한구의 계책을 따랐다) 위상은 곧 초나라가 뒤에 옹지
를 포위했던 주난왕 15년의 일이다. 또 '초위옹지楚圍雍氏'(초나라에서 옹지를
포위했다)라는 문장 아래의 설명은 초나라가 앞에서 옹지를 포위한 것으로
주난왕 3년의 일이다."

徐廣曰 秦本紀惠王後元十三年 周赧王三年 楚懷王十七年 齊湣王十二年 皆云
楚圍雍氏 紀年於此亦說 楚景翠圍雍氏 韓宣王卒 秦助韓共敗楚屈丐 又云 齊
宋圍煮棗 皆與史記年表及田完世家符同 然則此卷所云 襄王十二年 韓咎從其
計以上 是楚後圍雍氏 赧王之十五年事也 又說 楚圍雍氏以下 是楚前圍雍氏
赧王之三年事

신주 서광의 말이 맞다. 초나라가 첫 번째로 옹지를 포위한 사건은 앞선 왕인 선혜왕 21년으로 초나라 장수 굴개를 무찌른 사건과 이어진다. 사마천은 옹지를 포위했던 두 사건을 혼동한 것으로 보인다. 즉 소대가 한구에게 권해서 한구가 따른 것은 곧 양왕 12년 일이다. 공손매와 공중이 나눈 대화는 전임 선혜왕 21년의 일이다. 당시 한나라는 위급하였다.

② 請道南鄭藍田 出兵於楚以待公청도남정남전 출병어초이대공

정의 남정南鄭은 양주현이다. 남전藍田은 옹주현이다. 진왕秦王의 말은 혹 옹주에서 서남쪽으로 나가서 정鄭에 이르거나 혹 옹주에서 동남쪽으로 나가면 남전을 거쳐 요관嶢關으로 나가는데, 모두 초나라의 북쪽 국경을 두르는 곳이니 한나라 사신을 기다려서 동쪽 옹지를 구원하겠다는 것이다. 이처럼 한다면 더디고 느려서 초나라와 (양국이) 연합하지 못하는 것에 가깝다.

南鄭 梁州縣 藍田 雍州縣 秦王言或出雍州西南至鄭 或出雍州東南歷藍田出嶢關 俱繞楚北境以待韓使而東救雍氏 如此遲緩 近不合於楚矣

신주 《전국책》에서 "청컨대 남정과 남전의 길을 거쳐 들어가 초나라를 공격할 것이니, (공중치는) 삼천(한나라)에서 출병하는 공을 기다리겠소.[請道南鄭藍田以入攻楚 出兵於三川以待公]"라고 했다.

③ 殆不合矣태불합의

색은 (《전국책》에서) 아마도 남정에서 연합하지 못한다고 한다.

殆不合於南鄭

공손매가 대답했다.

"진秦나라 왕은 반드시 장의가 썼던 옛 계책을 본받을 것입니다.[1] 초나라 위왕威王이 대량大梁을 공격하자 장의가 진왕에게 일러, '초나라와 더불어 위魏나라를 공격하면, 위나라는 좌절하여 초나라에 귀의하고, 한나라는 위나라와 오래된 동맹국이니 이로써 진나라는 고립될 것입니다. 이에 군사를 출병하는 척하다가[2] 위나라와 초나라가 크게 싸우게 되면 진나라는 서하西河의 밖을 빼앗아 돌아오는 것만 같지 못합니다.'라고 했습니다.

지금 그 상황은 겉으로 한나라와 함께한다고 말하면서 실제로는 몰래 초나라와 잘 지내는 것입니다. 공께서는 진秦나라를 기다리다가 그들이 이르면 반드시 가볍게 초나라와 싸우십시오. 초나라가 속으로 진나라가 군사를 쓰지 않는다는 것을 알아차린다면 반드시 공과 서로 맞서는 것을 쉽게 여길 것입니다.[3] 공이 싸워 초나라를 이기면, (진나라는) 마침내 공과 함께 초나라를 이기는 틈을 타서 삼천三川에서 과시하면서 돌아갈 것입니다.[4]

對曰 秦王必祖張儀之故智[1] 楚威王攻梁也 張儀謂秦王曰 與楚攻魏 魏折而入於楚 韓固其與國也 是秦孤也 不如出兵以到之[2] 魏楚大戰 秦取西河之外以歸 今其狀陽言與韓 其實陰善楚 公待秦而到 必輕與楚戰 楚陰得秦之不用也 必易與公相支也[3] 公戰而勝楚 遂與公乘楚 施三川而歸[4]

① 秦王必祖張儀之故智진왕필조장의지고지

집해 서광이 말했다. "조祖는 으뜸으로 삼아서 익히는 것을 이른다.

고지故智는 지난 시대의 계책과 같은 것이다."

徐廣曰 祖者 宗之習之謂也 故智 猶前時謀計也

② 不如出兵以到之불여출병이도지

색은 도到는 '속임수'이며 세속에서 '장도張到'라고 이르는 것과 같다.
그러나 《전국책》에서는 '경勁' 자로 되어 있는데 경은 굳세다는 뜻이다.

到 欺也 猶俗云張到 然戰國策作勁 勁 强也

③ 必易與公相支也필이여공상지야

색은 초나라는 속으로 진나라가 공을 위해 군사를 쓰지 않을 것을 알
것이니 또한 반드시 공과 서로 맞서는 것을 쉽게 여길 것이라는 말이다.

言楚陰知秦 不爲公用 亦必易爲公相支拒也

④ 公戰而勝~三川而歸공전이승~삼천이귀

정의 시施는 설설說과 같다. 삼천三川은 주나라 천자의 도읍이다. 한나라
가 초나라와 싸워서 이기면, 곧 진나라는 한나라와 더불어 초나라에 마
차를 부리고 갈 수 있다. 즉 천자의 도읍에서 한나라를 구원한 공을 전
시하여 패왕霸王의 자취를 행하면서 제후에게 위엄을 더하고 함양으로
돌아가는 것이 이것이라는 말이다.

施猶設也 三川 周天子都也 言韓戰勝楚 則秦與韓駕御於楚 即於天子之都 張
設救韓之功 行霸王之跡 加威諸侯 乃歸咸陽是也

공이 싸워서 초나라를 이기지 못하면 초나라에서 삼천을 막아 지킬 것이니[1] 공은 삼천을 구할 수 없습니다. 간절히 공을 위해 걱정하는 것입니다. 사마경司馬庚[2]은 세 번이나 (초나라 수도) 영郢에 갔다가 되돌아왔고, 감무甘茂와 소어昭魚[3]를 상어商於에서 만났으니 초나라 인장을 거둔다고 말했지만[4] 실제로는 서로 밀약이 있었을 것입니다."

公戰不勝楚 楚塞三川守之[1] 公不能救也 竊爲公患之 司馬庚[2]三反於郢 甘茂與昭魚[3]遇於商於 其言收璽[4] 實類有約也

① 楚塞三川守之초색삼천수지

[정의] 초나라가 하남河南의 네 관문을 막아 지키면 한나라는 삼천을 구할 수 없다.

楚乃塞南河四關守之 韓不能救三川

② 司馬庚사마경

[집해] 서광이 말했다. "다른 판본에서는 경庚이 '당唐'으로 되어 있다."

徐廣曰 一作 唐

③ 昭魚소어

[집해] 서광이 말했다. "초나라 상국이다."

徐廣曰 楚相國

[색은] 《전국책》에서는 소어昭獻라고 한다.

戰國策謂之昭獻

④ 其言收璽기언수새

색은 유씨가 말했다. "거짓으로 말해서 소어가 진나라에 와서 진나라 관직의 인새印璽를 얻고자 한 것이다." 수收는 곧 취한다는 뜻이다.

劉氏云詐言昭魚來秦 欲得秦官之印璽 收即取之義也

공중이 두려워하며 말했다.

"그러면 어떻게 해야 합니까?"

대답했다.

"공께서는 반드시 한나라를 먼저 생각하고 진秦나라를 뒤로 놓고 자신의 (계책을) 먼저 하고 장의 (계책을) 뒤에 하십시오.[①] 공께서 빨리 한나라를 제나라, 초나라와 연합시키는 것만 못합니다. 제와 초는 반드시 공에게 나라를 맡길 것입니다.[②] 공은 장의의 계책을 꺼리는 것이지[③] 실제로 진나라를 무시하는 것이 아닙니다.[④]"

이에 초나라는 옹지의 포위를 풀었다.[⑤]

公仲恐 曰 然則奈何 曰 公必先韓而後秦 先身而後張儀[①] 公不如亟以國合於齊楚 齊楚必委國於公[②] 公之所惡者張儀也[③] 其實猶不無秦也[④] 於是楚解雍氏圍[⑤]

① 公必先韓~而後張儀공필선한~이후장의

정의 자신의 계책을 앞세워 한나라 보존의 계책으로 삼고 뒤에 장의가 진나라를 위해서 위나라를 속인 계책을 알았으니 급히 한나라를 제나라와 초나라와 연합시키는 것만 같지 못하다는 것이다.

先以身存韓之計 而後知張儀爲秦到魏之計 不如急以國合於齊楚

장의는 진나라와 짜고 위나라의 재상이 되어 진나라를 섬기게 하려 하다가 뜻대로 되지 않자 진나라와 짜고 위나라가 대패하게 만든 다음 위나라에게 소진의 합종책을 깨고 진나라와 화친케 하는 연횡책을 사용하려고 했다. 진나라가 아닌 한나라의 국익을 앞세워야 한다는 뜻이다.

② 齊楚必委國於公제초필위국어공

《전국책》에는 "진나라는 반드시 공에게 한나라를 맡겨 (진나라에 대한) 공격을 풀게 할 것입니다.[秦必委國於公以解伐]"라고 되어 있다.

③ 齊楚必委~者張儀也제초필위~자장의야

惡의 발음은 '오[烏故反]'이다. 공손매는 공중이 미워하는 것은 장의가 위나라를 속인 계획이니 비록 한나라가 제, 초와 연합하더라도 실제로는 오히려 진나라를 무시하거나 속여서 얕보는 것이 아니라는 말이다.

惡 烏故反 公孫昧言公仲所惡者張儀到魏之計 雖以國合於齊楚 其實猶不輕欺無秦也

공손매는 진왕이 한나라로 보낸 사신이다. 그의 말은 겉으로 진나라를 무시하고 한나라가 제, 초와 연합해야 한다고 주장하는 것처럼 보인다. 하지만 진나라의 사신인 공손매의 속뜻은 장의가 옛날 위나라를 속인 것처럼 제, 초와 연합한다고 속이라는 뜻이다. 공중이 공손매 말처럼 하자 초나라는 포위를 풀었다. 결과적으로 나중에 초나라는 무너지고 진나라는 한나라와 위나라를 도와 초나라와 제, 송의 연합을 물리치게 된다.

④ 公之所惡者張儀也 其實猶不無秦也공지소악자장의야 기실유불무진야

신주 《전국책》에서는 '소악자장의야所惡者張儀也'를 '소이외자의이이所以外者儀而已 (겉으로 장의를 내세울 뿐)'라고 했고, '무진無秦 (진나라를 무시하는 것)'을 '실진失秦 (진나라를 잃는 것)'이라고 했다. 그러면 "공이 장의를 내세울 뿐 실제로는 오히려 진나라를 잃는 것이 아닙니다."라는 뜻이 된다.

⑤ 於是楚解雍氏圍어시초해옹지위

집해 서광이 말했다. "〈감무전〉에서 '초회왕이 군사로 한나라 옹지를 포위하자, 한나라는 공중公仲을 시켜 급하게 진秦나라에 알렸다. 진나라는 소왕昭王이 새로 즉위해 구원하려고 하지 않았다. 감무가 한나라를 위해 말하자 이에 군사를 효산殽山으로 내려 보내서 한나라를 구원하게 했다.'라고 한다. 또 이르기를 '주난왕 15년은 한양왕韓襄王 12년인데 진나라가 초나라를 쳐서 2만 명의 수급을 베고 초나라를 양성襄城에서 무찌르고 경결景缺을 죽였다.'라고 한다. 〈주본기〉 난왕 8년의 뒤에 이르기를 '초위옹지楚圍雍氏'라고 했는데, 이는 한양왕 12년으로 위애왕魏哀王 19년에 해당한다. 《죽서기년》에서는 이를 또 설명해 '초나라가 옹지로 쳐들어 왔는데 초나라 사람이 패했다.'라고 한다. 그리고 이때 장의는 이미 죽은 지 10년이다."

徐廣曰 甘茂傳云 楚懷王以兵圍韓雍氏 韓使公仲告急於秦 秦昭王新立 不肯救 甘茂爲韓言之 乃下師於殽以救韓也 又云 周赧王十五年 韓襄王十二年 秦擊楚 斬首二萬 敗楚襄城 殺景缺 周本紀赧王八年之後云 楚圍雍氏 此當韓襄王十二年 魏哀王十九年 紀年於此亦說 楚入雍氏 楚人敗 然爾時張儀已死十年矣

정의 여기부터 위의 '12년'까지는 아울러 초나라가 뒤에 옹지를 포위했던 난왕 15년의 한 사건이다. 앞에서 서광이 주석에서 '초위옹지' 이하는 곧 초나라가 앞서 옹지를 포위한 것으로 난왕 3년의 일이라고 말했는데, 서광의 설명이 잘못된 것이다. 서광이 보았던 아래 문장의 '자신을 먼저 하고 장의를 뒤에 한다.[先身而後張儀]'와 '공이 장의의 계책을 꺼리는 [公之所惡者張儀也]'은 장의가 아직 살아있다는 말이며, 초나라가 또 옹지를 포위한 것은 두 번이라고 헤아릴 수가 있다. 따라서 여기에서 앞과 뒤의 두 견해가 생긴 것은 매우 잘못이다. 그러나 이는 공손매가 장의 때의 일을 술회하여 그렇게 하지 말라고 한나라 재상 공중에게 설명한 것뿐이다.

自此已上十二年 竝是楚後圍雍氏 赧王之十五年一段事也 前注徐廣云 楚圍雍氏之下 是楚前圍雍氏 赧王三年事 徐說非也 徐見下文云先身而後張儀 及公之所惡者張儀也 言張儀尙存 楚又兩度圍雍氏 故生此前後之見 甚誤也 然是公孫昧卻述張儀時事 說韓相公仲耳

신주 서광의 주석에 대한 장수절의 반박은 적절하지 않다. 장수절의 "장의가 살아있다."라는 말부터 이미 사실과 다르다. 장의는 〈육국연표〉에서 주난왕 6년 서기전 309년에 죽었다고 한다. 장의가 살아있던 때의 일이라면 이는 주난왕 3년에 초나라가 옹지를 포위한 때의 일이지 그가 죽은 뒤인 난왕 15년 때의 일이 아니다. 또 남전과 남정을 통해 넘어온 것은 단양 일대를 진나라가 차지하기 전이니 마땅히 주난왕 3년의 일이다. 그리고 공손매가 공중에게 제, 초와 연합할 것처럼 속이라는 말 역시 주난왕 3년의 일이다. 주난왕 15년에 다시 옹지를 포위한 것은 초나라 혼자 벌인 행동이다. 그 결과로 초나라는 남양군 북부와 영천군 일부를 다시 진나라와 한나라에게 빼앗기게 된다.

소대는 또 진秦나라 태후의 아우 미융羋戎[1]에게 일러 말했다.

"공숙公叔과 백영伯嬰은 진秦나라나 초나라가 기슬을 받아들일까 두려워하는데[2] 공은 왜 한나라를 위해서 초나라에게 인질을 요구 하지 않습니까?[3] 초나라 왕이 한나라로 인질을 보낼 것을 들어준다면,[4] 공숙과 백영은 진나라와 초나라에서 기슬을 위해 일하지 않는다는 것을 알고, 반드시 한나라는 진나라와 초나라에 연합할 것입니다. 진나라와 초나라가 한나라를 끼고 위나라를 군색하게 만들더라도 위나라는 감히 제나라와 연합하지 못할 것이고 이에 제나라는 고립됩니다.[5]

蘇代又謂秦太后弟羋戎[1]曰 公叔伯嬰恐秦楚之内蟣蝨也[2] 公何不爲韓求質子於楚[3]楚王聽入質子於韓[4] 則公叔伯嬰知秦楚之不以蟣蝨爲事 必以韓合於秦楚 秦楚挾韓以窘魏 魏氏不敢合於齊 是齊孤也[5]

① 秦太后弟羋戎진태후제미융

집해 서광이 말했다. "신성군新城君이라고 부른다."

徐廣曰 號新城君

색은 미羋는 성이고 융戎은 이름이다. 진나라 선태후宣太后의 아우인데 신성군이라고 부른다.

羋 姓 戎 名 秦宣太后弟 號新城君

② 公叔伯嬰~内蟣蝨也공숙백영~내기슬야

색은 《전국책》을 살펴보니 공숙과 백영은 기슬 및 공자 구咎와 함께 모두 양왕襄王의 아들이다. 그리고 백영은 곧 태자 영嬰인데 영은 앞서 죽었다. 그래서 구와 기슬이 또 태자가 되려고 다투었다. 여기서 《전국책》의 설명을 따르면 백영은 태자로 세워지기 전에 또 기슬과 태자 자리를 다투었다. 그러므로 일이 중복되고 문장은 거꾸로 되었다.

按戰國策 公叔伯嬰與蟣蝨及公子咎竝是襄王子 然伯嬰即太子嬰 嬰前死 故咎與蟣蝨又爭立 此取戰國策說 伯嬰未立之先亦與蟣蝨爭立 故事重而文倒也

③ 公何不爲韓求質子於楚공하불위한구질자어초

색은 한나라로 하여금 초나라에 요구하여 다시 다른 사람을 인질로 삼고 기슬을 교체하려는 것이다.

令韓求楚 更以別人爲質 以替蟣蝨也

정의 爲의 발음은 '위[于僞反]'이다. 뒤에도 같다.

爲 于僞反 後同

④ 質子於韓질자어한

색은 인질은 기슬이다.

質子 蟣蝨也

정의 인질은 기슬이다. 소대는 미융을 시켜 한나라를 위해 기슬을 구해서 한나라로 들여보내려고 하는데 초나라에서 들어주지 않았다. 공숙과 백영은 진나라와 초나라가 기슬 때문에 일어날 일을 만들지 않으려는 것을 알고 반드시 한나라를 진나라와 초나라에 연합시키려 한 것이다. '초왕청입질자어한楚王聽入質子於韓'(초나라 왕이 인질을 한나라로 돌려달라는 청을 들어주다)은 마땅히 '초왕불청입질자어한楚王不聽入質子於韓'(초나라 왕이 인질을 한나라로 돌려달라는 청을 들어주지 않다)이라고 해야 하는데, 앞을 이어서 '不불'자가 탈락한 것뿐이다. 차례로 아래에 이르기를 '지진초불이기슬위사

知秦楚不以蟣蝨爲事'(진나라와 초나라에서 기슬을 위해 일하지 않는다는 것을 알고)라고 했으니, 거듭 '불不' 자가 탈락한 것이 분명하다.

質子 蟣蝨 蘇代令芈戎爲韓求蟣蝨入於韓 楚不聽 公叔伯嬰知秦楚不以蟣蝨爲事 必以韓合於秦楚 楚王聽入質子於韓當云楚王不聽入質子於韓 承前脫不字耳 次下云知秦楚不以蟣蝨爲事 重明脫不字

신주 장수절의 주석은 잘못이다. 초나라에 인질을 보내주어야만 공숙과 백영은 초나라가 인질을 위해 일을 벌이지 않으리란 것을 안다는 뜻이다. 보내주지 않을 경우에 벌어질 일은 바로 다음 문장에 나온다.

⑤ 魏氏不敢合於齊 是齊孤也위씨불감합어제 시제고야

신주 〈전경중완세가〉에 소대가 당시 초나라에 있던 진진陳軫을 설득한 말 중에도 이와 같은 것이 있다.

공이 또 진나라를 위해 초나라에 있는 인질을 요구하는데① 초나라에서 들어주지 않는다면 한나라에서 원망이 맺힐 것입니다. 한나라가 제나라와 위나라를 끼고 초나라를 포위한다면, 초나라는 반드시 공을 중하게 여길 것입니다.② 공께서는 진나라와 초나라에서 중하게 여기는 것을 지니고 덕을 한나라에 쌓으면 공숙과 백영은 반드시 나라를 가지고 공을 기다릴 것입니다."

이에 기슬은 끝내 한나라로 돌아오지 못했다.③

(13년) 한나라는 구咎를 세워서 태자로 삼았다. 제나라와 위나라의 왕이 방문했다.④

公又爲秦求質子於楚^① 楚不聽 怨結於韓 韓挾齊魏以圍楚 楚必重公^② 公挾秦楚之重以積德於韓 公叔伯嬰必以國待公 於是蟣蝨竟不得歸韓^③ 韓立咎爲太子 齊魏王來^④

① 公又爲秦求質子於楚공우위진구질자어초

［색은］ 미융羋戎을 시켜 진나라를 교사해 한나라에서 보낸 인질을 초나라에서 찾아서 진나라로 들여보내도록 했다는 것이다.

令羋戎教秦 於楚索韓所送質子 令入之於秦也

② 韓挾齊魏以圍楚 楚必重公한협제위이위초 초필중공

［정의］ 한나라가 제나라와 위나라와 연합해 초나라를 포위하면, 초나라는 반드시 미융을 존중하고 진나라의 구원을 구하게 된다는 말이다.

言韓合齊魏以圍楚 楚必尊重羋戎以求秦救矣

③ 於是蟣蝨竟不得歸韓어시기슬경불득귀한

［정의］ 이로부터 이전에 소대가 자주 계획한 것이 모두 이루어지지 않았다. 그래서 한나라에서 마침내 공자 구를 세워서 태자로 삼은 것이다.

自此已前蘇代數計皆不成 故韓竟立咎爲太子也

④ 齊魏王來제위왕래

［정의］ 소대가 한나라를 위해 계획을 세웠다. 그래서 제나라와 위나라의 왕이 온 것이다.

蘇代爲韓立計 故得齊魏王來

〈육국연표〉에도 양국 왕이 한나라를 방문한 기록이 있다. 그러나 장수절의 말처럼 태자 문제 때문이 아니라 진秦나라를 공격하기 위해 3국이 연합하기 위해서였다. 실제 이듬해 3국은 함곡관에서 진나라를 공격한다. 또 본문에는 앞에 '十三年십삼년'이 탈락된 것으로 보인다.

14년, (한나라는) 제나라, 위나라 왕과 함께 진秦나라를 공격하고 함곡관에 이르러 군대를 주둔시켰다.
16년, 진나라는 우리에게 하외河外와 무수를 주었다.[1] 양왕이 죽고 태자 구咎가 계승했는데, 바로 희왕釐王이다.
十四年 與齊魏王共擊秦 至函谷而軍焉 十六年 秦與我河外及武遂[1] 襄王卒 太子咎立 是爲釐王

① 秦與我河外及武遂진여아하외급무수
〈위세가〉 위애왕 23년에 한나라에게 무수를 주고, 위나라에게 하외河外와 봉릉封陵을 돌려주었다고 했다. 이 문장에서 '아我'는 '한나라'가 아니라 이때 연합한 한과위로 보아야 할 것이다.

희왕 3년, 공손희公孫喜를 시켜서 주周나라(한나라)와 위魏나라를 인솔하고 진나라를 공격하게 했다.[1] 진나라는 우리의 군사 24만 명을 무찌르고 이궐伊闕에서 공손희를 사로잡았다.[2]

> 5년, 진나라는 우리 땅 완宛[3]을 빼앗았다.
>
> 6년, 진나라에 무수 땅 200리[4]를 주었다.
>
> 釐王三年 使公孫喜率周魏攻秦[1] 秦敗我二十四萬 虜喜伊闕[2] 五年 秦
>
> 拔我宛[3] 六年 與秦武遂地二百里[4]

① 率周魏攻秦솔주위공진

신주 이때 연합한 것은 한나라와 위나라이니 주나라는 한韓의 잘못일 것이다.

② 秦敗我二十四萬 虜喜伊闕진패아이십사만 노희이궐

신주 이궐은 낙양 교외 서남쪽이다. 이 패배로 인하여 한나라는 마침내 주나라를 감싸고 있던 하남군 서남부 일대마저 완전히 진나라에 빼앗긴다.

③ 宛완

정의 宛의 발음은 '원[於元反]'이다. 완은 등주현이다. 당시 한나라에 속했다.

宛 於元反 宛 鄧州縣也 時屬韓也

신주 이때는 진소양왕 16년에 해당한다. 〈진본기〉에서는 소양왕 15년에 초나라 완宛을 빼앗았다고 했다. 〈양후전〉에서는 이궐의 승리 이듬해 초나라 섭과 완을 빼앗았다고 한다.

④ 武遂地二百里무수지이백리

정의 이곳의 무수武遂와 위의 무수는 모두 의양宜陽에 가까운 땅이다.
此武遂及上武遂皆宜陽近地

신주 앞서 주석에 나온 것처럼, 하동 땅 평양平陽 부근으로 당시 황하 북쪽에 있던 한나라 상당 땅 서쪽이다. 〈진본기〉의《사기정의》주석에서는 그렇게 설명하고도 여기서는 의양에 가깝다고 했으니 일관성을 잃었다. 이때 위나라가 하동 땅 400리를 진나라에게 바쳐서 하동 땅은 거의 진나라 소유가 되었다.

10년,[1] 진나라는 한나라 군사를 하산夏山에서 무찔렀다.

12년, 진나라 소왕과 서주西周에서 회합하고 진나라를 도와 제나라를 공격했다.[2] 제나라는 패배하고 민왕은 도망쳤다.

14년, 진나라와 양주兩周(서주, 동주) 사이에서 회동했다.

21년, 포연暴鳶[3]을 보내서 위나라를 구원케 했는데, 진나라에게 패하고 포연은 개봉開封으로 달아났다.

十年[1] 秦敗我師于夏山 十二年 與秦昭王會西周而佐秦攻齊[2] 齊敗 湣王出亡 十四年 與秦會兩周間 二十一年 使暴鳶[3]救魏 爲秦所敗 鳶走開封

---

① 十年십년

신주 이때가 서기전 286년이며, 제나라가 송나라를 멸했다.

② 佐秦攻齊좌진공제

신주 제나라를 더 이상 방치할 수 없었던 진나라가 나머지 국가들을 연합하여 공격한 사건이다. 이로부터 동방의 강대국 제나라는 몰락의 길을 걷는다. 〈연소공세가〉와 〈전경중완세가〉 등에 자세히 기록하고 있다. 결과적으로 진나라만 더 강대국으로 발돋움하는 계기가 되었다.

③ 暴戴포연

[정의] 戴은 '연捐'으로 발음한다. 한나라 장수 이름이다.

音捐 韓將姓名

신주 위나라 안희왕 2년이며, 진나라가 위나라 수도 대량을 포위하자 구원했다.

23년, 조나라와 위나라가 한나라 화양華陽을 공격했다.[①] 한나라가 위급함을 진나라에 알렸지만 진나라는 구원하지 않았다. 한나라 상국이 진서陳筮[②]에게 일러 말했다.

"일이 급박하니 바라건대 공公이 비록 병중이라도 가주시기를 바랍니다."

진서는 양후穰侯(위염)를 만나보았다. 양후가 말했다.

"일이 급합니까? 그 때문에 공을 사신으로 보내서 왔겠지요?"

진서가 말했다.

"급박하지 않습니다."

양후가 노하며 말했다.

"공公이 군주의 사신이 된 것이 맞습니까? 고관들이 연달아 와서 폐읍敝邑이 매우 급박하다고 알리는데, 공이 와서 급박하지 않다고 말하는 것은 무슨 뜻입니까?"

진서가 대답했다.

"저 한나라는 급하면 장차 생각을 바꿔서 다른 나라를 따를 것인데, 급하지 않기에 다시 왔을 따름입니다."

양후가 말했다.

"공이 왕을 만나지 않더라도 지금 군사를 일으켜 한나라 구원을 청하겠소."

8일에 이르러, 조나라와 위나라를 화양華陽 아래에서 무찔렀다.

이해 희왕이 죽고 아들 환혜왕桓惠王이 계승했다.

二十三年 趙魏攻我華陽^① 韓告急於秦 秦不救 韓相國謂陳筮^②曰 事急 願公雖病 爲一宿之行 陳筮見穰侯 穰侯曰 事急乎 故使公來 陳筮曰 未 急也 穰侯怒曰 是可以爲公之主使乎 夫冠蓋相望 告敝邑甚急 公來言 未急 何也 陳筮曰 彼韓急則將變而佗從 以未急 故復來耳 穰侯曰 公無 見王 請今發兵救韓 八日而至 敗趙魏於華陽之下 是歲 釐王卒 子桓惠 王立

① 趙魏攻我華陽조위공아화양

정의 사마표가 말했다. "화양은 산 이름이고 밀현에 있다." 정주 관성현 남쪽 40리에 있다.

司馬彪云 華陽 山名 在密縣 鄭州管城縣南四十里

신주 한나라 수도 신정新鄭 바로 북쪽이다. 하지만 실제로 조, 위가 한나라 화양을 공격했는지는 의문이다. 〈양후전〉에서는 삼진三晉을 쳐서 10만을 베었다고 한다. 〈백기전〉에서는 위나라를 공격하여 화양을 함락하고 망묘芒卯를 쫓아냈으며 삼진의 장수를 붙잡고 13만을 베었다고 한다. 〈육국연표〉에서는 백기가 위나라 화양의 군대를 치자 망묘는 달아나고 삼진의 장수를 붙잡았으며 15만을 베었다고 한다. 〈진본기〉에서는 망묘를 화양에서 쳐부수고 15만을 베었다고 한다. 〈위세가〉에서는 진나라에서 위나라, 한나라, 조나라 군대를 쳐부수고 15만 명을 살해하자 위나라 장군 망묘는 달아나고 위나라 장수 단간자段干子는 진나라에 남양南陽 땅을 주고 화해를 청했다고 한다.

　조금씩 차이는 있지만 삼진의 연합군이 모두 진나라에게 크게 패했다는 기록이다. 다른 기록은 모두 진나라 소양왕 34년의 사건인데 〈진본기〉에서만 33년으로 기록되었을 뿐이다. 또 그 중심은 위나라이다. 따라서 이해에 삼진이 연합해서 실제로 진秦나라와 싸웠다고 보기에는 무리가 따른다. 한나라는 수도마저 진나라에게 위협당하게 되었다.

② 陳筮진서

집해　서광이 말했다. "다른 판본에 서筮는 '전筌'으로 되어 있다."
徐廣曰 一作 筌

색은　서광은 다른 판본에서는 '전筌'으로 되어 있다고 했다. 《전국책》에서는 '전도田荼'로 되어 있다.
徐廣云一作 筌 戰國策作田荼

신주　진서는 한韓의 객경客卿(다른 나라 사람을 재상으로 삼는 것)인데,《전국책》〈한책韓策〉에서는 전령田苓으로 되어 있다. 진陳과 전田은 서로 통한다.

환혜왕 원년, 연나라를 공격했다.[1]

9년, 진나라는 한나라 형陘 땅을 빼앗고 분수汾水 곁에 성을 쌓았다.[2]

10년, 진나라가 한나라 태항산太行山[3]을 공격하자, 한나라 상당 군수는 상당군을 바치고 조나라에 항복했다.[4]

14년, 진나라는 조나라 상당을 함락시키고[5] 마복군馬服君 아들 조괄의 군졸 40여만 명을 장평長平에서 죽였다.[6]

桓惠王元年 伐燕[1] 九年 秦拔我陘 城汾旁[2] 十年 秦擊我於太行[3] 我上黨郡守以上黨郡降趙[4] 十四年 秦拔趙上黨[5] 殺馬服子卒四十餘萬於長平[6]

① 伐燕벌연

신주 《전국책》에 따르면 이때 연나라를 친 것은 한, 위, 제나라이다. 초나라는 연나라를 도와 위나라를 쳤다. 두 나라는 제나라를 통해 들어가 제나라가 연나라를 치는 것을 도왔을 것이다. 자세한 것은 〈연소공세가〉에 나온다.

② 陘 城汾旁형 성분방

정의 陘은 '형刑'으로 발음한다. 진나라는 분수 곁의 형성을 함락시켰다. 형 고성은 강주 곡옥현 서북쪽 20리 분수 곁에 있다.

陘音刑 秦拔陘城於汾水之旁 陘故城在絳州曲沃縣西北二十里汾水之旁也

신주 〈진본기〉에 따르면 무안군 백기白起가 한나라 9개 성을 빼앗고 5만 명의 목을 베었다고 하였는데 이 전투를 가리킨다.

③ 太行태항

정의 태항산은 회주 하내현 북쪽 25리에 있다.

太行山在懷州河內縣北二十五里也

신주 〈진본기〉와 〈육국연표〉에서 한나라 남양南陽을 빼앗은 전투를 가리킨다. 남양은 태항산 남쪽이니 상당에서 한나라 중심부 하남 땅을 잇는 통로이다.

④ 我上黨郡守以上黨郡降趙아상당군수이상당군강조

신주 상당군수는 풍정馮亭인데 그가 조나라에 투항한 것은 조나라 효성왕 4년이니, 한나라 환혜왕 11년에 해당한다. 이는 한혜왕 11년에 있었던 사건으로 앞에 '十一年십일년'이 탈락했다. 진나라는 이때도 한나라 야왕野王 등 10개 성을 빼앗는다. 상당은 한나라 본토와 완전히 분리되니 풍정은 할 수 없이 조나라로 투항한 것이다.

⑤ 上黨상당

정의 한나라 상당이다. 태항산을 따라서 서북쪽의 택주와 노주 등이 이곳이다.

韓上黨也 從太行山西北澤潞等州是也

⑥ 殺馬服子卒四十餘萬於長平살마복자졸사십여만어장평

신주 마복군 조사趙奢의 아들 조괄趙括을 가리킨다. 진나라는 황하 이북의 한나라 상당 땅을 차지하기 위해 진력했다. 상당을 차지하면 다음 목표인 조趙나라를 공략하기 쉽기 때문이다. 하지만 한나라 상당군수가 땅을 조나라에 바치는 바람에 조나라를 공격하게 된다. 장평대전에 관한 내용은 〈조세가〉와 〈육국연표〉에 기록이 나온다.

또 장평대전은 환혜왕 14년이 아니라 13년(서기전 260)에 벌어진다. 〈진본기〉에 따르면 환혜왕 14년에 한나라는 진나라에게 원옹垣雍 땅을 바치는데, 하남군 권현卷縣으로 하남군 동북부이다. 이제 한나라는 조나라와 연결마저 끊어지고 극도로 약해진다.

17년, 진秦나라에서 한나라 양성陽城과 부서負黍를 함락시켰다.[1]

22년, 진나라 소왕이 죽었다.

24년, 진나라는 한나라 성고城皋와 형양滎陽을 함락시켰다.[2]

26년, 진나라는 한나라 상당을 모두 함락시켰다.[3]

29년, 진나라는 한나라 13개 성을 함락시켰다.[4]

十七年 秦拔我陽城負黍[1] 二十二年 秦昭王卒 二十四年 秦拔我城皋滎陽[2] 二十六年 秦悉拔我上黨[3] 二十九年 秦拔我十三城[4]

---

[1] 陽城負黍양성부서

집해 서광이 말했다. "부서는 양성陽城에 있다."

徐廣曰 負黍在陽城

정의 《고금지명》에서 부서는 낙주 양성 서쪽 37리에 있다고 한다.

古今地名云 負黍在洛州陽城西三十七里也

신주 신정新鄭 서쪽이다. 이해 진나라는 서주西周를 멸망시킨다.

[2] 秦拔我城皋滎陽진발아성고형양

신주 하남군 북부로 신정의 서북쪽 황하 이남에 있다. 이해 진나라는 동주東周마저 멸망시킨다. 한나라는 나라를 옮겨 영천군 일대에 자리 잡는다. 이전 해 초나라는 노나라를 멸한다.

③ 秦悉拔我上黨진실발아상당

신주 〈육국연표〉에도 이 기록이 있지만 실질적으로 조나라가 차지했던 상당 땅 일부로 보인다. 〈진본기〉 주석에서는 상당에서 일어난 반란을 제압한 것이라고 한다.

④ 秦拔我十三城진발아십삼성

신주 한나라는 하남 땅을 완전히 잃고 영천군 남부 일부만 차지하여 존재조차 희미해지게 된다.

34년, 환혜왕이 죽고 아들 왕 안安이 계승했다.

왕 안 5년,[①] 진秦나라가 한나라를 공격했다. 한나라는 위급해지자 한비韓非를 진나라에 사신으로 보냈다. 진나라는 한비를 억류시키고 이어서 죽였다.

9년, 진나라는 왕 안을 포로로 잡고 그 땅을 모두 편입하여 영천군潁川郡으로 삼았다. 한나라는 마침내 멸망했다.[②]

三十四年 桓惠王卒 子王安立 王安五年[①] 秦攻韓 韓急 使韓非使秦 秦留非 因殺之 九年 秦虜王安 盡入其地 爲潁州郡 韓遂亡[②]

---

① 五年오년

〈진시황본기〉와 〈육국연표〉에서 모두 시황 14년이라 한다. 한왕 안 6년에 해당한다.

② 韓遂亡한수망

정의 망한 것은 진시황제 17년(서기전 230)이다.

亡在秦始皇帝十七年

태사공은 말한다.

한궐이 진경공晉景公을 감화시켜 조씨의 고아 무武가 뒤를 잇게 해서 정영과 공손저구의 의義를 이룩했으니 이는 천하의 음덕陰德이었다. 한씨의 공은 진晉나라에서 참으로 큰 것을 보여주지는 못했다. 그러나 조나라, 위나라와 더불어 마침내 제후가 되어 10여 대를 계승한 것은 마땅하구나.

太史公曰 韓厥之感晉景公 紹趙孤之子武 以成程嬰公孫杵臼之義 此天下之陰德也 韓氏之功 於晉未睹其大者也 然與趙魏終爲諸侯十餘世宜乎哉

색은술찬 사마정이 펼쳐 밝히다.

한씨의 선조는 실로 주나라 무왕의 종실이었다. 사적이 미약하고 나라가 작아서 《춘추》에는 이야기가 없다. 그 후예는 진晉을 섬겼고 한원韓原에 곧 자리했다. 조씨 고아는 역경을 이겨내고 자리에 섰으며 지백은 나라를 취할 수 있었다. 이미 평양平陽으로 옮기고, 또 부서負黍를 침탈했다. 경후景侯는 조씨와 함께 제후가 되었고 혜후는 또 왕을 참칭했다. 진秦나라가 수어脩魚에서 무찌르니, 위魏나라는 구서區鼠에서 회합했다. 한비가 비록 사신으로 갔으나 이리와 호랑이를 막지 못했구나.

韓氏之先 實宗周武 事微國小 春秋無語 後裔事晉 韓原是處 趙孤克立 智伯可取 旣徙平陽 又侵負黍 景趙俱侯 惠(文)[又]僭主 秦敗脩魚 魏會區鼠 韓非雖使不禁狼虎

[지도 2] 한세가

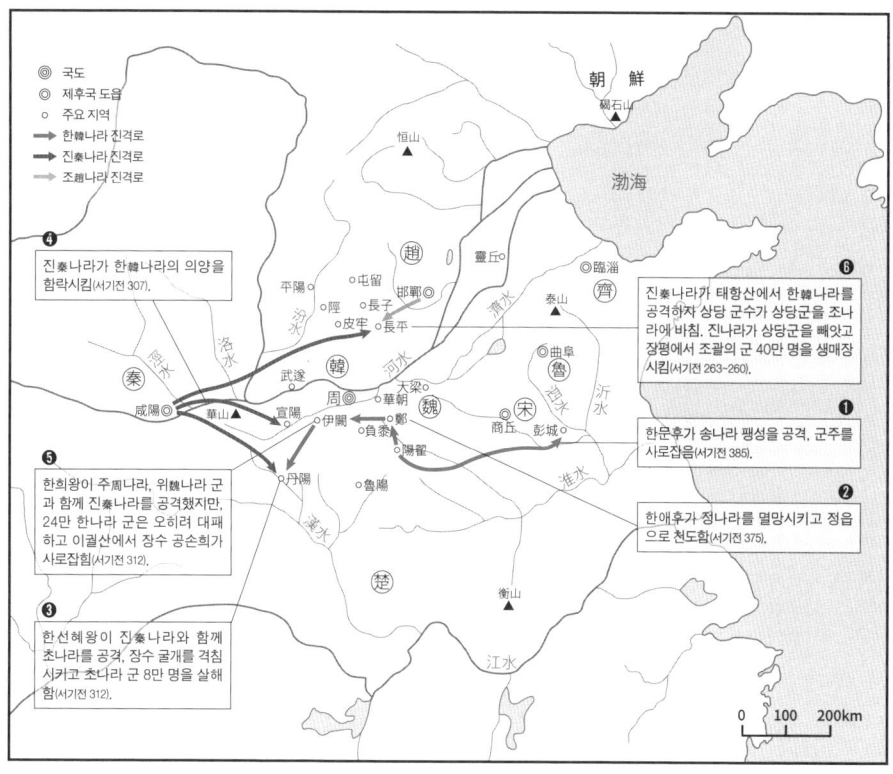

사기 제46권 史記卷四十六

전경중완세가 田敬仲完世家

사기 제46권 전경중완세가 제16

史記卷四十六 田敬仲完世家第十六

신주 전경중완은 진완陳完(서기전 706~?)을 뜻한다. 진陳나라 군주 여공
厲公 타他의 아들이다. 진여공陳厲公이 제순의 후예인 진호공陳胡公의 후
예이므로 규성嬀姓 진씨陳氏이다. 진陳과 전田은 옛날에는 음이 비슷해서
제齊나라에 들어간 후 전완田完으로 개칭했는데, 그래서 진완은 전제田齊
의 시조이자 전성田姓의 득성 시조이다. 진완의 아버지 여공은 진문공
陳文公의 막내아들인데, 문공이 세상을 떠난 후 여공의 형인 포鮑가 진환
공陳桓公이 되었다. 채나라 사람들이 타를 위해 환공과 태자 면免을 살
해하고 타를 여공으로 삼았다. 그런데 환공의 막내아들 임林은 여공이
그의 아버지와 형을 죽인 것을 원망하고, 이에 채나라 사람을 시켜 여공을
유인해 살해했다. 진완은 진陳나라 대부가 되었다. 서기전 693년 장공이
재위 7년 만에 죽고 아우 저구杵臼가 뒤를 이어 선공宣公이 되었다. 선공
은 총애하던 첩의 아들 관을 세우려고 태자 어구禦寇를 죽였다. 그래서 진
완은 제나라로 달아나 제나라와 인연을 맺게 된다. 진완은 제국齊國에서
대부가 되었고 사후 경중敬仲이란 시호를 받았다.

진완의 후손들은 제나라에서 점차 권세를 잡다가 진완의 9대 후손 전화
田和 때 드디어 제나라를 차지하게 되었다. 전화는 전장자田莊子의 아들

이자 전도자田悼子의 동생이다. 그는 서기전 391년 제군齊君으로 자립하고는 군주였던 제강공齊康公을 섬으로 내쫓아 한 성城을 주어 강성姜姓 조상들의 제사를 받들게 했다. 제강공 19년(서기전 386) 전화는 주안왕周安王으로부터 정식으로 제후의 책봉을 받아 제국을 차지했는데 이를 '전씨대제田氏代齊'라고 한다.

서기전 379년 제강공이 죽자 전씨田氏는 그에게 주었던 식읍마저 병합해서 강태공 여상呂尙의 제사가 비로소 끊겼다. 현재 산동성 조장시棗庄市 전가만촌田家灣村에 시조를 모시는 전완사田完祠가 있다. 동이족 강성을 제거하고 제나라를 차지한 전씨는 순舜의 후손이니 역시 동이족이다.

군주 세계

1. 전경중부터 전도자까지

전경중田敬仲(전완) → 전맹이田孟夷 → 전맹장田孟莊 → 전문자田文子 → 전
환자田桓子 → 전무자田武子 → 전희자田僖子 → 전성자田成子 → 전양자田
襄子 → 전장자田莊子 → 전도자田悼子

2. 군주 세계

군주 칭호	이름	재위 기간(모두 서기전)
제태공齊太公	전화田和	386～384
제폐공齊廢公	전섬田剡	383～375
제환공齊桓公	전오田午	374～357
제위왕齊威王	전인제田因齊(전영제田嬰齊)	356～320
제선왕齊宣王	전벽강田辟彊(전벽강田辟强)	319～301
제민왕齊湣王	전지田地	300～284
제양왕齊襄王	전법장田法章	283～265
제왕건齊王建	전건田建	264～221

강제에서 전제로

진완陳完은 진여공陳厲公 타他[1]의 아들이다. 완이 태어나고 주周
태사大史가 진陳나라를 지나가는데 진여공이 완에 대해 점치게
했다. 점괘가 관괘觀卦에서 비괘否卦로 가는 것을 얻고 말했다.

"이는 국가의 영광을 보이는 것으로, 왕에게 손님으로 쓰이는 이
로운 괘입니다. 이는 그가 진陳을 대신해 나라를 가질 것인가? 이
곳에서 가지지 못한다면 다른 나라를 가질 것인가? 그 자신에게
있지 않다면 그 자손에게 있을 것입니다. 만약 다른 나라에 있게
된다면 반드시 강성姜姓일 것입니다. 강성은 사악四嶽의 후손입니
다.[2] 사물이란 양쪽 다 성대할 수 없는 것이니 진陳이 쇠약해지
면 이 사람이 창대해질 것입니다.[3]"

陳完者 陳厲公他[1]之子也 完生 周太史過陳 陳厲公使卜完 卦得觀之否
是爲觀國之光 利用賓于王 此其代陳有國乎 不在此而在異國乎 非此
其身也 在其子孫 若在異國 必姜姓 姜姓 四嶽之後[2] 物莫能兩大 陳衰
此其昌乎[3]

① 陳厲公他진여공타

색은 他의 발음은 '다[徒何反]'이다. 〈전경중완세가〉에서는 타他를 여공이라 하는데 《좌전》에서는 여공의 이름을 약躍이라고 한다. 〈진세가〉에서도 이공利公 약躍이 있는데 이利가 곧 여厲이니 이는 여공의 이름은 약躍이란 것이다. 아마 타는 이 여공의 형인데 즉위했지만 해를 넘기지 못해서 시호가 없을 것이다. 지금 이곳에서 여공 타라고 일컬은 것은 잘못이다. 타는 일명 오보五父이다. 그러므로 《춘추경》에서 "채나라 사람이 진타陳他를 죽였다."고 했고, 《좌전》에서 또 "채나라 사람이 오보五父를 죽였다."고 한 것이 이것이다.

他音徒何反 此系家以他爲厲公 而左傳厲公名躍 陳系家又有利公躍 利卽厲也是厲公名躍 蓋他是厲公之兄 立未踰年 無謚 今此云厲公他 非也 他一名五父故經云蔡人殺陳他 傳又云蔡人殺五父是也

신주 여공을 중심으로 한 관계가 매우 혼란스럽다. 진陳나라에 대해 기록한 〈진기세가〉에서 이미 살펴본 대로 《춘추》 노환공 12년에 진陳 군주 약이 세상을 떠났다고 하니 여공의 이름은 '약'이 확실해 보인다. 그리고 앞선 환공의 재위기간 38년으로 볼 때 여공은 환공의 아우가 아니라 아들일 가능성이 더 높다.

② 姜姓 四嶽之後강성 사악지후

정의 두예가 말했다. "강성姜姓의 선조이며, 요임금 때 사악이 되었다."

杜預云 姜姓之先 爲堯四嶽也

신주 사악은 요임금 때 사방의 제후들을 통솔하던 장관이다. 강성은 그 뿌리가 동이족 신농씨神農氏인데, 고대 8대성의 하나이다. 신농씨는 강수姜水에서 태어났으므로 강姜을 성으로 삼았다. 〈제태공세가〉에서 살펴본 것처럼 서주 초에 강자아姜子牙(여상呂尙)가 제齊에 봉해져 제후가 되면서 강제姜齊라고 불렸는데 전국시대 중기에 전씨田氏에게 나라를 빼앗긴다. 강성이나 전씨나 모두 동이족이다.

③ 陳衰 此其昌乎 진쇠 차기창호

정의 진민공은 주경왕周敬王 41년에 초혜왕에게 멸망당했다. 제간공齊簡公은 주경왕 39년에 전상田常에게 죽임을 당했다.

陳湣公 周敬王四十一年爲楚惠王滅 齊簡公 周敬王三十九年被田常所殺

여공厲公은 진陳나라 문공文公의 막내아들이다. 그의 어머니는 채蔡나라의 딸이다. 문공이 죽자 여공의 형 포鮑가 즉위했는데, 바로 환공桓公이다.

환공은 여공 타他와 어머니가 달랐다. 환공이 병이 들자 채나라 사람들이 타를 위해 환공 포와 태자 면免을 살해하고[1] 타를 세워 여공으로 삼았다. 여공은 즉위하고 나서 채나라 딸에게 장가를 들었다.

채나라 딸이 채나라 사람과 음란한 짓을 하러 자주 채나라로 돌아가자 여공도 자주 채나라에 갔다. 환공의 막내아들 임林은 여공이 그의 아버지와 형을 죽인 것을 원망하고 이에 채나라 사람을 시켜 여공을 유인해 살해하게 했다. 임이 스스로 즉위했는데, 바로 장공莊公이다.[2] 그래서 진완陳完은 제후가 되지 못하고 진陳나라 대부가 되었다.

여공이 살해되었지만 음란한 짓을 하러 나라를 나갔기 때문에 《춘추》에서는 "채나라 사람이 진타陳他를 살해했다."라고 기록해 그의 죄로 여겼다.

厲公者 陳文公少子也 其母蔡女 文公卒 厲公兄鮑立 是爲桓公 桓公與他異母 及桓公病 蔡人爲他殺桓公鮑及太子免[①]而立他 爲厲公 厲公旣立 娶蔡女 蔡女淫於蔡人 數歸 厲公亦數如蔡 桓公之少子林怨厲公殺其父與兄 乃令蔡人誘厲公而殺之 林自立 是爲莊公[②] 故陳完不得立 爲陳大夫 厲公之殺 以淫出國 故春秋曰蔡人殺陳他 罪之也

① 蔡人爲他殺桓公鮑及太子免채인위타살환공포급태자면

신주 진나라 환공이 살해당했다는 기록은 〈진기세가〉를 비롯하여 어디에도 없다. 환공은 나중에 병이 도져 죽는다. 사마천이 다른 기록을 보고 기록했을 것이다.

② 林自立 是爲莊公임자립 시위장공

신주 〈진기세가〉에서는 먼저 임林의 형 약躍이 군주로 서고, 약이 죽자 임이 섰다고 한다. 같은 사마천의 기록인데도 다른 이유는 사마천이 다른 기록에 의거해 서술했기 때문일 것이다. 두 기록을 종합하면 환공의 아우 타가 환공의 태자 면을 살해하고 즉위했다가 채나라 사람들에게 죽임을 당했을 것이다. 그리고 환공의 아들 약이 군주로 세워져서 여공이 되고, 12년에 여공이 채나라에서 또 죽임을 당하자 장공이 군주로 선 것으로 보인다.

장공이 죽고 아우 저구杵臼를 군주로 세웠는데, 바로 선공宣公이다. 선공 21년, 태자 어구禦寇를 죽였다. 어구와 완은 서로 아꼈는데, 화가 자신에게 미칠까 두려워서 완은 제나라로 달아났다. 제환공齊桓公이 (완을) 경卿으로 삼으려고 했지만 사양하며 말했다.

"나그네 같은 신하[1]로서 다행히 등짐을 면할 수 있었던 것도 군주의 은혜인데, 감히 높은 지위를 맡을 수 없습니다."

환공은 (완을) 공정工正[2]으로 삼게 했다. 제나라 의중懿仲이 완에게 (딸을) 아내로 주고자 해서 점을 치게 했는데, 점괘에서 말했다. "이는 봉황 한 쌍이 날아올라 화목하게 울어대는 괘라고 일렀다. 유규씨有嬀氏(순임금)의 후예는 장차 강씨에게 길러질 것이다. 5세에 번창해 정경正卿에 나란히 할 것이다. 8세 후에는 그보다 높은 자리를 함께할 사람이 없을 것이다."

마침내 완에게 아내로 주었다. 완이 제나라로 달아난 것은 제환공이 즉위한 지 14년 때였다.

莊公卒 立弟杵臼 是爲宣公 宣公[二]十一年 殺其太子禦寇 禦寇與完相愛 恐禍及己 完故奔齊 齊桓公欲使爲卿 辭曰 覊旅之臣[1]幸得免負檐君之惠也 不敢當高位 桓公使爲工正[2] 齊懿仲欲妻完 卜之 占曰 是謂鳳皇于蜚 和鳴鏘鏘 有嬀之後 將育于姜 五世其昌 竝于正卿 八世之後 莫之與京 卒妻完 完之奔齊 齊桓公立十四年矣

① 覊旅之臣기려지신

신주 기려지신은 이 나라 저 나라를 떠도는 나그네 같은 신세의 신하를 뜻한다. 《좌전》 장공莊公 22년 조에서 "나그네 같은 신하가 요행히 여기

있도록 용서를 받았습니다.[羈旅之臣 幸若獲宥]"라는 기사가 나온다.

② 工正공정

[정의] 기술자들의 우두머리로 (한나라) 장작대장將作大匠과 같다.

工巧之長 若將作大匠

[신주] 장작대장은 관직명이다. 진秦나라는 장작소부將作少府를 설치했는데 서한西漢의 경제景帝 때 장작대장으로 개칭했다. 종묘, 능침, 궁실과 기타 토목공정을 관장하는데, 동한東漢(후한), 위魏, 진晉 때도 존속하다가 명나라 때 공부工部로 편입되었다.

완完이 죽자 시호를 경중敬仲이라 했다. 경중은 치맹이稚孟夷[1]를 낳았다. 경중이 제나라로 가서 '진陳' 자를 근거로 해서 전씨田氏라고 지었다.[2]

전치맹이는 민맹장湣孟莊[3]을 낳았고, 전민맹장은 문자文子 수무須無를 낳았다. 전문자는 제나라 장공을 섬겼다.

完卒 諡爲敬仲 仲生稚孟夷[1] 敬仲之如齊 以陳字爲田氏[2] 田稚孟夷生湣孟莊[3] 田湣孟莊生文子須無 田文子事齊莊公

① 稚孟夷치맹이

[색은] 《세본》에서는 '이맹사夷孟思'로 되어 있다. 아마 치稚는 이름이고, 맹이孟夷는 자일 것이다.

系本作夷孟思 蓋稚是名 孟夷字也

② 以陳字爲田氏이진자위전씨

集해 서광이 말했다. "응소는 처음으로 전田 땅을 채읍으로 삼았고, 이로 말미암아 전씨田氏로 성을 고쳤다고 했다."

徐廣曰 應劭云始食菜地於田 由是改姓田氏

색은 여기에서 말한 것에 근거한다면 경중이 제나라로 달아났는데 진陳과 전田 두 자는 소리가 서로 비슷하므로 마침내 전씨로 삼았다고 이른 것이다. 응소는 "처음 전 땅을 채읍으로 삼았다."라고 일렀으니 곧 전이 지명이라는 것인데 어디인지는 자세하지 않다.

據如此云 敬仲奔齊 以陳田二字聲相近 遂以爲田氏 應劭云始食菜於田 則田是地名 未詳其處

정의 살펴보니 경중이 제나라로 달아나고 나서 본국本國의 옛 호칭을 일컫고자 하지 않았다. 그래서 '진陳' 자를 고쳐서 전씨로 했다.

案 敬仲旣奔齊 不欲稱本國故號, 故改陳字爲田氏.

③ 湣孟莊민맹장

集해 서광이 말했다. "다른 판본에 장莊은 '지芷' 자로 되어 있다."

徐廣曰 一作芷

색은 《세본》에서는 '민맹극閩孟克'으로 되어 있다. 芷의 발음은 '채[昌改反]'이다.

系本作閩孟克 芷 昌改反

진晉나라 대부 난영欒逞[1]이 진나라에서 난을 일으키고 제나라로 도망쳐 왔는데, 제나라 장공莊公이 후하게 객客으로 예우했다. 안영晏嬰과 전문자田文子가 간언했으나 장공은 듣지 않았다.

전문자가 죽고 환자桓子 무우無宇가 태어났다. 전환자 무우는 힘이 있었으며 제나라 장공을 섬겨 매우 총애가 있었다.

무우가 죽고 무자武子 개開와 희자釐子[2] 기乞가 태어났다. 전희자 기는 제나라 경공景公을 섬겨서 대부가 되었다. 그는 백성에게 세금을 거둘 때는 작은 말로 받아들이고 백성에게 줄 때는 큰 말을 주어서 백성에게 음덕을 행했는데, 경공이 이를 금지하지 않았다. 이로 말미암아 전씨들이 제나라 백성의 마음을 얻고 종족들은 더욱 강성해졌으며 백성도 전씨들을 사모했다. 안자晏子가 자주 경공에게 간언했으나 경공은 듣지 않았다. 안영이 진晉나라에 사신으로 가서 숙향叔向과 더불어 사담私談을 했다.

"제나라의 정사는 끝내 전씨에게 돌아갈 것입니다."

晉之大夫欒逞[1]作亂於晉 來奔齊 齊莊公厚客之 晏嬰與田文子諫 莊公弗聽 文子卒 生桓子無宇 田桓子無宇有力 事齊莊公 甚有寵 無宇卒 生武子開與釐子乞[2] 田釐子乞事齊景公爲大夫 其收賦稅於民以小斗受之 其(粟)[稟]予民以大斗 行陰德於民 而景公弗禁 由此田氏得齊衆心 宗族益彊 民思田氏 晏子數諫景公 景公弗聽 已而使於晉 與叔向私語曰 齊國之政卒歸於田氏矣

① 欒逞난영

색은 逞의 발음은 '영盈'이다. 《사기》에서는 대부분 '영逞' 자로 되어 있다.

音盈 史記多作逞字

한漢나라 2대 황제 혜제惠帝의 이름 '유영劉盈'을 기휘忌諱해서 '영逞' 자로 고친 것이다.

② 犧子乞희자기

정의 犧는 '희僖'로 발음한다.

犧音僖

안영이 죽은 뒤에 범씨와 중항씨가 진晉나라에서 반란을 일으켰다. 진晉나라의 공격이 급박해지자 범씨와 중항씨는 제나라에 곡식을 요청했다.

전기田乞는 변란을 일으키고 제후들과 파당派黨을 세우려고 이에 경공을 설득해서 말했다.

"범씨와 중항씨는 제나라에 여러 차례 덕이 있었습니다. 제나라에서 구원하지 않으면 안 될 것입니다."

제나라에서 전기를 시켜 구원하게 하고 곡식을 실어 보냈다.

晏嬰卒後 范中行氏反晉 晉攻之急 范中行請粟於齊 田乞欲爲亂 樹黨於諸侯 乃說景公曰 范中行數有德於齊 齊不可不救 齊使田乞救之而輸之粟

경공의 태자가 죽고 그의 뒤에 총애하는 여인이 있었는데 예자芮子[①]라고 하였으며, 아들 도茶[②]를 낳았다. 경공은 병이 들자 재상 국혜자國惠子[③]와 고소자高昭子[④]에게 명해 아들 도茶를 태자로 삼게 했다.

경공이 죽자 고소자와 국혜자 두 사람이 도와서 도를 군주로 세웠는데, 바로 안유자晏孺子이다.

전기는 달가워하지 않고 경공의 다른 아들 양생陽生을 군주로 세우고자 했다.

景公太子死 後有寵姬曰芮子[①] 生子茶[②] 景公病 命其相國惠子[③]與高昭子[④]以子茶爲太子 景公卒 兩相高國立茶 是爲晏孺子 而田乞不說 欲立景公他子陽生

① 芮子예자

［집해］ 서광이 말했다. "다른 판본에는 '죽粥' 자로 되어 있다."

徐廣曰 一作 粥子

② 茶도

［색은］ 茶는 '서舒'로 발음하고 또 가장 통상적인 발음으로 읽는다.

音舒 又如字

［신주］ 茶는 옥 이름일 때 '서'로 발음한다. 제후가 지니는 홀이다. 여기서는 가장 통상적인 발음대로 '도'라고 읽는다.

③ 國惠子국혜자

색은 이름은 하夏이다.

名夏

④ 高昭子고소자

색은 이름은 장張이다.

名張

신주 국혜자와 고소자는 제나라 대부이다.

양생은 본래 전기와 즐거움을 함께했다. 안유자가 즉위하자 양생은 노나라로 달아났다. 전기는 거짓으로 고소자와 국혜자를 섬기는 척하면서 매양 조회 때는 참승參乘(수레에 같이 배석하는 사람)을 대신해서 말했다.

"처음에는 여러 대부들이 유자孺子를 군주로 세우고자 하지 않았습니다. 유자가 즉위하고 나서 군君들께서 보좌했는데, 대부들이 모두 스스로 위태롭게 여겨 난을 일으키려고 모의합니다."

또 대부들을 속여서 말했다.

"고소자가 두렵습니다. 그가 발동하기 전에 선수쳐야 합니다."

여러 대부들이 따랐다. 전기와 포목鮑牧 그리고 대부들은 함께 군사를 이끌고 공실公室에 들어가 고소자를 공격했다. 고소자가 듣고 국혜자와 함께 공公(안유자)을 구원했다. 안유자의 군사가 무너졌다. 전기의 무리가 국혜자를 추격하자 국혜자는 거莒나라로 달아났으며, 전기는 마침내 돌아와 고소자를 살해했다.①

안어晏圉는 노나라로 달아났다.[2]

전기가 사람을 노나라로 보내 양생을 맞이하게 했다. 양생이 제나라에 이르러 전기의 집에 숨었다. 이에 대부들을 집으로 청해서 말했다.

"상常(전기의 아들)의 어미가 변변치 못한 제물을 남겨두었으니[3] 오셔서 모여 술을 마셔 주시면 다행일 것입니다."

전씨 집에서 술을 마셨다. 전기는 양생을 자루 속에 담았다가[4] 좌중의 가운데 놓고 자루를 풀어서 양생을 나오게 하고 말했다.

"이분이 제나라 군주입니다."

대부들이 모두 엎드려 배알하자 장차 군주로 세우기로 맹약하도록 했다. 전기가 거짓으로 말했다.

"내가 포목과 함께 양생을 세우기로 모의했습니다."

포목이 노해서 말했다.

"대부는 경공의 명을 잊었는가?"

陽生素與乞歡 晏孺子之立也 陽生奔魯 田乞僞事高昭子國惠子者 每朝代參乘 言曰 始諸大夫不欲立孺子 孺子既立 君相之 大夫皆自危 謀作亂 又給大夫曰 高昭子可畏也 及未發先之 諸大夫從之 田乞鮑牧與大夫以兵入公室 攻高昭子 昭子聞之 與國惠子救公 公師敗 田乞之衆追國惠子 惠子奔莒 遂返殺高昭子[1] 晏(孺子)[圉]奔魯[2] 田乞使人之魯迎陽生 陽生至齊 匿田乞家 請諸大夫曰 常之母有魚菽之祭[3] 幸而來會飮 會飮田氏 田乞盛陽生橐中[4] 置坐中央 發橐 出陽生 曰 此乃齊君矣 大夫皆伏謁 將盟立之 田乞誣曰 吾與鮑牧謀共立陽生也 鮑牧怒曰 大夫忘景公之命乎

① 殺高昭子살고소자

신주 《좌전》에서는 고소자가 노나라로 달아났다고 한다.

② 晏(孺子)[圉]奔魯안(유자)[어]분노

신주 안어는 안영의 아들이다.

③ 魚菽之祭어숙지제

신주 어숙지제는 늘 사용하던 물고기와 콩을 차려놓고 올리는 제사로서 제수祭羞(제사 음식)가 변변치 못함을 뜻한다.

④ 橐中탁중

색은 橐의 발음은 '탁託'이다. 탁중橐中은 가죽으로 만든 자루 속을 말한다.

橐音託 橐中謂皮橐之中

대부들이 후회하려 하자 양생이 머리를 조아리면서 말했다.

"옳다고 하면 즉위할 것이고 그렇지 않다고 하면 그만둘 것입니다."

포목은 재앙이 자기에게 미칠 것을 두려워하고 이에 다시 말했다.

"모두 경공의 아들입니다! 어찌 안 되겠습니까?"

마침내 전기의 집에서 양생을 군주로 세웠는데, 바로 도공悼公이다.

이에 사람을 시켜 안유자를 태駘[1]로 옮겼다가 유자 도를 살해했다. 도공이 즉위하자 전기는 재상이 되어 제나라의 정사를 전담했다.

諸大夫欲悔 陽生乃頓首曰 可則立之 不可則已 鮑牧恐禍及己 乃復曰 皆景公之子 何爲不可 遂立陽生於田乞之家 是爲悼公 乃使人遷晏孺子於駘[1] 而殺孺子荼 悼公旣立 田乞爲相 專齊政

[1] 駘태

정의 駘의 발음은 '대臺'이고 또 '태台'이다. 가규가 말했다. "제나라 땅이다."

音臺 又音台 賈逵云 齊地也

4년, 전기가 죽고 아들 상常[恒]이 자리를 대신했는데, 바로 전성자田成子이다.

포목은 제나라 도공과 틈이 생기자 도공을 시해했다. 제나라 사람들과 함께 그의 아들 임壬을 군주로 세웠는데, 바로 간공이다. 전상성자는 감지監止[1]와 함께 좌상과 우상이 되어 간공을 도왔다. 전상은 마음으로는 감지를 해치고자 했으나 감지가 간공에게 총애를 받으므로 권력으로 제거할 수 없었다. 이에 전상은 다시 희자釐子(전기)의 정사를 시행해서 대두大斗로 내어주고 소두小斗로 거둬들였다. 제나라 사람들이 노래로 말했다.

"할머니가 뜯은 나물이 전성자에게 돌아가네![2]"

제나라의 대부들이 조회하는데 어앙御鞅[3]이 간공에게 간언해 말했다.

"전상과 감지는 함께 해서는 안 될 것이니 군주께서는 선택하십시오."

간공은 듣지 않았다.

四年 田乞卒 子常代立 是爲田成子 鮑牧與齊悼公有郤 弑悼公 齊人共立其子壬 是爲簡公 田常成子與監止[1]俱爲左右相 相簡公 田常心害監止 監止幸於簡公 權弗能去 於是田常復脩釐子之政 以大斗出貸 以小斗收 齊人歌之曰 嫗乎采芑 歸乎田成子[2]齊大夫朝 御鞅[3]諫簡公曰 田監不可竝也 君其擇焉 君弗聽

① 田常成子與監止전상성자여감지

집해 감監은 다른 판본에는 '감闞'으로 되어 있다.

監 一作闞

색은 앞 글자 監은 가장 통상적인 발음으로 읽고, 또한 발음은 '감[苦濫反]'이다. 감監은 성이고 지止는 이름이다.

上音如字 又音苦濫反 監 姓也 名止

② 嫗乎采芑 歸乎田成子구호채규 귀호전성자

색은 늙은이가 나물 뜯은 것이 모두 전성자에게 돌아간다는 것이니, 제나라의 정사가 장차 진씨陳氏에게 돌아갈 것을 풍자한 말이다.

言嫗之采芑菜皆歸入於田成子 以刺齊國之政將歸陳

③ 御鞅어앙

색은 어御는 관직이다. 앙鞅은 이름이다. 또한 전씨의 족속이다.

御 官也 鞅 名也 亦田氏之族

자아子我는 감지監止의 종인宗人인데[1] 항상 전씨田氏들과 사이가 좋지 않았다. 전씨의 먼 친척 전표田豹는 자아子我를 섬겨서 총애가 있었다. 자아가 말했다.

"나는 전씨 적자適子들을 모두 없애고 전표에게 전씨의 종가를 잇게 하고자 한다."

전표는 "신은 전씨들과는 소원합니다."라면서 듣지 않았다. 그러고 나서 전표는 전씨들에게 일러 말했다.

"자아가 장차 전씨들을 죽이려 하는데 전씨가 선수 치지 않는다면 재앙이 닥칠 것입니다."

子我者 監止之宗人也[1] 常與田氏有卻 田氏疏族田豹事子我有寵 子我曰 吾欲盡滅田氏適 以豹代田氏宗 豹曰 臣於田氏疏矣 不聽 已而豹謂田氏曰 子我將誅田氏 田氏弗先 禍及矣

---

① 監止之宗人也감지지종인야

색은 살펴보니 〈제태공세가〉에서는 '자아석子我夕'이라고 했는데, 가규는 "자아는 곧 감지이다."라고 했다. 그 문장의 뜻을 살핀다면 감지가 마땅하다. 여기서 '종인宗人'이라고 이른 것은 아마 사마천이 잘못한 것 같다.

案 齊系家云子我夕 賈逵云即監止也 尋其文意 當是監止 今云宗人 蓋太史誤也

자아는 감지의 종인이 아니라 감지 자신인데, 저녁 일을 살피러 들어갔다가 자행子行 전역田逆이 살인하는 것을 발견하고 체포했다. 자세한 것은 〈제태공세가〉에 나온다.

자아가 공궁公宮에 머무르자, 전상의 형제 4명은 수레를 타고 공궁으로 가서 자아를 죽이고자 했다. 자아는 문을 닫았다. 간공은 부인들과 함께 단대檀臺[①]에서 술을 마시다가 전상을 공격하고자 했다. 태사 자여子餘가 말했다.

"전상이 감히 난을 일으키는 것이 아니라 장차 해로운 것을 제거하려는 것입니다."

간공은 이에 중지했다. 전상은 나갔다가 간공이 노했다는 소식을 듣고 죽임을 당할까 두려워 도망치려고 했다. 전자행田子行이 말했다.

"머뭇거리는 것은 일을 망치는 것이오.[②]"

전상은 이에 자아를 공격했다. 자아는 그의 무리를 거느리고 전씨를 공격했으나 이기지 못하고 도망쳤다. 전씨의 무리가 추격해 자아와 감지를 살해했다.[③]

子我舍公宮 田常兄弟四人乘如公宮 欲殺子我 子我閉門 簡公與婦人飲檀臺[①] 將欲擊田常 太史子餘曰 田常非敢爲亂 將除害 簡公乃止 田

> 常出 聞簡公怒 恐誅 將出亡 田子行曰 需 事之賊也[2] 田常於是撃子我
>
> 子我率其徒攻田氏 不勝 出亡 田氏之徒追殺子我及監止[3]

① 檀臺단대

정의 단대는 청주 임치현 동북쪽 1리에 있다.

在靑州臨淄縣東北一里

② 需 事之賊也수 사지적야

색은 需는 '수須'로 발음한다. 수需는 머뭇거림이다. 머뭇거리면 반드시
어려움이 닥칠 것이므로 일을 해치는 것이라고 일렀다.

需音須 需者 疑也 疑必致難 故云事之賊也

③ 殺子我及監止살자아급감지

신주 자아는 곧 감지이므로, 여기서도 잘못되었다.

> 간공이 탈출해 달아나자 전씨의 무리가 추격해 서주徐州[①]에서
> 간공을 체포했다. 간공이 말했다.
>
> "일찍이 어앙御鞅의 말을 따랐더라면 이런 난리를 겪지 않았을 것
> 이다."
>
> 전씨의 무리는 간공이 복위하면 자신들을 죽일 것이 두려워 마
> 침내 간공을 살해했다. 간공은 즉위한 지 4년 만에 살해되었다.

이에 전상은 간공의 아우 오鶩를 군주로 세웠는데, 바로 평공平公
이다.

평공이 즉위하자, 전상은 재상이 되었다. 전상은 이미 간공을 살
해했으니 제후들이 함께 자신을 죽일까 두려워 노나라와 위衛나
라의 침략한 땅을 모두 돌려주고, 서쪽의 진晉나라, 한나라, 위魏
나라, 조나라와 맹약했다. 남쪽의 오나라, 월나라와 사신을 통하
고 공을 기록하고 상을 주었다. 백성들과 친하게 지내니 옛날 제
나라처럼 다시 안정되었다.

簡公出奔 田氏之徒追執簡公于徐州[1] 簡公曰 蚤從御鞅之言 不及此難
田氏之徒恐簡公復立而誅己 遂殺簡公 簡公立四年而殺 於是田常立簡
公弟鶩 是爲平公 平公卽位 田常爲相 田常旣殺簡公 懼諸侯共誅己 乃
盡歸魯衛侵地 西約晉韓魏趙氏 南通吳越之使 脩功行賞 親於百姓 以
故齊復定

① 徐州서주

색은 徐는 '서舒'로 발음한다. 서주는 제나라 읍으로 설현이다. 9주의
서주가 아니다.

徐音舒 徐州 齊邑 薛縣是也 非九州之徐

정의 제나라 서북쪽 영역의 지명인데 발해군 동평현에 있다

齊之西北界上地名 在勃海郡東平縣也

신주 간공은 당시 제나라를 상대할 수 있는 강국인 진晉나라의 도움
을 청하려고 간 것으로 보인다.

전상이 제나라 평공에게 말했다.

"덕을 베푸는 것은 사람들이 바라는 것이니 군주께서 행하시고, 형벌은 사람들이 싫어하는 것이니 신이 행할 것을 청합니다.[①]"

시행한 지 5년, 제나라 정치는 모두 전씨에게 돌아갔다. 전상은 이에 포씨, 안씨, 감지 그리고 공족의 강성한 자들을 모두 처단하고 제나라를 갈라 안평安平[②]부터 동쪽의 낭야琅邪[③]에 이르기까지 자신의 봉읍으로 만들었다. 봉읍이 평공의 식읍보다 컸다.

田常言於齊平公曰 德施人之所欲 君其行之 刑罰人之所惡 臣請行之[①]

行之五年 齊國之政皆歸田常 田常於是盡誅鮑晏監止及公族之彊者 而

割齊自安平以東[②]至琅邪 自爲封邑[③] 封邑大於平公之所食

① 刑罰人之所惡 臣請行之형벌인지소악 신청행지

신주 치안治安, 감찰監察 그리고 형벌刑罰을 담당하겠다는 것이다. 사법권을 가진 자가 군주를 제치고 정권을 잡는 경우가 적지 않았다.

② 自安平以東자안평이동

집해 서광이 말했다. "안평은 북해군에 있다."

徐廣曰 安平在北海

색은 살펴보니 사마표의 《군국지》에서 "북해군 동안평은 6국시대의 안평이라고 한다."고 했는데, 곧 서광이 북해군에 있다고 이른 것이 이것이다.

案 司馬彪郡國志北海東安平 六國時曰安平 則徐廣云在北海是

정의 《괄지지》에서 말한다. "안평성은 청주 임치현 동쪽 19리에 있는데 옛날 기국紀國의 휴읍酅邑이다." 청주는 곧 북해군이다.

括地志云 安平城在青州臨淄縣東十九里 古紀國之酅邑 青州即北海郡也

③ 至琅邪 自爲封邑지낭야 자위봉읍

정의 낭야군은 기주이다. 안평 동쪽부터 내, 등, 기, 밀 등의 주州를 모두 전상 자신의 봉읍으로 만든 것이다.

琅邪 沂州也 從安平已東 萊登沂密等州皆自爲田常封邑也

전상은 제나라 안에서 7척 이상 되는 여성을 뽑아서 후궁으로 삼았는데 후궁이 100여 명이었다. 빈객이나 사인舍人들의 후궁 출입을 금하지 않았는데 전상이 죽을 때 70여 명의 아들이 있었다.[1] 전상이 죽고 아들 양자襄子 반盤[2]이 대신 계승하고 제나라의 재상이 되었다. 전상의 시호를 성자成子라고 했다.

田常乃選齊國中女子長七尺以上爲後宮 後宮以百數 而使賓客舍人出入後宮者不禁 及田常卒 有七十餘男[1] 田常卒 子襄子盤[2]代立 相齊 常謚爲成子

---

① 有七十餘男유칠십여남

색은 살펴보니 포욱鮑昱이 이르기를 "진성자는 수십여 명의 여인을 두었고 100여 명의 아들을 낳았다."라고 하는데, 이것과 또한 다르다. 그러나 초윤남(초주)의 《춘추》를 상고해 보면, "진항陳恒의 사람됨이 비록 뜻이 크고 군주를 살해했다는 이름을 가졌으나 일을 할 때는 또한 스스로 닦고 가지런했다. 그래서 스스로 보전할 수 있었고 진실로 구차하게 금수禽獸의 행동을 하지는 않았다. 무릇 일을 성취하는 것은 덕에 달렸는데 비록 간사한 여자가 70명이라면 마침내 길이 어지러워졌을 것이니 일이 어찌 그러했는가?"라고 했다. 그것이 사실이 아니라는 말이다.

案 鮑昱云陳成子有數十婦 生男百餘人 與此亦異 然譙允南案春秋 陳恆爲人 雖志大負殺君之名 至於行事亦脩整 故能自保 固非苟爲禽獸之行 夫成事在德 雖有姦子七十 祇以長亂 事豈然哉 言其非實也

② 襄子盤양자반

<u>집해</u> 서광이 말했다. "반盤은 다른 판본에는 '기墅'로 되어 있다."

徐廣曰 盤 一作 墅

<u>색은</u> 서광은 "다른 판본에서는 '기墅'로 되어 있다."고 하였다. (墅의) 발음은 '히[許旣反]'이다. 《세본》에서는 '반班'으로 되어 있다.

徐廣云一作墅 音許旣反 系本作班

> 전양자가 제나라 선공宣公의 재상이 되고 나서, 삼진三晉에서는 지백知伯을 죽이고① 그의 땅을 나누었다. 전양자는 그의 형제나 종인들을 모두 제나라 수도[都]와 읍의 대부로 삼았고, 삼진三晉과 사신을 통하며 제나라를 소유하는 것으로 했다.
> 전양자가 죽고 아들 장자莊子 백白②이 계승했다. 전장자는 제나라 선공의 재상이 되었다.

선공 43년, 진晉나라를 정벌해 황성黃城을 무너뜨리고 양호陽狐를 포위했다.[3]

다음 해 노나라 갈葛과 안릉安陵[4]을 공격했다.

다음 해 노나라 1개 성을 빼앗았다.[5]

田襄子旣相齊宣公 三晉殺知伯[1] 分其地 襄子使其兄弟宗人盡爲齊都邑大夫 與三晉通使 且以有齊國 襄子卒 子莊子白[2]立 田莊子相齊宣公 宣公四十三年 伐晉 毀黃城 圍陽狐[3] 明年 伐魯葛及安陵[4] 明年 取魯之一城[5]

① 三晉殺知伯삼진살지백

집해 서광이 말했다. "선공 3년 때이다."

徐廣曰 宣公之三年時也

② 莊子白장자백

색은 《세본》에서는 이름을 백伯이라고 했다.

系本名伯

③ 毀黃城 圍陽狐훼황성 위양호

정의 《괄지지》에서 말한다. "옛 황성은 위주 관지현 남쪽 10리에 있다. 양호의 성곽은 위주 원성현 동북 32리에 있다."

括地志云 故黃城在魏州冠氏縣南十里 陽狐郭在魏州元城縣東北三十二里也

④ 伐魯葛及安陵벌노갈급안릉

정의 《괄지지》에서 말한다. "옛 노성魯城은 허창현 남쪽 40리에 있는데 본래 노나라 조숙읍朝宿邑이다. 장갈長葛 고성은 허주 장갈현 북쪽 13리에 있는데 정鄭나라 갈읍葛邑이다. 언릉鄢陵 고성은 허주 언릉현 서북쪽 15리에 있다. 이기는 '6국 시대에는 안릉安陵이라고 했다.'라고 한다."

括地志云 故魯城在許昌縣南四十里 本魯朝宿邑 長葛故城在許州長葛縣北十三里 鄭之葛邑也 鄢陵故城在許州鄢陵縣西北十五里 李奇云六國時爲安陵也

신주 모두 한漢나라 때 영천군潁川郡 일대로 옛 정鄭나라 남부이다. 이 지명에 '노魯' 자나 '허許' 자가 들어가는 것은 원래 노나라 허전許田이 있었기 때문이다. 따라서 제나라가 공격한 노나라 땅은 이곳들과 다른 곳이다. 아마도 노나라에서 그 지명을 본국으로 가져가지 않았나 싶다. 〈육국연표〉에서는 갈葛 대신에 거莒라고 했다.

⑤ 取魯之一城취노지일성

신주 〈육국연표〉에서는 도都를 빼앗았다고 한다.

전장자가 죽고 아들 태공太公 화和가 계승했다.[①] 전태공은 제나라 선공의 재상이 되었다.

선공 48년, 노나라 성郕 땅[②]을 빼앗았다.

다음 해 선공은 정나라 사람과 서성西城에서 회합했다. 위衛나라를 공격해 관구冊丘[③]를 빼앗았다.

선공이 51년에 죽자 전회田會는 늠구廩丘로부터 반역했다.[④]

莊子卒 子太公和立[1] 田太公相齊宣公 宣公四十八年 取魯之郕[2] 明年 宣公與鄭人會西城 伐衛 取毌丘[3] 宣公五十一年卒 田會自廩丘反[4]

① 太公和立태공화립

색은 살펴보니 《죽서기년》에서 "제선공 15년 전장자가 죽었다. 다음 해 전도자田悼子가 계승했다. 도자가 죽고 다음으로 전화田和를 세웠다." 고 한다. 이는 장자 다음에 도자가 있었다는 것이다. 아마 지위에 오른 햇수가 얼마 안 되어 《세본》이나 사史를 기술하는 자가 기록을 얻지 못한 까닭이리라. 장주莊周와 《귀곡자》에서도 "전성자가 제나라 군주를 죽이고 12대에 제국齊國을 소유했다."고 일렀다.

지금 《세본》과 〈전경중완세가〉에 의거하면 성자成子로부터 왕 건建의 멸망에 이르기까지 오직 10대로 마친다. 만약 《죽서기년》과 같다면 곧 도자와 그 후 섬剡에 이르기까지 12대가 있으니 《장자》나 《귀곡자》의 설명과 같으며, 《죽서기년》이 또한 망령되지 않았다는 것이 명백하다.

案 紀年齊宣公十五年 田莊子卒 明年 立田悼子 悼子卒 乃次立田和 是莊子後 有悼子 蓋立年無幾 所以作系本及記史者不得錄也 而莊周及鬼谷子亦云田成 子殺齊君 十二代而有齊國 今據系本系家 自成子至王建之滅 唯祇十代 若如紀 年 則悼子及侯剡即有十二代 乃與莊子鬼谷說同 明紀年亦非妄

신주 방시명의 《고본죽서기년집증》에 따르면 위 색은 의 '十五年십오년' 앞에 '四사' 자가 탈락했다고 《수경주소》 등을 인용하여 고증하고 있다. 즉 전장자는 선공 45년에 죽고, 그다음으로 전도자가 6년을 재위하다가 선공 말년인 51년에 죽었다고 고증하고 있다. 만약 선공 15년에 전장자가 죽고 태공 전화가 계승했다면 태공의 재위기간이 너무 길어지므로,

각종 기록들에 입각한 그 고증이 타당해 보인다. 또 〈전경중완세가〉에 전장자는 선공 45년에도 여전히 존재한다는 사실 자체로 증명하고 있다.

따라서 전씨의 계승 순서는 '문자 수무→환자 무우→희자 전기→성자 항→양자 반→장자 백→도자→태공 화' 순이다.

② 魯之郕노지성

정의 郕의 발음은 '성城'이다. 《괄지지》에서 말한다. "옛 성성郕城은 연주 사수현 서북쪽 50리에 있다. 《설문》에서 성郕은 노나라 맹씨의 읍이 이곳이라고 했다."

音城 括地志云 故郕城在兗州泗水縣西北五十里 說文云 郕 魯孟氏邑是也

③ 毌丘관구

색은 毌의 발음은 '관貫'이다. 옛 나라 이름인데 위衛나라 읍邑이었다. 지금 '관毌' 자로 되어 있는 것은 글자가 이지러져 빠진 것이다.

毌音貫 古國名 衛之邑 今作毌者 字殘缺耳

정의 《괄지지》에서 말한다. "옛 관성貫城은 곧 옛날 관국貫國인데 지금의 이름은 몽택성蒙澤城이고 조주 제음현 남쪽 56리에 있다."

括地志云 故貫城即古貫國 今名蒙澤城 在曹州濟陰縣南五十六里也

신주 〈육국연표〉에서는 '관毌'이라 한다.

④ 田會自廩丘反전회자늠구반

색은 《죽서기년》에서는 "선공 51년 공손회公孫會가 늠구廩丘를 들어서 조나라에 반기를 들었다. 12월 선공이 죽었다."라고 한다. 주나라 달력으로는 다음 해 2월이다.

紀年宣公五十一年 公孫會以廩丘叛於趙 十二月 宣公薨 於周正爲明年二月

전씨의 제나라 이전에 도자悼子가 죽고 후계 지위를 잇는 과정에서 발생한 대규모 권력투쟁일 것이다. 전회田會는 전화가 자리를 잇는 것에 불만을 가지고 반기를 일으킨 것으로 보인다. 동쪽의 조나라를 배경으로 하고 늠구를 발판으로 삼았을 것이다. 늠구는 한나라 때 동군 소속으로 대야택 북쪽에 있으며, 서쪽으로 위魏와 통하고 서북쪽으로 황하를 건너 조나라와 통하는 요충지였다. 새 군주 전화는 전포田布를 보냈지만 대패하고, 제나라는 이 일대의 땅을 잃게 된다. 또 이는 전화 앞에 전도자가 있었고 이때 그가 죽었음을 나타내는 사건이기도 하다.

선공이 죽고 아들 강공康公 대貸가 즉위했다.[①]

대가 즉위한 지 14년, 술과 부인에 빠져서 정사를 돌보지 않았다. 태공은 이에 강공을 바닷가로 옮겨 하나의 성을 식읍으로 삼아 주고 선조의 제사를 받들게 했다.

다음 해 노나라가 평륙平陸[②]에서 제나라를 무찔렀다.

(그로부터) 3년, 태공은 위문후魏文侯와 탁택濁澤에서 회동하고[③] 제후가 되려고 했다. 위문후는 사신을 보내 주 천자와 제후들에게 말했는데 제나라 재상 전화를 세워 제후로 삼을 것을 청한 것이었다. 주나라 천자가 허락했다.

강공 19년(서기전 386), 전화는 즉위해 제후가 되어 주나라 왕실의 반열에 올라서 원년으로 기록했다.[④]

> 宣公卒 子康公貸立^① 貸立十四年 淫於酒婦人 不聽政 太公乃遷康公於
> 海上 食一城 以奉其先祀 明年 魯敗齊平陸^② 三年 太公與魏文侯會濁
> 澤^③ 求爲諸侯 魏文侯乃使使言周天子及諸侯 請立齊相田和爲諸侯 周
> 天子許之 康公之十九年 田和立爲齊侯 列於周室 紀元年^④

① 子康公貸立자강공대립

집해 서광이 말했다. "강공 11년에 노나라를 공격하고 최最 땅을 빼앗
았다."

徐廣曰 十一年 伐魯 取最

색은 貸의 발음은 '태[土代反]'이고, 最의 발음은 '죄[祖外反]'이다.

貸音土代反 最音祖外反

② 平陸평륙

집해 서광이 말했다. "동평군 평륙이다."

徐廣曰東平平陸

정의 연주현이다.

兗州縣也

③ 太公與魏文侯會濁澤태공여위문후회탁택

집해 서광이 말했다. "강공 16년이다."

徐廣曰康公之十六年

색은 서광이 강공 16년이라고 한 것은 아마도 〈연표〉에 의거해서 설명
을 한 것인데 이는 앞의 문장 '대립십사년貸立十四年'과 또 '명년회평륙

明年會平陸' 그리고 '우삼년회탁택又三年會濁澤'이라고 한 것을 살피지 않은 것이다. 곧 강공 18년이 맞으니 〈연표〉와 집해 가 함께 잘못이다.

徐廣云康公十六年 蓋依年表爲說 而不省此上文貸立十四年 又云明年會平陸 又三年會濁澤 則是十八年 表及此注竝誤也

④ 紀元年기원년

신주 전화가 제후가 된 해는 주나라 안왕安王 16년(서기전 386)이다. 태공 전화는 제나라 실권자로 18년, 제후로 3년을 재위하고 죽었다. 다음으로 후 섬剡이 뒤를 이었다. 제나라 강공은 26년에 죽고 여씨呂氏의 제사는 끊겼다. 그때는 후 섬의 5년(서기전 379)이다.

동방의 강자

제나라 후작 태공 전화가 제후가 된 지 2년, 전화가 죽고[①] 아들
환공桓公 오午가 계승했다.[②]
齊侯太公和立二年 和卒[①] 子桓公午立[②]

① 齊侯太公和立二年 和卒제후태공화립이년 화졸

집해 서광이 말했다. "노나라를 공격해서 쳐부수었다."

徐廣曰 伐魯 破之

② 桓公午立자환공오립

색은 《죽서기년》에서 말한다. "제강공齊康公 5년(서기전 400) 전후田侯 오
午가 태어났다. 22년(서기전 383) 전후 섬剡이 섰다. 뒤에 10년(서기전 374), 제
전오齊田午가 그의 군주와 유자孺子 희喜를 죽이고 공公이 되었다."《춘추
후전》에서 또한 이르길, "전오田午가 전후田侯와 그의 유자 희喜를 시해
하고 제나라를 차지했는데, 이이가 환후이다."라고 했다. 이는 〈전경중완
세가〉와 같지 않다.

紀年齊康公五年 田侯午生 二十二年 田侯剡立 後十年 齊田午弒其君及孺子

喜而爲公 春秋後傳亦云田午弑田侯及其孺子喜而兼齊 是爲桓侯 與此系家不同也

사마천이 〈세가〉에서 기록한 춘추 말기와 전국 초기의 각국에 대한 서술과 기년을 《죽서기년》 등 다른 사서와 비교하면 일치하지 않는 경우가 적지 않다. 사마천이 다른 사료를 갖고 있었거나 다른 생각을 갖고 있었거나 미처 살피지 못했을 가능성이 있다. 특히 〈전경중완세가〉는 불일치가 두드러진다. 태공 화는 3년을 재위했고 뒤를 이어 환공이 아니라 후 섬剡이 재위했는데 섬을 빠뜨렸다. 또 환공의 재위기간마저 다른 기록들과 다르다. 그래서 뒤를 이은 제위왕→제선왕→제민왕의 재위기간이 다른 기록들과 모두 다르다.

환공 오 5년, 진秦나라와 위魏나라가 한나라를 공격하자 한나라는 제나라에 구원을 요청했다.

제나라 환공은 대신들을 불러 모의해서[①] 말했다.

"일찍 구원해야 하는가? 아니면 천천히 구원해야 하는가?"

추기騶忌가 말했다.

"구원하지 않는 것만 못합니다."

단간붕段干朋[②]이 말했다.

"구원하지 않는다면 한나라가 또 좌절하고 위魏나라에 들어갈 것이니 구원하는 것만 못합니다."

桓公午五年 秦魏攻韓 韓求救於齊 齊桓公召大臣而謀[①]曰 蚤救之孰與晚救之 騶忌曰 不若勿救 段干朋[②]曰 不救 則韓且折而入於魏 不若救之

① 齊桓公召大臣而謀제환공소대신이모

색은 추기와 단간붕을 이른다. 《전국책》에 나오는 바와 같이 위왕威王 26년의 한단邯鄲 전투에 이 모신謀臣들이 있었을 뿐이다. 또 남량南梁의 난리는 선왕宣王 2년에 있었는데 추자騶子, 전기田忌, 손빈孫臏의 모의가 있었다. 《전국책》에는 또 장전張田이 있었다. 그 말의 전후가 서로 어긋나게 매겨졌는데 곧 역사를 기술하는 자가 각자 취한 바가 다르므로 같지 않은 것이다.

謂騶忌段干朋 如戰國策威王二十六年邯鄲之役有此謀臣耳 又南梁之難在宣王二年 有騶子田忌孫臏之謀 戰國策又有張田 其辭前後交互 是記史者所取各異 故不同耳

신주 이 사건은 제나라가 한나라를 구원하고 승리를 거둔 마릉馬陵전투에 앞서 계책을 세운 일이다. 《사기》에 따르면 선왕 원년의 일이지만, 《죽서기년》에 따르면 위왕 15년의 일이다.

사마정이 말한 '위왕威王 26년의 한단邯鄲 전투'는 조나라를 구원하여 승리한 계릉桂陵전투를 가리키고, '남량南梁의 난리는 선왕宣王 2년'이라는 내용은 한나라를 구원하여 승리한 마릉전투를 가리킨다.

② 段干朋단간붕

색은 단간은 성이고 붕朋은 이름이다. 《전국책》에서는 '단간륜段干綸'으로 되어 있다.

段干 姓 朋 名也 戰國策作段干綸

전신사田臣思[1]가 말했다.

"지나치십니다. 군주의 계책이여! 진秦나라와 위魏나라가 한나라와 초나라를 공격하면 조나라가 반드시 구원할 것이니, 이것은 하늘이 연나라를 제나라에 주는 것입니다."

환공이 말했다.

"좋소."

이에 몰래 한나라의 사신에게 알리라고 보냈다. 한나라는 스스로 제나라의 구원을 얻은 것으로 여기고 이로 인해 진나라, 위나라와 싸웠다.[2] 초나라와 조나라가 이를 듣고 과연 군사를 일으켜 구원했다. 제나라는 이에 따라 군사를 일으켜 연나라를 습격하여 상구桑丘를 빼앗았다.[3]

田臣思[1]曰 過矣君之謀也 秦魏攻韓楚 趙必救之 是天以燕予齊也 桓公曰 善 乃陰告韓使者而遣之 韓自以爲得齊之救 因與秦魏戰[2] 楚趙聞之果起兵而救之 齊因起兵襲燕國 取桑丘[3]

① 田臣思전신사

[색은] 《전국책》에서는 '전기사田期思'로 되어 있다. 《죽서기년》에서는 서주의 자기子期라고 일렀는데, 아마도 곧 전기田忌일 것이다.

戰國策作田期思 紀年謂之徐州子期 蓋即田忌也

② 因與秦魏戰인여진위전

[신주] 이 이야기는 세 사건이 뒤섞여 있다. 《사기》 기년 기준으로 보면 첫째 환공 6년(서기전 380)에 연나라 상구를 빼앗은 사건이고, 둘째 위왕 26년

에 한나라를 구원해 위나라를 무찌른 계릉전투이고, 셋째 민왕 10년(서기전 314)에 연나라 왕 쾌噲가 신하 자지子之의 난을 계기로 연나라를 공격하여 대파한 사건이다.

'하늘이 연나라를 제나라에 준다.'는 사건은 민왕 10년(수정 선왕 6년), 한나라가 위나라와 싸운 것은 위왕 26년(수정 위왕 4년), 상구를 빼앗은 것은 환공 6년(수정 제후 섬 5년)이다.

③ 桑丘상구

정의 《괄지지》에서 말한다. "상구 고성은 세속에서는 경성敬城이라 부르는데 역주 수성현에 있다." 이때 제나라가 연나라의 상구를 정벌하자 위나라와 조나라가 와서 구원했다. 〈위세가〉와 〈조세가〉에서 아울러 '제나라를 침략해 상구에 이르렀다.'라고 했는데, 모두 이 역주이다.

括地志云 桑丘故城俗名敬城 在易州逐城縣 爾時齊伐燕桑丘 魏趙來救之 魏趙世家竝云伐齊至桑丘 皆是易州

6년, 위衛나라를 구원했다. 환공이 죽고[①] 아들 위왕威王 인因이 계승했다. 이해에 옛날 제나라 강공康公이 죽었는데, 후사가 없어 단절되고 받들던 읍邑들은 모두 전씨田氏에게 편입되었다.

六年 救衛 桓公卒[①] 子威王因齊立 是歲 故齊康公卒 絶無後 奉邑皆入田氏

---

① 六年 救衛 桓公卒육년 구위 환공졸

《죽서기년》을 살펴보니 양혜왕梁惠王 12년(수정 13년)은 제환공桓公 18년에 해당하는데 뒤에 위왕威王이 처음 나타난다. 곧 환공은 19년 만에 죽었다고 했으므로 이곳과는 동일하지 않다.

案紀年 梁惠王十二年當齊桓公十八年 後威王始見 則桓公十九年而卒 與此不同.

양혜왕 12년은 13년이 맞으며 베껴 전하는 과정에서 잘못되었을 것이다. 즉 제나라는 이때 섬剡 6년이며, 아직 환공은 즉위하지 않았을 때다.

제나라 위왕 원년, 삼진三晉은 제나라 초상을 기회로 쳐들어와서 제나라 영구靈丘①를 침벌했다.

3년, 삼진이 진晉나라 후예를 멸망시키고 그 땅을 나누었다.

6년, 노나라가 제나라를 침략하여 양관陽關②으로 처들어왔다.

진晉나라가 제나라를 침략해 박릉博陵③에 이르렀다.

7년, 위衛나라가 제나라를 침략해 설릉薛陵을 빼앗았다.

9년, 조나라가 제나라를 침략해 견甄 땅④을 빼앗았다.

齊威王元年 三晉因齊喪來伐我靈丘① 三年 三晉滅晉後而分其地 六年 魯伐我 入陽關② 晉伐我 至博陵③ 七年 衛伐我 取薛陵 九年 趙伐我 取甄④

---

① 三晉因齊喪來伐我靈丘삼진인제상래벌아영구

영구는 하동의 울주현이다. 살펴보니 영구는 이때 제나라에 속했는데, 삼진이 제나라 초상을 기회로 침략했다. 한, 위, 조의 〈세가〉에서 "제나라를 침략해 영구에 이르렀다."라고 한 것은 모두 이곳 울주를 말한다.

靈丘 河東蔚州縣 案 靈丘此時屬齊 三晉因喪伐之 韓魏趙世家云伐齊至靈丘 皆是蔚州

신주 〈조세가〉에서 여러 차례 살폈듯이 당시 제나라의 강역은 하북성 북부인 代의 주변까지 미치지 못했다. 따라서 정의 의 영구는 당시 제와 조나라 국경이던 청하淸河 부근의 영구로 하북의 영구와는 다른 곳이다.

② 陽關양관

집해 서광이 말했다. "거평鉅平에 있다.

徐廣曰 在鉅平

정의 《괄지지》에서 말한다. "노魯의 양관 고성은 연주 박성현 남쪽 29리에 있는데 서쪽으로는 문수汶水에 다다랐다."

括地志云 魯陽關故城在兗州博城縣南二十九里 西臨汶水也

③ 博陵박릉

정의 제주 서쪽 영역에 있다.

在濟州西界也

④ 甄견

정의 甄은 '견絹'으로 발음한다. 곧 복주 견성현이다.

音絹 即濮州甄城縣也

신주 조나라 성후成侯 5년에 해당하며 〈조세가〉에서는 단지 견을 침략했다고만 나온다.

위왕이 처음 즉위한 이래 나라를 다스리지 않고 정사를 경과 대부에게 맡겼다. 그러나 맡긴 9년 동안 제후들은 서로 제나라를 침략해 나라 사람들은 (제대로) 다스려지지 않았다. 이에 위왕이 즉묵卽墨[1]의 대부를 불러서 말했다.

"그대가 즉묵에 거주하고부터 그대를 헐뜯는 말이 날마다 들린다. 그러나 내가 사람을 시켜 즉묵을 살펴보니, 전야田野는 잘 개간되어 있고 백성들은 넉넉하게 살며 관청에는 지체되는 일이 없어서 동방이 편안하다고 했다. 이것은 그대가 내 측근을 섬겨서 명예를 구하려고 하지 않았기 때문이다."

1만 호를 봉해주었다.

威王初即位以來 不治 委政卿大夫 九年之間 諸侯竝伐 國人不治 於是威王召卽墨大夫而語之曰 自子之居卽墨也[1] 毁言日至 然吾使人視卽墨 田野闢 民人給 官無留事 東方以寧 是子不事吾左右以求譽也 封之萬家

① 卽墨즉묵

정의 내주 교수현 남쪽 60리의 즉묵 고성이 이것이다.

萊州膠水縣南六十里卽墨故城是也

아阿 땅의 대부를 불러 말했다.

"그대가 아를 지키고부터 칭찬하는 말이 날마다 들린다. 그러나 사신을 시켜서 아를 살펴보니 전야는 개간되지 않았고 백성들은 가난하고 고통스럽다고 했다. 지난날 조나라에서 견 땅을 침공했는데 그대는 구원하지 못했다. 위衛나라에서 설릉薛陵을 빼앗았는데 그대는 알지 못했다. 이것은 그대가 후한 폐백으로 내 측근에게 명예만을 구하려고 했기 때문이다."

이날 아 땅의 대부를 삶아 죽였고 좌우에서 일찍이 칭찬한 자들도 모두 함께 삶아 죽였다. 마침내 군사를 일으켜 서쪽의 조나라와 위衛나라를 공격했으며, 위魏나라를 탁택에서 무찌르고 혜왕을 포위했다. 혜왕은 관觀 땅을 헌납하면서 화평을 청했으며, 조나라 사람들은 제나라 장성長城을 돌려주었다. 이에 제나라 안에서는 놀라고 두려워하면서 사람들이 감히 그른 것을 꾸미지 않았으며, 힘써 그 정성을 다하니 제나라가 크게 다스려졌다. 제후들이 듣고 감히 제나라를 20여 년간 군사가 이르지 못했다.[1]

召阿大夫語曰 自子之守阿 譽言日聞 然使使視阿 田野不闢 民貧苦 昔日趙攻甄 子弗能救 衛取薛陵 子弗知 是子以幣厚吾左右以求譽也 是日 烹阿大夫 及左右嘗譽者皆幷烹之 遂起兵西擊趙衛 敗魏於濁澤而圍惠王 惠王請獻觀以和解 趙人歸我長城 於是齊國震懼 人人不敢飾非 務盡其誠 齊國大治 諸侯聞之 莫敢致兵於齊二十餘年[1]

① 莫敢致兵於齊二十餘年막감치병어제이십여년

신주 즉묵 대부와 아 대부에 관한 일은 수정 연표로 따지면 제위왕이 아니라 제환공 때의 일이다.

추기자騶忌子가 비파를 타면서 위왕을 뵈었는데[1] 위왕이 기뻐하며 우실右室에 머물도록 했다. 잠깐 있는데 왕이 비파를 타자 추기자가 문을 밀치고 들어와 말했다.

"좋습니다. 비파를 타는 것이!"

위왕이 발끈하여 좋아하지 않고는 비파를 내려놓고 칼을 어루만지면서 말했다.

"선생은 (내가 거문고 타는) 모습만 봤지 살피지 못했는데, 어찌 좋다는 것을 아시오?"

騶忌子以鼓琴見威王[1] 威王說而舍之右室 須臾 王鼓琴 騶忌子推戶入曰 善哉鼓琴 王勃然不說 去琴按劍曰 夫子見容未察 何以知其善也

[1] 騶忌子以鼓琴見威王추기자이고금견위왕

신주 〈육국연표〉에 따르면 이는 제위왕 21년의 사건이다. 하지만 군주가 즉위하여 새로운 인재를 발탁하고 정치를 펼쳤다는 점에서 보면, 이 일은 실제 위왕 초기일 가능성이 높다. 《사기》 기년으로 위왕 21년은 《죽서기년》으로 계산하면 환공 17년이며, 다다음 해가 위왕 원년이다.

추기자가 말했다.

"무릇 굵은 줄의 둔탁한 소리는 봄의 따스함이니 군주의 상징입니다. 가는 줄의 날카롭고 급한 소리는 맑으니 재상의 상징입니다.[1] 줄을 깊게 누르고[2] 줄을 놓을 때[3] 천천히 풀어주니[4] 정령政令의 상징입니다. 고르게 울리는데 큰 줄과 가는 줄이 서로 보태주고 완만하게 맴돌면서 서로 해치지 아니하니 사계절의 상징입니다. 저는 이 때문에 그 음악이 좋다는 것을 알았습니다."

위왕이 말했다.

"음악에 대한 말이 좋소."

추기자가 말했다.

"어찌 홀로 음악에 대한 이야기겠습니까? 무릇 국가를 다스리고 백성을 편하게 하는 것이 모두 그 안에 있습니다."

騶忌子曰 夫大弦濁 以春溫者 君也 小弦廉折以淸者 相也[1] 攫[2]之深 醳[3]之愉者[4] 政令也 鈞諧以鳴 大小相益 回邪而不相害者 四時也 吾是 以知其善也 王曰 善語音 騶忌子曰 何獨語音 夫治國家而弭人民皆在 其中

① 夫大弦濁~相也부대현탁~상야

[집해]《금조》에서 말한다. "굵은 줄은 군주인데 너그럽고 온화해서 따뜻하다. 가는 줄은 신하인데 맑으며 어지럽지 않다."

琴操曰 大弦者 君也 寬和而溫 小弦者 臣也 淸廉而不亂

[색은] 굵은 줄의 탁한 소리는 온화한 것이 군주이다. 살펴보니《춘추후어》에는 '온溫' 자는 '춘春' 자로 되어 있다. 봄기운은 따뜻하고 의리가

또한 서로 통한다. 채옹이 말했다. "현弦은 느리고 급한 것으로 맑고 탁한 소리를 만든다. 금琴은 그 현을 팽팽하게 하면 맑고 그 현을 느슨하게 하면 탁하다."

大弦濁以溫者君也 案 春秋後語溫字作春 春氣溫 義亦相通也 蔡邕曰 凡弦以緩急爲淸濁 琴 緊其弦則淸 緩其弦則濁

② 攫국

[집해] 서광이 말했다. "손톱으로 현을 잡는다. 攫의 발음은 '곡[己足反]'이다."

徐廣曰 以爪持弦也 攫音己足反

③ 醳석

[집해] 서광이 말했다. "다른 판본에는 '서舒' 자로 되어 있다."

徐廣曰 一作舒

④ 醳之愉者석지유자

[색은] 醳은 '석釋'으로 발음한다. 아래 문장의 '사舍' 자와 나란히 동일하다. 愉의 발음은 '서舒'이다.

醳音釋 與下文舍字竝同 愉音舒也

위왕이 또 발끈해서 좋아하지 않으며 말했다.

"무릇 오음五音①의 이치에 관해 말하면 참으로 아직 선생 같은 이가 있지 않았소. 그러나 무릇 나라를 다스리고 백성을 편안하게 하는 일 같은 것이 또 어찌 사동絲桐(줄과 오동나무) 사이에서 만들어지겠소?"

추기자가 말했다.

"무릇 굵은 줄의 둔탁한 소리는 봄의 따스함이니 군주의 상징입니다. 가는 줄의 날카롭고 급한 소리는 맑으니 재상의 상징입니다. 줄을 깊게 누르고 줄을 놓을 때 천천히 풀어주니, 정령政令의 상징입니다. 고르게 울리는데, 큰 줄과 가는 줄이 서로 보태주고 완만하게 맴돌면서 서로 해치지 아니하니, 사계절의 상징입니다. 무릇 반복하면서도 어지럽지 않은 것은 다스림이 번창한 것이요. 서로 이어져 닿으면서도 곧은 것은 존재하고 망하는 까닭입니다. 그래서 비파 타는 소리가 조화로우면 천하가 다스려지는 것이니 무릇 나라를 다스리고 백성을 편안하게 하는 것은 오음五音만 한 것이 없습니다."

위왕이 말했다.

"좋소이다."

王又勃然不說曰 若夫語五音①之紀 信未有如夫子者也 若夫治國家而弭人民 又何爲乎絲桐之間 騶忌子曰 夫大弦濁以春溫者 君也 小弦廉折以淸者 相也 攫之深而舍之愉者 政令也 鈞諧以鳴 大小相益 回邪而不相害者 四時也 夫復而不亂者 所以治昌也 連而徑者 所以存亡也 故曰琴音調而天下治 夫治國家而弭人民者 無若乎五音者 王曰 善

① 五音오음

궁宮, 상商, 각角, 치徵, 우羽이고 오성五聲이라고도 한다. 소리의 맑고 탁하고 높고 낮음을 구분한다. 궁이 가장 낮고 탁하며, 우가 가장 높고 가장 맑은 소리이다.

추기자가 배알한 지 3개월 만에 재상의 인수를 받았다. 순우곤이 추기자를 만나 말했다.

"말씀을 잘하시는구려. 저에게 어리석은 뜻이 있는데, 선생 앞에서 진술하기를 원합니다."

추기자가 말했다.

"삼가 가르침을 받겠소."

순우곤이 말했다.

"온전함을 얻으면 온전히 창성하고① 온전함을 잃으면 온전히 망합니다."

추기자가 말했다.

"삼가 가르침을 받아 앞의 말씀에서 벗어남이 없도록 삼가 청하겠습니다.②"

순우곤이 말했다.

"돼지기름을 가시나무 굴대에 바르면 미끄럽게 되지만 구멍을 모나게 뚫으면 바퀴를 굴리지 못합니다.③"

추기자가 말했다.

"삼가 가르침을 받아 좌우를 섬기도록 삼가 청합니다."

騶忌子見三月而受相印 淳于髡見之曰 善說哉 髡有愚志 願陳諸前 騶忌子曰 謹受教 淳于髡曰 得全全昌[1] 失全全亡 騶忌子曰 謹受令 請謹毋離前[2] 淳于髡曰 狶膏棘軸 所以爲滑也 然而不能運方穿[3] 騶忌子曰 謹受令 請謹事左右

① 得全全昌득전전창

[색은] 살펴보니 득전得全은 신하가 군주를 섬기는 예가 전부 갖추어져 실수가 없는 것을 이른다. 그래서 득전이라 한다. 전창全昌은 만약에 실수가 없게 되면 몸과 명성이 창성함을 얻는 것을 이른다. 그래서 전창이라 한다.

案 得全 謂人臣事君之禮全具無失 故云得全也 全昌者 謂若無失則身名獲昌 故云全昌也

② 謹受令 請謹毋離前근수령 청근무리전

[색은] 이 말을 몸에 지녀서 항상 마음과 눈앞에서 떠나는 일이 없게 한다는 것을 이른다.

謂佩服此言 常無離心目之前

③ 狶膏棘軸～能運方穿희고극축～능운방천

[색은] 희고狶膏는 돼지기름이다. 극축棘軸은 가시나무로 만든 수레굴대인데 미끄러우면서도 굳세야 한다. 그러나 만일 구멍을 네모나게 뚫는다면 굴러 갈 수 없으니 이치를 거스르고 바른 길에 반한다는 말이다. 그래서 아래에서 추기자가 "삼가 좌우를 섬기기를 바랍니다."라고 한 것은

매사에 모름지기 순종한다는 말이다.

猗膏 豬脂也 棘軸 以棘木爲車軸 至滑而堅也 然而穿孔若方 則不能運轉 言逆
理反經也 故下忌曰請謹事左右 言每事須順從

순우곤이 말했다.

"활은 오래된 활대에 아교를 입혀[1] 합해지게 만들지만, 벌어진 틈을 붙여 합해지게는 못합니다.[2]"

추기자가 말했다.

"삼가 가르침을 받아 삼가 모든 백성이 스스로 따르기를 청하겠습니다."

순우곤이 말했다.

"여우 갖옷이 비록 해졌더라도 누런 개의 가죽으로는 깁지 못합니다."

추기자가 말했다.

"삼가 가르침을 받아서 삼가 군자를 뽑아서 소인이 그 사이에 섞이지 않기를 청하겠습니다."

淳于髡曰 弓膠昔幹[1] 所以爲合也 然而不能傅合疏罅[2] 騶忌子曰 謹受令 請謹自附於萬民 淳于髡曰 狐裘雖敝 不可補以黃狗之皮 騶忌子曰 謹受令 請謹擇君子 毋雜小人其間

---

① 弓膠昔幹궁교석간

집해 서광이 말했다. "다른 판본에는 '건乾'으로 되어 있다."

徐廣曰 一作乾

[색은] 幹의 발음은 '간[孤捍反]'이다. 석昔은 오래된 것이다. 간幹은 활대이다. 서광은 또 다른 판본에는 '건乾'으로 되어 있다고 했다. 《고공기》에서는 '석간枏幹'으로 되어 있으니 석枏은 석昔과 발음이 비슷하다. 활을 만드는 법은 아교를 활대에 발라서 활줄걸이 안에 넣으면 곧 팽팽함이 적당하게 된다는 말일 뿐이다.

音孤捍反 昔 久舊也 幹 弓幹也 徐廣又曰一作乾 考工記作枏幹 則枏昔音相近 言作弓之法 以膠被昔幹而納諸檠中 則是以勢令合耳

② 所以爲合~傅合疏罅소이위합~전합소하

[색은] 傅의 발음은 '부附'(덧붙임)이다. 罅의 발음은 '아[五嫁反]'이다. 아교를 묻힌 활대는 팽팽함이 잠깐은 적당하지만 오래 지나면 또한 늘어져서 틈이 생기고 틈을 때워도 항상 붙어 있지 못한다는 말이니, 신하가 스스로 임시변통으로 얻을 것을 마땅한 것으로 여겨 어찌 예의 제도나 법식에 구속되어 의지하겠느냐는 말이다. 그러므로 아래에 "모든 백성이 스스로 따르도록 청하겠습니다."라고 한 것이 이것이다.

傅音附 罅音五嫁反 以言膠幹可以勢暫合 而久亦不能常傅合於疏罅隙縫 以言 人臣自宜彌縫得所 豈待拘以禮制法式哉 故下云請自附於萬人是也

순우곤이 말했다.

"큰 수레도 균형이 안 맞으면① 일상의 임무인 실어 나르는 것을 하지 못하고 금슬이 균형이 안 맞으면 오음五音을 이루지 못합니다."

추기자가 말했다.

"삼가 가르침을 받고, 삼가 법률을 닦아서 간사한 관리들을 감독하기를 청하겠습니다."

순우곤이 말을 마치고 빠른 걸음으로 나가서 문에 이르러 그의 마부를 마주하고 말했다.

"이 사람은 내가 다섯 가지의 미묘한 말을 했는데 나를 응대하는 것이 메아리가 소리에 호응하는 것과 같으니, 이 사람은 반드시 오래지 않아 봉해질 것이다.②"

1년 정도 지나 하비下邳 땅에 봉해졌으며 호를 성후成侯라고 했다.

淳于髡曰 大車不較① 不能載其常任 琴瑟不較 不能成其五音 騶忌子曰 謹受令 請謹脩法律而督姦吏 淳于髡說畢 趨出 至門 而面其僕曰 是人者 吾語之微言五 其應我若響之應聲 是人必封不久矣② 居期年 封以下邳 號曰成侯

① 大車不較대거불각

색은 각較은 교량校量(양을 비교함)이다. 일상적인 제도가 있어야 하는데 만약 큰 수레가 균형이 안 맞으면 수레는 일상의 임무인 실어 나르는 것을 하지 못하고 비파는 오음五音을 이루지 못한다는 말이다.

較者 校量也 言有常制 若大車不較 則車不能載常任 琴不能成五音也

② 是人者~封不久矣시인자~봉불구의

집해 《신서》에서 말한다. "제나라 직하稷下선생은 정사를 의논하는 것을 좋아했다. 추기騶忌가 이미 제나라 상이 되자 직하선생 순우곤의 무리 72명은 모두 추기를 가볍게 여겨, 미묘한 말로써 설명하면 추기는 반드시 잘 대답하지 못할 것이라 여기고, 이에 함께 가서 추기를 만났다. 순우곤 무리의 예는 거만했지만 추기의 예는 겸손했다. 순우곤 등은 이야기를 잘한다고 일컬었지만, 추기는 메아리에 응하는 것처럼 깨달았다. 순우곤 등이 이야기가 막히자 떠났는데, (반대로) 추기의 예는 거만했고 순우곤의 예가 겸손하다고 했다. 그러므로 간장干將과 막야莫邪를 높이는 까닭은 즉시 끊는 것을 귀하게 여기기 때문이다. 기기騏驥(천리마)를 높이는 까닭은 즉시 도착하기 위해서이다. 반드시 또 오랜 세월이 흐르더라도 곧 꼬리털을 묶어 돌을 나를 수 있고 노둔한 말 또한 멀리까지 이르게 할 수 있다. 이로써 총명하고 민첩한 것은 사람의 훌륭한 재주이다."

新序日 齊稷下先生喜議政事 騶忌旣爲齊相 稷下先生淳于髡之屬七十二人皆輕騶忌 以爲設以微辭 騶忌必不能及 乃相與俱往見騶忌 淳于髡之徒禮倨 騶忌之禮卑 淳于髡等稱辭 騶忌知之如應響 淳于髡等辭詘而去 騶忌之禮倨 淳于髡之禮卑 故所以尙干將莫邪者 貴其立斷也 所以尙騏驥者 爲其立至也 必且歷日曠久 則系氂能挈石 駑馬亦能致遠 是以聰明捷敏 人之美材也

신주 오, 월 지방에는 고대부터 명검이 많이 났는데, 간장과 막야는 그 중의 하나이다. 〈오태백세가〉에 나오는 오자서가 자살할 때 쓴 촉루검도 명검의 하나이다.

위왕 23년, 조나라 왕과 평륙平陸에서 회동했다.[1]

24년, 위魏나라 왕과 회동하고 교외郊外에서 사냥했다. 위魏나라 왕이 물었다.

"왕께도 보배가 있습니까?"

위왕威王이 말했다.

"가진 것이 없습니다.[2]"

양왕梁王이 말했다.

"과인의 나라 같은 작은 곳에도 오히려 지름이 1치나 되는 구슬이 수레의 앞과 뒤를 비추며 각각 12 수레에 10매씩 달려 있는데, 어찌해 만승萬乘의 나라에 보배가 없습니까?"

威王二十三年 與趙王會平陸[1] 二十四年 與魏王會田於郊 魏王問曰 王亦有寶乎 威王曰 無有[2] 梁王曰 若寡人國小也 尚有徑寸之珠照車前後各十二乘者十枚 奈何以萬乘之國而無寶乎

① 與趙王會平陸여조왕회평육

신주 조나라 성후成侯 19년이다. 〈조세가〉에서는 송나라도 함께 했다고 하며, 〈육국연표〉에서도 그렇게 나온다. 〈조세가〉 주석에 보듯이 보통 몇 개 국가의 회동은 동맹을 맺거나 새 군주의 즉위를 축하하거나 승인할 때 등 특별한 경우에 이루어진다. 《죽서기년》에서는 이때를 제위왕 원년이라 하니, 《죽서기년》의 신빙성을 확인할 수 있다.

② 王亦有寶乎 威王曰 無有왕역유보호 위왕왈 무유

색은 살펴보니 한영韓嬰의 《한시외전》에서는 제선왕齊宣王으로 여겼으니 설명이 다르다.

案韓嬰詩外傳以爲齊宣王 其說異也

위왕威王이 말했다.

"과인이 보배로 여기는 것은 왕과 다릅니다. 나의 신하 중에 단자檀子[1]가 있는데, 남성南城을 지키게 하니, 초나라 사람들이 감히 동쪽을 노략질해서 빼앗지 못하고, 사수泗水 주변 12제후들[2]이 모두 와서 조회를 합니다. 나의 신하 중에 반자肦子가 있는데, 고당高唐을 지키게 하니, 조나라 사람들이 감히 동쪽 하수에서 고기를 잡지 못합니다. 나의 관리 중에 검부黔夫가 있는데, 서주徐州를 지키게 하니, 연나라 사람들이 북문에서 제사를 지내고 조나라 사람들이 서문에서 제사를 지내고[3] 옮겨와 따르는 자가 7,000여 가구나 됩니다. 나의 신하 중에 종수種首가 있는데, 도적들을 대비하게 하니 길에서 물건을 주워가지 않습니다. 장차 1,000리를 비추게 될 것인데 어찌 다만 12승의 수레와 비하겠습니까?"

양왕梁王은 부끄럽게 여기고 흡족해하지 않은 채 떠나갔다.

威王曰 寡人之所以爲寶與王異 吾臣有檀子者[1] 使守南城 則楚人不敢爲寇東取 泗上十二諸侯[2]皆來朝 吾臣有肦子者 使守高唐 則趙人不敢東漁於河 吾吏有黔夫者 使守徐州 則燕人祭北門 趙人祭西門[3] 徙而從者七千餘家 吾臣有種首者 使備盜賊 則道不拾遺 將以照千里 豈特十二乘哉 梁惠王慚 不懌而去

① 檀子者단자자

색은 단자는 제나라 신하이다. 단檀은 성이고 자子는 미칭인데 대부를 모두 자子라고 칭한다. 반자肦子는 전반田肦이다. 검부黔夫와 종수種首는 모두 신하 이름이다. 이러한 사실들이 모두 《전국책》에 기록되어 있다.

檀子 齊臣 檀 姓 子 美稱 大夫皆稱子 肦子 田肦也 黔夫及種首皆臣名 事悉具
戰國策也

② 泗上十二諸侯사상십이제후

주邾, 거莒, 송宋, 노魯와 비슷한 나라이다.

邾莒宋魯之比

③ 燕人祭北門 趙人祭西門연인제북문 조인제서문

가규가 말했다. "제나라 북문과 서문이다. 연나라와 조나라 사람
들은 침략해 침벌당하는 것을 두려워해서 제사를 지내어 복을 구했다는
말이다."

賈逵曰 齊之北門西門也 言燕趙之人畏見侵伐 故祭以求福

26년, 위魏나라 혜왕이 한단을 포위하자 조나라가 제나라에 구원을
요청했다. 제나라 위왕이 대신들을 불러서 방법을 꾀하며 말했다.
"조나라를 구원하는 것과 구원하지 않는 것 중 어느 것이 낫겠소?"
추기자가 말했다.
"구원하지 않는 것만 못합니다."
단간붕이 말했다.
"구원하지 않게 되면 불의이고 또 이롭지도 않습니다."
위왕이 말했다.
"무엇 때문이오?"

단간붕이 대답했다.

"무릇 위혜왕이 한단을 병탄한다면 그것이 제나라에게 무슨 이익이 있습니까? 무릇 조나라를 구원한다면서 군사를 교외에 주둔시키면 이것은 조나라는 침략을 당하지 않고 위魏나라도 온전하게 됩니다. 그런 까닭에 남쪽으로 (위나라의) 양릉襄陵[1]을 공격해서 위魏나라를 약하게 하면서 한단이 함락당하면 위나라의 지친 틈을 타는 것만 같지 못합니다."

위왕은 단간붕의 계책에 따랐다.

二十六年 魏惠王圍邯鄲 趙求救於齊 齊威王召大臣而謀曰 救趙孰與勿救 騶忌子曰 不如勿救 段干朋曰 不救則不義 且不利 威王曰 何也 對曰 夫魏氏幷邯鄲 其於齊何利哉 且夫救趙而軍其郊 是趙不伐而魏全也 故不如南攻襄陵[1]以獘魏 邯鄲拔而乘魏之獘 威王從其計

① 襄陵양릉

정의 양릉 고성은 연주 추현에 있다.

襄陵故城在兗州鄒縣也

신주 〈위세가〉에서는 남평양현南平陽縣이라 하며 추현 바로 옆이다. 또 이전에 제나라가 빼앗아갔다고 한다. 그러나 추현은 당시 노나라 땅인데, 이곳이 양릉일 수 없다. 위치는 양국의 경계지역인 대야택大野澤 서북부로 비정하는 것이 마땅할 것이다.

그 뒤에 성후成侯 추기騶忌는 전기田忌와 사이가 좋지 않았는데, 공손열公孫閱[1]이 성후 추기에게 일러 말했다.

"공은 왜 위나라의 정벌을 도모하지 않습니까? 전기를 반드시 장수로 삼아서 전쟁에서 이겨 공이 있으면 곧 공의 계책이 적중한 것이고, 전쟁에서 이기지 못하면 (전기가) 앞에서 전사하지 않거나 후퇴해서 패배하는 것이니 그의 목숨이 공에게 달려 있게 됩니다."

이에 성후는 위왕에게 말해서 전기에게 남쪽 양릉을 공격하게 했다.

10월, 한단이 함락되고 제나라는 이를 기회로 군사를 일으켜 위魏나라를 쳐서 계릉桂陵[2]에서 크게 무찔렀다. 이에 제나라가 제후 중 가장 강력해져 스스로 왕王이라고 칭하고 천하를 호령했다.

其後成侯騶忌與田忌不善 公孫閱[1]謂成侯忌曰 公何不謀伐魏 田忌必將 戰勝有功 則公之謀中也 戰不勝 非前死則後北 而命在公矣 於是成侯言威王 使田忌南攻襄陵 十月 邯鄲拔 齊因起兵擊魏 大敗之桂陵[2] 於是齊最彊於諸侯 自稱爲王 以令天下

① 公孫閱공손열

색은 《전국책》에서는 '공손굉公孫閎'이라고 했다.

戰國策作公孫閎

신주 《전국책》에서는 공손한公孫閈으로 되어 있다. 아마도 당나라 때의 《전국책》과 지금 전하는 《전국책》이 다르기 때문일 것이다.

② 大敗之桂陵대패지계릉

在威王二十六年

정의 계릉은 조주 승지현 동북쪽 21리에 있다.

在曹州乘氏縣東北二十一里

신주 다음에 전투가 벌어질 마릉馬陵에서 그리 멀지 않은 곳이다. 중원의 큰 늪지인 대야택大野澤 부근이며, 이 일대는 당시 위魏, 위衛, 노, 송, 제나라 세력이 마주치는 요충지였다.

33년에 그 대부 모신牟辛[①]을 죽였다.

35년, 공손열은 또 성후成侯 추기에게 일러 말했다.

"공은 왜 사람을 시켜 10금을 가지고 저잣거리에서 점을 치게 해서, '나는 전기田忌의 사람이다. 나는 세 번 싸워 세 번 승리해 천하에 명성과 위엄을 떨쳤다. 큰일을 하려고 하는데 또한 길한가 길하지 않는가?'라고 말하게 하지 않습니까?"

점을 친 자가 나오자 이를 기회로 사람을 시켜 점을 친 자를 체포케 하고 그 이야기를 왕이 있는 곳에서 검증하게 했다. 전기가 이를 듣고 그의 무리들을 이끌고 임치를 습격해서 성후를 잡으려 했으나 이기지 못하고 달아났다.[②]

三十三年 殺其大夫牟辛[①] 三十五年 公孫閱又謂成侯忌曰 公何不令人操十金卜於市曰 我田忌之人也 吾三戰而三勝 聲威天下 欲爲大事 亦吉乎不吉乎 卜者出 因令人捕爲之卜者 驗其辭於王之所 田忌聞之 因率其徒襲攻臨淄 求成侯 不勝而奔[②]

① 殺其大夫牟辛살기대부모신

집해 서광이 말했다. "다른 판본에는 '부인夫人'으로 되어 있다."

徐廣曰 一作 夫人

색은 모신은 대부의 성姓과 자字이다. 서광은 다른 판본에는 '부인夫人'으로 되어 있다고 했다. 살펴보니 〈연표〉에서도 '부인夫人'으로 되어 있다. 왕소가 《죽서기년》을 살펴보니 "제환공 11년 군주의 어머니를 살해했다. 선왕 8년 왕후를 살해했다."고 되어 있다. 그렇다면 부인이란 글자는 혹 《죽서기년》의 설명과 같다.

牟辛 大夫姓字也 徐廣曰一作夫人 案 年表亦作夫人 王劭案紀年云齊桓公十一年殺其君母 宣王八年殺王后 然則夫人之字 或如紀年之說

② 田忌聞之～不勝而奔전기문지～불승이분

색은 살펴보니 《전국책》에서는 전기가 앞서 마릉에서 위나라를 무찔렀으나 이 때문에 모함을 당해 제나라로 들어갈 수 없었는데 곧 이는 제나라에 거주한 지 10년을 지난 것이지 도망친 것이 아니다. 이때 제나라는 임치에 도읍했는데 〈맹상군열전〉에서는 "전기는 제나라 변두리 읍을 습격했다."라고 했다. 그 말이 뜻을 얻는다면 곧 〈전경중완세가〉와 같지 않다.

案 戰國策田忌前敗魏於馬陵 因被構 不得入齊 非是居齊歷十年乃出奔也 是時齊都臨淄 且孟嘗列傳云田忌襲齊之邊邑 其言爲得 即與系家不同也

신주 《사기지의》에서는 망령된 기록이라 했으며, 《전국책》에서도 전기는 왕과 추기를 피해 도망했다고 하는데 그 시기는 마릉전투 이후라고 한다.

36년, 위왕威王이 죽고 아들 선왕宣王 벽강辟彊이 즉위했다.[1]

선왕 원년, 진秦나라에서 상앙商鞅을 등용했다. 주周나라에서 진秦나라 효공에게 패자[伯]가 되도록 했다.

三十六年 威王卒 子宣王辟彊立[1] 宣王元年 秦用商鞅 周致伯於秦孝公

① 子宣王辟彊立자선왕벽강립

신주 《죽서기년》을 기준으로 하면 아직 위왕 15년일 뿐이다.

2년, 위魏나라가 조나라를 공격했다.[1] 조나라는 한나라와 친했으므로 함께 위나라를 공격했다. 조나라는 불리한 상태로 남량南梁[2]에서 싸웠다. 선왕이 전기를 불러 옛날의 지위로 복귀시켰다. 한나라는 제나라에 구원을 요청했다. 선왕이 대신들을 불러 도모했다.

"일찍 구원하는 것과 늦게 구원하는 것 중 어느 것이 나은가?"

추기자가 말했다.

"구원하지 않는 것만 못합니다."

전기가 말했다.

"구원하지 않게 되면 한나라는 또 좌절하고 위나라로 편입할 것이므로 일찍 구원하는 것만 못하오.[3]"

二年 魏伐趙[1] 趙與韓親 共擊魏 趙不利 戰於南梁[2] 宣王召田忌復故

位 韓氏請救於齊 宣王召大臣而謀曰 蚤救孰與晚救 騶忌子曰 不如勿
救 田忌曰 弗救 則韓且折而入於魏 不如蚤救之③

① 魏伐趙위벌조

신주 〈조세가〉에는 이런 사실이 나오지 않는다. 따라서 여기 '조趙'는
'한韓'을 잘못 쓴 것으로 보이며, 뒤에 남량에서 싸워 불리한 나라도 조
나라가 아니라 한나라이다. 《전국책》에서도 남량 싸움의 당사자를 한나
라라고 했다. 조나라는 직접 참가했다기보다 외원外援하는 세력 정도였
을 것이다.

② 南梁남량

색은 《진태강지기》에서 말한다. "전국시대에는 양梁을 남량南梁이라
했는데, 대량大梁과 소량少梁을 구별한 것이다."
晉太康地記曰 戰國謂梁爲南梁者 別之於大梁少梁也

정의 《괄지지》에서 말한다. "양梁은 여주 서남쪽 200보에 있다. 《진태
강지기》에서 '전국시대에는 남량이라 했는데, 대량과 소량을 구별한 것
이다.'라고 했다. 옛날 만자蠻子의 읍이다."
括地志云 故梁在汝州西南二百步 晉太康地記云 戰國時謂南梁者 別之於大梁
少梁也 古蠻子邑也

③ 弗救 則韓~如蚤救之불구 즉한~여조구지

색은 살펴보니 《죽서기년》에는 위왕 14년 전반田盼이 양梁나라를 공
격해서 마릉에서 싸웠다고 했다. 《전국책》에서 남량의 난리에 장전張田

이 있어서 대답하기를 "일찍 구원해야 한다."고 했다. 이곳에서는 추기鄒
忌라고 하는데, 왕소가 말했다. "이때 추기는 죽은 지 이미 4년이고 또 제
나라 위威 때는 아직 왕이라고 칭하지 않았다. 그러므로 《전국책》에서
전후田侯라고 일렀다. 지금 여기서는 전후를 선왕宣王이라 하고 또 멋대
로 추기라고 일컬었으니, 모든 게 잘못이다."

案 紀年威王十四年 田朌伐梁 戰馬陵 戰國策南梁之難 有張田對曰蚤救之 此
云鄒忌者 王劭云此時鄒忌死已四年 又齊威時未稱王 故戰國策謂之田侯 今此
以田侯爲宣王 又橫稱鄒忌 皆謬矣

손자孫子[1]가 말했다.

"무릇 한나라와 위나라의 군사가 지치지 않았는데 구원하는 것
은 우리가 한나라를 대신해 위나라의 군사를 맞는 것이니, 돌아보
면 도리어 한나라의 명령을 듣는 것이 됩니다. 또 위나라는 저 나
라를 무너뜨릴 뜻을 가졌는데 한나라는 멸망이 눈앞에 보이면 반
드시 동면東面하고 제나라에 하소연할 것입니다. 우리는 이를 기
회로 한나라와 깊게 화친을 맺고 느지막이 위나라가 지쳤을 때 받
아 친다면, 많은 이익을 가질 수 있고 명분을 높일 수 있습니다."

선왕이 말했다.

"좋소."

孫子[1]曰 夫韓魏之兵未弊而救之 是吾代韓受魏之兵 顧反聽命於韓也
且魏有破國之志 韓見亡 必東面而愬於齊矣 吾因深結韓之親而晩承魏
之弊 則可重利而得尊名也 宣王曰 善

① 孫子손자

색은 손빈이다.

孫臏也

이에 은밀하게 한나라의 사신에게 알려서 보냈다. 한나라는 제나라를 믿었으므로 다섯 번 싸워 이기지 못하자, 동쪽 제나라에게 나라를 맡겼다. 제나라는 이에 따라 군사를 일으켜 전기田忌와 전영田嬰① 을 장군으로 삼고 손자孫子를 군사軍師로 삼았다.

한나라와 조나라를 구원하고 위나라를 쳐서 마릉馬陵에서 크게 무찔러② 그 장군 방연龐涓을 죽였고, 위나라 태자 신申을 포로로 잡았다.③ 그 뒤 삼진三晉의 왕④이 모두 전영을 통해 박망博望⑤에서 제나라 왕에게 조회하고 맹약한 다음에 떠나갔다.⑥

乃陰告韓之使者而遣之 韓因恃齊 五戰不勝 而東委國於齊 齊因起兵 使田忌田嬰將① 孫子爲(帥)[師] 救韓趙以擊魏 大敗之馬陵② 殺其將龐 涓 虜魏太子申③ 其後三晉之王④皆因田嬰朝齊王於博望⑤ 盟而去⑥

① 田嬰將전영장

집해 서광이 말했다. "영嬰은 다른 판본에는 '반肦'으로 되어 있다."

徐廣曰 嬰 一作肦

신주 전영은 설자薛子이며 맹상군의 아버지이다.

② 大敗之馬陵대패지마릉

색은 선왕 2년(서기전 341)에 있었다.

在宣王二年

신주 《사기》에 따르면 제선왕 2년은 위나라 혜왕 30년에 해당한다. 〈육국연표〉역시 그렇게 기록했다. 하지만 《죽서기년》에 따르면 혜왕 27년 12월부터 28년까지 이어진 전투로 나온다. 본 마릉전투는 즉 혜왕 28년에 있었다. 《사기》의 위혜왕 원년은 《죽서기년》보다 1년 빠르므로, 혜왕 29년이라 해야 함을 〈위세가〉에서 설명했다. 《죽서기년》을 따르면 제위왕 14년 12월부터 15년까지이다.

③ 虜魏太子申로위태자신

신주 다른 기록들은 태자 신도 죽었다고 하기도 한다. 다음 보위를 잇지 못한 것을 보면 아마 태자도 전사했을 가능성이 크다.

④ 三晉之王삼진지왕

신주 《전국책》에는 조나라가 빠져 있다. 또 당시 제나라를 비롯하여 삼진 모두 후侯였다. 왕王은 아니었다.

⑤ 博望박망

정의 《괄지지》에서 말한다. "박망 고성은 등주 상성현 동남쪽 45리에 있다."

括地志云 博望故城在鄧州向城縣東南四十五里

⑥ 盟而去맹이거

집해 서광이 말했다. "〈육국연표〉에서 3년 조나라와 박망에서 모여 위나라를 공격했다고 한다."

徐廣曰 表曰三年 與趙會博望伐魏

신주 현재 중화서국본《사기》에는 '博望박망' 두 글자가 없다.

7년, 위魏나라 왕과 함께 평아平阿[1] 남쪽에서 회동했다.

다음 해 다시 견甄 땅에서 회동했다. 위나라 혜왕이 죽었다.[2]

다음 해 위나라 양왕襄王과 서주徐州에서 회동했는데, (양국) 제후가 서로 왕王이라 했다.[3]

10년, 초나라가 제나라 서주徐州를 포위했다.

11년, 위나라와 더불어 조나라를 침략했는데, 조나라가 하수河水를 끌어들여 제나라와 위나라의 군사를 물에 잠기게 하자 군사를 철수했다.

18년, 진秦나라 혜왕이 왕으로 칭했다.[4]

七年 與魏王會平阿南[1] 明年 復會甄 魏惠王卒[2] 明年 與魏襄王會徐州 諸侯相王也[3] 十年 楚圍我徐州 十一年 與魏伐趙 趙決河水灌齊魏 兵罷 十八年 秦惠王稱王[4]

---

① 平阿평아

정의 패군 평아현이다.

沛郡平阿縣也

② 魏惠王卒위혜왕졸

색은 "다음 해 양혜왕이 죽었다."라는 《죽서기년》을 살펴보니 양혜왕은 곧 제민왕齊湣王이 동제東帝라고 하고 진소왕秦昭王이 서제西帝라고 하는 시기이다. 이때 양혜왕은 원년을 고쳐 1년으로 칭했는데 죽지 않았다. 그러나 〈위세가〉에서는 그 뒤를 곧 위양왕魏襄王의 해로 여겼다. 또 이곳의 문장은 제선왕 때가 마땅하지만 실제로 자세히 고증하기는 어렵다.

明年 梁惠王卒 案紀年 梁惠王乃是齊湣王爲東帝 秦昭王爲西帝時 此時梁惠王改元稱一年 未卒也 而系家以其後即爲魏襄王之年 又以此文當齊宣王時 實所不能詳考

신주 '제선왕 때가 마땅하지만'이란 말은 실제 위혜왕이 죽은 해가 제선왕 때라는 말이다. 《죽서기년》에 따르면 위혜왕은 후원 16년에 죽는데, 그때는 실제 제선왕 원년이다.

③ 諸侯相王也제후상왕야

신주 두 나라는 이때(서기전 334)부터 왕을 칭한다. 이를 '서주상왕徐州相王'이라고 하며 주 왕실이 무력해지는 중요한 사건으로 본다. 《죽서기년》에 따르면 이때가 위혜왕 후원년이니 후侯에서 왕으로 고친 것이다. 또 제나라에서 처음으로 왕을 칭한 것은 위왕威王이다. 하지만 〈전경중완세가〉에서는 그 아들 선왕 9년이라 했으니, 스스로 모순을 드러냈다. 그런즉 이때 제나라 군주는 위왕이 맞다.

④ 秦惠王稱王진혜왕칭왕

신주 혜문군 역시 다음 해부터 원년을 고쳐 후원년이라 하고, 역사에서 혜문왕惠文王이라 칭한다.

선왕은 문학과 유세하는 사인士人를 좋아했다. 이에 추연, 순우곤,[①] 전변,[②] 접여,[③] 신도愼到,[④] 환연環淵[⑤]의 무리 76명이 모두 차례로 작위를 하사받아 상대부上大夫가 되어 (정사를) 다스리지 않고 (학문만) 의논했다.

이 때문에 제나라 직하稷下의 학사들이 다시 성대해져 또 수백 수천 사람이 되었다.[⑥]

宣王喜文學游說之士 自如騶衍淳于髡[①]田駢[②]接予[③]愼到[④]環淵[⑤]之徒七十六人 皆賜列第 爲上大夫 不治而議論 是以齊稷下學士復盛 且數百千人[⑥]

① 騶衍淳于髡추연순우곤

정의 (순우곤은) 췌서贅壻(데릴사위)이며 제나라 직하선생이다.

贅壻 齊之稷下先生也

신주 추연騶衍은 '음양오행론'을 저술했다. 순우곤은 당시의 유세가이다.

② 田駢전변

정의 駢의 발음은 '변[白眠反]'이다.《한서》〈예문지〉에서 전변은 제나라 사람이고 직하에서 유학했는데 천구변天口駢이라고 부르며《전자田子》 25편을 저술했다고 한다.

白眠反 藝文志云田駢 齊人 遊稷下 號天口駢 作田子二十五篇也

③ 接予접여

정의 제나라 사람이다. 〈예문지〉에서 《접여》 2편이 있으며 도가道家의 부류에 있다고 한다.

齊人 藝文志云接予二篇 在道家流

④ 愼到신도

정의 조趙나라 사람이고 전국시대의 처사處士이다. 〈예문지〉에서 《신자》 42편을 저술했다고 한다.

趙人 戰國時處士 藝文志作愼子四十二篇也

⑤ 環淵환연

정의 초나라 사람이다. 〈맹자전〉에서 환연의 저서 상하편이 있다고 한다.

楚人 孟子傳云環淵著書上下篇也

⑥ 是以齊稷~數百千人시이제직~수백천인

집해 유향의 《별록》에서 말한다. "제나라에 직문稷門이 있는데 성문이다. 담설談說하는 사인들이 기약하고 직하에서 모였다."

劉向別錄曰齊有稷門 城門也 談說之士期會於稷下也

색은 유향의 《별록》에서 말한다. "제나라에 직문稷門이 있으니 제나라 성문이다. 담설談說하는 사인들이 기약하고 직하에서 모였다."《제지기》에서 말한다. "제나라 성의 서문 옆의 계수系水 좌우로 강의실이 있는데, 발자국이 왕왕 남아 있다." 아마 계수가 나오는 곁이기에 직문이라고 했을 것인데, 옛날에는 측側이나 직稷은 발음이 서로 가까웠을 따름이다. 또 우희虞喜가 이르기를 "제나라에 직산稷山이 있는데, 그 아래에 관館을 세워 유사游士들을 대우했다."고 하니, 또한 설명이 다르다. 《춘추전》에서 "거자莒子는 제나라에 가서 직문에서 맹세했다."고 한다.

劉向別錄曰齊有稷門 齊城門也 談說之士期會於其下 齊地記曰齊城西門側 系水左右有講室 趾往往存焉 蓋因側系水出 故曰稷門 古側稷音相近耳 又虞喜曰齊有稷山 立館其下以待游士 亦異說也 春秋傳曰莒子如齊 盟于稷門

신주 현재 산동성 임치시臨淄市 북쪽의 옛 제성齊城 서쪽 변두리의 남쪽에 있던 문인데 직산 아래 있어서 생긴 이름이다. 직하의 학문은 고대 중국의 학문사에 한 줄기를 차지하고 있다. 노중련魯仲連도 이곳을 거쳤으며, 그는 나중에 제나라를 침공한 연나라 장수를 설득하여 돌려보내고도 공을 내세우지 않았다. 이렇듯 제나라 지역에서 시작된 학문의 줄기는 한漢나라를 거치면서 인근 노나라와 합쳐 이른바 '제노학파' 또는 '산동학파'가 되어 장안長安과 낙양을 중심으로 한 '경학파'와 쌍벽을 이루게 된다. 산동학파 대표학자가 정현鄭玄이다.

독이 된 송나라 합병

19년, 선왕이 죽고 아들 민왕湣王 지地[1]가 계승했다.

민왕 원년, 진秦나라에서 장의를 보내 제후들의 집정執政(정권을 쥔 사람)과 설상齧桑에서 회동하게 했다.

3년, 전영을 설薛에 봉했다.[2]

4년, 부인을 진秦나라에서 맞이했다.[3]

7년, 송나라와 더불어 위魏나라를 공격해 관택觀澤에서 무찔렀다.[4]

十九年 宣王卒 子湣王地[1]立 湣王元年 秦使張儀與諸侯執政會于齧桑 三年 封田嬰於薛[2] 四年 迎婦于秦[3] 七年 與宋攻魏 敗之觀澤[4]

① 湣王地민왕지

색은 《세본》에서는 이름을 수遂라고 했다.

系本名遂

② 封田嬰於薛봉전영어설

신주 〈맹상군열전〉도 같으나 《죽서기년》에서는 위혜왕 후원 13년이라 하여 이 기록보다 1년 빠르다. 한편 전영은 선왕의 아우이다. 당연히 그가 봉해지려면 아버지 위왕 때나 형 선왕 때가 되는 것이 타당하다.

③ 迎婦于秦영부우진

《죽서기년》에서는 이해에 위왕이 37년에 죽는다. 다음 해가 선왕 원년이다. 또 그다음 해에 산동 6국의 합종책이 이루어져 함께 진秦나라를 공격한다.

④ 與宋攻魏 敗之觀澤여송공위 패지관택

〈육국연표〉를 비롯하여 〈조세가〉와 〈위세가〉에서는 송나라와 함께했다고 하지 않았다. 사마천이 다른 기록을 가지고 썼든지 이 기록이 잘못된 것으로 보인다. 〈육국연표〉에서 제나라는 또한 위, 조를 같이 무찔렀는데, 여기서는 조나라가 빠져 있다. 〈조세가〉에서 관택은 돈구현頓丘縣에 있다고 한다. 〈위세가〉만 홀로 관진觀津이라 했다.

12년, 위魏나라를 공격했다.[①] 초나라가 (한나라) 옹지雍氏[②]를 포위했는데 진秦나라는 (초나라 장수) 굴개屈丐를 무찔렀다.
소대가 전진田軫에게 일러 말했다.[③]
十二年 攻魏[①] 楚圍雍氏[②] 秦敗屈丐 蘇代謂田軫曰[③]

---

① 十二年 攻魏십이년 공위

이 사건은 〈한세가〉에서 서광이 주석하기를 "《죽서기년》에서는 이것을 또한 설명해서 '초나라 경취景翠가 옹지를 포위했다. 한선왕韓宣王이

죽고 진秦나라는 한나라를 도와 함께 초나라 굴개屈丐를 무찔렀다.'라고
했다. 또 이르기를 '제나라와 송나라가 자조煮棗를 포위했다.'라고 했다.
모두 《사기》 〈연표〉 및 〈전경중완세가〉와 부합한다."라는 것을 가리킨다.

진나라 혜문왕 후원 13년이고 주난왕 3년, 초회왕楚懷王 17년, 제민왕
濟湣王 12년, 위나라 애왕(양왕) 7년이다. 제나라 민왕은 《사기》를 따른 것
인데 《죽서기년》을 따르면 한 기년은 제나라 선왕宣王 8년이다.

② 雍氏용지

집해 서광이 말했다. "양적陽翟에 있고 한나라에 속한다."

徐廣曰 在陽翟 屬韓

③ 蘇代謂田軫曰소대위전진왈

신주 전진은 바로 제나라 전씨인 진진陳軫을 말한다. 소대는 전국시대
소진, 장의 등과 같은 변설가로 이때 초나라에서 벼슬하고 있었다. 《고본
죽서기년집증》에서 인용하여 말한다. "1973년에 호남성 장사시에서 출토
된 백서帛書 《전국종횡가서》 '소진위진진蘇秦謂陳軫'에 소진이 진진陳軫에
게 일컬어 말하여, … (후략)"라고 말하고 있다. 즉 소대와 소진으로 차이
가 있다. 따라서 소진이 초나라에 가서 진진을 설득한 말이다. 당시 각국
의 역학관계를 알아야 이 문장들을 제대로 해석할 수 있다.

"신이 공을 뵙기를 원한 것은 아주 완벽한 일이 있기 때문입니다.
초나라로 하여금 공을 이롭게 하는 것으로 성공해도 복이 되고

성공하지 못해도 복이 될 것입니다. 이제 신이 문 앞에 서 있는데 객客이 말하던 중에 '위魏나라 왕이 한풍韓馮[1]과 장의張儀에게 일러서, 「자조煮棗[2]가 장차 무너질 것이니 제나라 군사가 또 진격한다면 그대들이 와서 과인을 구원하면 좋겠소. 과인을 구원하지 않는다면 과인은 지탱할 수 없을 것이오.[3]」라고 일렀습니다.' 이것은 특별히 완곡하게 돌려서 하신 말씀입니다.

진秦나라와 한나라 군사가 동쪽으로 (위나라를) 구원하러 가지 않으면 열흘 남짓 이후에는 곧 위나라가 (초나라로) 나라를 돌릴 것이고, 한나라가 진秦나라를 따르는 것을 바꾸면 진秦나라는 장의를 쫓아낼 것이니,[4] (위나라는) 팔을 맞잡고 제나라와 초나라를 섬기게 될 것이니, 이는 공이 일을 이루는 것입니다."

臣願有謁於公 其爲事甚完 使楚利公 成爲福 不成亦爲福 今者臣立於門 客有言曰魏王謂韓馮[1]張儀曰 煮棗[2]將拔 齊兵又進 子來救寡人則可矣 不救寡人 寡人弗能拔[3] 此特轉辭也 秦韓之兵毋東 旬餘 則魏氏轉韓從秦 秦逐張儀[4] 交臂而事齊楚 此公之事成也

① 韓馮한풍

집해 서광이 말했다. "한나라 공중치公仲侈이다."

徐廣曰 韓之公仲侈也

신주 〈한세가〉에서 나오는 한나라 재상 공중公仲이다. 한붕韓倗이라고도 한다.

② 煮棗자조

서광이 말했다. "제음군 완구宛朐에 있다."

徐廣曰 在濟陰宛朐

〈지리지〉를 보면, 자조는 한漢나라 때 제음군 원구冤句에 있는데 당시 위나라 땅으로 대량大梁 동북쪽에 있다.

③ 寡人弗能拔과인불능발

능能은 승勝과 같다. 승리해 그곳을 함락시키지 못하므로 제나라에서 함락시키도록 들어 줄 뿐이라는 말이다.

能猶勝也 言不勝其拔 故聽齊拔之耳

④ 秦逐張儀진축장의

축逐은 수隨(따르다)이다.

逐 隨也

이 경우는 따르는 것이 아니라 쫓아낸다는 뜻이다. 당시 한나라 집정자는 한풍, 진나라 집정자는 장의였다.

전진이 말했다.

"어떻게 하면 (진나라와 한나라가) 동쪽으로 나올 수 없게 할 수 있습니까?"

소대가 대답했다.

"(한나라의) 한풍은 위魏나라를 구원하겠다고 말하지만 반드시 한왕에게 '제가 위나라를 위할 것입니다.'라고 말하지 않고, 반드시

'저는 장차 진秦나라와 한나라 군사를 동쪽으로 보내 제나라와 송나라를 물리칠 것입니다. 저는 이를 기회로 진秦, 한韓, 위魏 삼국三國의 군사를 나란히 거느리고[1] 굴개가 무너진 틈을 타서[2] 남쪽의 초나라 땅을 갈라서 (우리나라) 옛 땅들을 반드시 다 찾겠습니다.'라고 할 것입니다.

장의는 위나라를 구원하겠다고 말하면서도 반드시 진왕에게 '제가 위나라를 위할 것입니다.'라고 하지 않고, 반드시 '저는 또 진나라와 한나라 군사를 동쪽으로 보내 제나라와 송나라를 물리칠 것입니다. 저는 이를 기회로 3국의 군사를 나란히 거느리고 굴개가 무너진 틈을 타 남쪽 초나라의 땅을 가를 것인데 명분은 망할 나라(한나라와 위나라)를 보존시킨다는 것이지만 실제는 삼천三川(한나라)[3]을 정벌해서 귀속시키는 것이니, 이는 왕업王業입니다.'라고 할 것이오.

田軫曰 奈何使無東 對曰 韓馮之救魏之辭 必不謂韓王曰 馮以爲魏 必曰 馮將以秦韓之兵東卻齊宋 馮因搏[1]三國之兵 乘屈丐之獘[2] 南割於楚 故地必盡得之矣 張儀救魏之辭 必不謂秦王曰 儀以爲魏 必曰 儀且以秦韓之兵東距齊宋 儀將搏三國之兵 乘屈丐之獘 南割於楚 名存亡國 實伐三川[3]而歸 此王業也

① 馮因搏풍인단

집해 서광이 말했다. "搏은 '전專'으로 발음한다. 전專은 병합해서 제재하고 거느리는 것을 이르는 것과 같다."

徐廣曰 音專 專猶幷合制領之謂也

색은 搏은 '단團'으로 발음하는데 단團은 장악해서 거느리는 것을 이른다. 서광은 '전專'이라 했는데, 또한 뜻이 통한다.

搏音団 団謂握領也 徐作專 亦通

신주 搏은 뭉치다는 뜻일 때는 '단', 마음대로 하다는 뜻일 때는 '전'으로 발음한다.

② 乘屈丐之獘승굴개지폐

정의 굴개는 초나라 장수로 진秦나라에 패했는데, 지금 다시 그 틈을 타려는 것이다.

屈丐 楚將 爲秦所敗 今更欲乘之

③ 三川삼천

색은 한나라이다.

韓也

공①께서는 초나라 왕에게 (빼앗은) 한나라 땅을 돌려주게 하고 진秦나라에게 (한나라와) 화친을 맺게 하고, 진왕에게 일러 '청컨대 한나라 땅을 주게 하신다면 왕께서는 삼천三川에서 베푸는 것이 되며,② 한나라는 군사를 이용하지 않고도 초나라에서 땅을 얻게 됩니다.'라고 하십시오.

한풍이 동쪽으로 군사들을 보낸다는 말은 또 진秦나라에 어떻게 설명할 것인가? 그러면 말하기를 '진秦나라는 군사를 이용하지 않고도 삼천을 얻고, 초나라와 한나라를 정벌하면서 위魏나라를 군색하게 만들면③ 위나라는 감히 동쪽의 (제나라와) 연합하지 않을 것이니, 이는 제나라를 고립시키는 것입니다.④'라고 하십시오. 장의가 동쪽으로 군사들을 보낸다는 말은 또 어떻게 설명할 것인가? 그러면 말하기를 '진秦나라와 한나라가 땅에 대한 욕심으로 군사를 주둔시켜 명성과 위엄을 위魏나라에 떨치면 위나라는 제나라와 초나라라는 자산을 잃지 않으려고 할 것입니다.'라고 하십시오.

公令楚王①與韓氏地 使秦制和 謂秦王曰 請與韓地 而王以施三川② 韓氏之兵不用而得地於楚 韓馮之東兵之辭且謂秦何 曰 秦兵不用而得三川 伐楚韓以窘魏③ 魏氏不敢東 是孤齊也④ 張儀之東兵之辭且謂何 曰 秦韓欲地而兵有案 聲威發於魏 魏氏之欲不失齊楚者有資矣

① 公令楚王공영초왕

색은 공은 진진을 이른다.

公謂陳軫

② 而王以施三川이왕이시삼천

정의 시施는 장설張設(펴서 베풀다)이다. 진왕秦王이 천자의 도읍에서 과시하며 협박한다는 말이다.

施 張設也 言秦王於天子都張設迫脅也

③ 伐楚韓以窘魏벌초한이군위

신주 〈한세가〉에서 소대가 진나라 신성군新城君 미융羋戎에게 '진초협

한이군위秦楚挾韓以窘魏'(진나라와 초나라가 한나라를 끼면 위나라가 군색해진다)라는 말과 일맥상통한다. 즉 '伐'(정벌하다) 자는 '挾'(끼다) 자가 되어야 한다. 세 나라의 위엄과 명성에 눌려 위나라는 현재 싸우고 있는 제나라와 화해하고 연합하려 하지 않는다는 뜻이다.

④ 魏氏不敢東 是孤齊也위씨불감동 시고제야

신주 〈한세가〉에서 소대가 진나라 신성군 미융에게 한 말의 시기가 바로 이 무렵이다. 〈한세가〉에 '위씨불감합어제 시제고야魏氏不敢合於齊 是齊孤也'(위나라는 감히 제나라와 연합하려 하지 않을 것이니 제나라는 고립될 것이다)라는 문장이 있는데, 이 '위씨불감동 이고제야魏氏不敢東 是孤齊也'(위나라는 감히 동쪽으로 향하지 않을 것이니 이는 제나라가 고립되는 것이다)와 같은 문장이다.

초나라는 이미 진나라에 패했으니 한나라와 진나라에 땅을 주고 화해하면 제나라와 더불어 위나라까지 초나라 편으로 만들게 된다는 뜻이다. 그러기에 한풍과 장의에게 동쪽으로 가서 위나라를 도와 제나라를 치지 못하게 하려는 것이다.

> 위나라는 진秦나라와 한나라에서 (군사를 보내오지 않으면) 태도를 바꿔 제나라와 초나라를 다투어 섬기게 될 것이니 초나라 왕은 욕심을 내어 한나라 땅을 내어주지 않아도 됩니다.[①] 공께서는 진나라와 한나라의 군사들을 이용하지 않고도 땅을 얻게 되니 하나의 큰 덕을 갖게 됩니다.[②]
> 진나라와 한나라 왕들이 한풍과 장의에게 겁박당해 군사를 동쪽

으로 보내서 (위나라를 위해) 진, 한을 희생시키려 했으니 공公은 늘 좌권左券[3]을 쥐고 진나라와 한나라에서 중책을 맡게 될 것입니다. 이것은 공에게는 좋은 것이지만 장의에게는 자본이 많이 들어 나쁜 것입니다.[4]"

魏氏轉秦韓爭事齊楚 楚王欲而無與地[1] 公令秦韓之兵不用而得地 有一大德也[2] 秦韓之王劫於韓馮張儀而東兵以徇服魏 公常執左券[3]以責於秦韓 此其善於公而惡張子多資矣[4]

① 楚王欲而無與地초왕욕이무여지

집해 서광이 말했다. "초왕은 위나라가 와서 섬기는 것을 얻으려고 할 뿐이지 (빼앗은) 한나라의 땅을 주려는 것이 아니다."

徐廣曰 楚王欲得魏來事己 而不欲與韓地也

② 公令秦韓~一大德也공영진한~일대덕야

정의 소대가 진진에게 이른 것은 지금 진秦나라와 한나라 군사는 싸워 공격하지 않고도 (빼앗겼던) 땅을 얻게 되는 것이니 진진은 진나라와 한나라에 어찌 큰 은덕이 있지 않겠느냐는 것이다.

蘇代謂陳軫 今秦韓之兵不戰伐而得地 陳軫於秦韓豈不有大恩德

③ 公常執左券공상집좌권

색은 권券은 요要이다. 좌左는 부정不正이다. 우리가 옳은 것으로써 그들의 옳지 않은 것을 잡아서 책망한다는 말이다.

券 要也 左 不正也 言我以右執其左而責之

④ 此其善於公而惡張子多資矣차기선어공이오장자다자의

정의 좌권左券은 아래이고 우권右券은 위이다. 소대가 진진을 설득해 상권上券으로써 진秦과 한韓에게 군사를 사용하지 않고도 땅을 얻게 했다. 그리고 권券으로써 진과 한의 책임을 물어 한풍韓馮과 장의가 위나라를 복종시켜 따르게 하는 것을 막는 것이다. 그러므로 진과 한은 진진을 좋게 여기고 장의가 많은 것을 취하는 것을 미워하게 된다는 것이다.

左券下 右券上也 蘇代說陳軫以上券令秦韓不用兵得地 而以券責秦韓卻韓馮張儀以徇服魏 故秦韓善陳軫而惡張儀多取矣

13년, 진秦나라 혜왕이 죽었다.

23년, 진나라와 더불어 초나라를 중구重丘에서 공격해 무찔렀다.①

24년,② 진나라에서 경양군涇陽君을 보내 제나라의 인질이 되게 했다.

25년, 경양군을 진나라로 돌려보냈다. 맹상군孟嘗君 설문薛文은 진나라로 들어가 진나라 재상이 되었다. 설문이 도망쳐 떠났다.

26년,③ 제나라는 한나라, 위魏나라와 함께 진나라를 공격하고 함곡관에 이르러 군사를 주둔시켰다.

28년, 진나라는 한나라와 하외河外에서 화평을 맺고 군대를 철수했다.

29년, 조나라에서 그 주부主父를 살해했다. 제나라는 조나라가 중산中山을 멸망시키는 것을 도왔다.④

十三年 秦惠王卒 二十三年 與秦擊敗楚於重丘① 二十四年② 秦使涇

> 陽君質於齊 二十五年 歸涇陽君于秦 孟嘗君薛文入秦 即相秦 文亡去
>
> 二十六年③ 齊與韓魏共攻秦 至函谷軍焉 二十八年 秦與韓河外以和 兵
>
> 罷 二十九年 趙殺其主父 齊佐趙滅中山④

① 與秦擊敗楚於重丘여진격패조어중구

[집해] 서광이 말했다. "〈연표〉에서 진秦나라와 초나라를 공격하는 것을 공자 장將에게 시켰는데, 큰 공이 있었다고 한다."

徐廣曰 表曰與秦擊楚 使公子將 大有功

② 二十四年이십사년

[신주] 《죽서기년》에 따르면 이때는 민왕 원년이다. 진나라에서 제나라에 인질을 보냈다는 것은 제나라에 무언가 변화가 있었다는 의미이다. 새 군주가 즉위했다는 뜻일 수 있다.

③ 二十六年이십육년

[집해] 서광이 말했다. "맹상군이 재상이 되었다."

徐廣曰 孟嘗君爲相

[신주] 이때는 진나라 소양왕 9년에 해당하는데 〈진본기〉에서 맹상군이 파직된 것은 소양왕 10년이다. 그러나 이 무렵 소양왕 기년이 2년씩 차이 나게 기록된 것이 많으므로 소양왕 8년이라고 봐야 한다. 따라서 여기와 비교하여 다르지 않다.

④ 二十九年～趙滅中山이십구년～조멸중산

서광이 말했다. "30년 전갑田甲이 왕을 겁박하자 재상 설문薛文이 달아났다."

徐廣曰 三十年 田甲劫王 相薛文走

〈조세가〉에서 중산을 멸망시킨 것은 혜문왕 3년이라 했으므로 1년 전이다. 그러나 〈육국연표〉는 이곳과 같다. 아울러 〈육국연표〉에서는 제나라와 연나라가 도왔다고 나온다. 그러나 〈진본기〉에서는 중산 군주는 제나라로 달아났다가 죽었다고 한다. 이는 제나라가 돕지 않았다는 증거이다. 〈조세가〉에서 소려蘇厲가 제나라를 위해 조나라 왕에게 보낸 글에는 오히려 제나라가 미처 중산을 돌보지 못해서 망했다는 표현이 나온다.

36년, 민왕은 동제東帝라고 하고 진秦나라 소왕昭王은 서제西帝라고 했다.

소대가 연나라에서 와서 제나라로 들어가 장화章華 동문[①]에서 제왕을 만나보았다. 제나라 왕이 말했다.

"아, 좋구려. 그대가 왔구려! 진秦나라에서 위염魏冉을 사신으로 보내 제帝(황제)가 되라고 하는데 그대는 어찌 생각하시오?"

소대가 대답했다.

"왕께서 신에게 졸지에 질문하셨는데 환난은 작은 것에서 좇아오니 원컨대 왕께서는 그것을 받으시되 제帝라고 칭하지는 마십시오. 진나라에서 (제라는) 칭호를 사용했는데 천하에서 조용하면 왕께서 이에 제라고 칭하셔도 늦지 않습니다. 또 제라는 호칭을 사양하기를 다툰다면 상처가 없을 것입니다. 진나라에서 칭호를 사용하면 천하에서 미워할 것입니다. 왕께서는 따라서 칭호를 사용하지 마십시오. 이로써 천하를 거두는데 이는 큰 밑천입니다. 또 천하에 두 제帝가 선다면 왕께서는 천하가 제나라를 높일 거라 생각하십니까? 아니면 진나라를 높일 거라 생각하십니까?"

三十六年 王爲東帝 秦昭王爲西帝 蘇代自燕來 入齊 見於章華東門①

齊王曰 嘻 善 子來 秦使魏冉致帝 子以爲何如 對曰 王之問臣也卒 而患

之所從來微 願王受之而勿備稱也 秦稱之 天下安之 王乃稱之 無後也

且讓爭帝名 無傷也 秦稱之 天下惡之 王因勿稱 以收天下 此大資也 且

天下立兩帝 王以天下爲尊齊乎 尊秦乎

① 東門동문

집해 좌사의 《제도부》 주석에서 "제나라 소성小城 북문이다."라고 한다. 여기서는 동문이라고 말하는데, 곧 하나의 문이 아니라는 것인지 알지 못하겠다.

左思齊都賦注曰 齊小城北門也 而此言東門 不知爲是一門非邪

정의 《괄지지》에서 말한다. "제나라 성은 장화章華 동쪽에 여문閭門과 무록문武鹿門이 있다."

括地志云 齊城章華之東有閭門武鹿門也

민왕이 말했다.

"진秦나라를 높일 것입니다."

소대가 말했다.

"제帝를 버리면 천하에서 제나라를 아끼겠습니까? 진나라를 아끼겠습니까?"

민왕이 대답했다.

"제나라를 아끼고 진나라를 미워할 것이오."

소대가 말했다.

"2명의 제가 서서 약속하여 조나라를 침략하는 것과 걸송桀宋[1]을 침략하는 것 중 어느 것이 이롭겠습니까?"

왕이 말했다.

"걸송을 침략하는 것이 이로울 것이오."

王曰 尊秦 曰 釋帝 天下愛齊乎 愛秦乎 王曰 愛齊而憎秦 曰 兩帝立約 伐趙 孰與伐桀宋[1]之利 王曰 伐桀宋利

[1] 桀宋걸송

집해 〈송세가〉에서는 송왕 언偃을 제후들이 모두 걸송桀宋이라 했다.

宋世家云 宋王偃 諸侯皆曰桀宋也

소대가 대답했다.

"무릇 (제를 호칭하기로) 함께 약속했지만 진나라와 더불어 제가 되면 천하에서는 오직 진나라를 높이고 제나라는 가볍게 여길 것이지만 제를 버리면 천하는 제나라를 아끼고 진나라를 미워할 것입니다.

조나라를 침략하는 것은 걸송을 침략하는 것만큼 이롭지 못합니다. 그러므로 원컨대 왕께서 제라는 호칭을 내려놓으면 천하를 거둘 수 있고, (진나라와) 약속을 버리고 진나라의 빈賓이 되면 누가 중한가 다툴 일은 없어질 것이니 왕께서는 그 사이에 송나라에 거병擧兵 하십시오.

무릇 송나라를 차지하면 위衛나라 양지陽地[1]가 위태롭게 됩니다. 제수濟水 서쪽을 차지하면, 조나라 아阿의 동부가 위태롭게 됩니다.[2] 회수淮水 북쪽을 차지하면, 초나라 동부가 위태롭게 됩니다.[3] 도陶와 평륙平陸[4]을 차지하면, 양梁나라는 문을 열어두지 못할 것입니다. 제라는 호칭을 내려놓으면 걸송을 정벌하는 일에 관대해져서 나라는 넉넉해지고 명예는 높아지며, 연나라와 초나라는 복종하는 형세가 되어 천하에서 감히 듣지 않는 자가 없을 것이니, 이는 탕왕과 무왕의 거사일 것입니다. 진나라를 공경해 명예로 여기게 하고 뒤에 천하로 하여금 미워하게 한다면 이는 이른바 낮은 것으로 높은 것을 이루는 것입니다. 원컨대 왕께서는 깊이 생각하십시오." 이에 제나라에서 제를 버리고 다시 왕이라 했는데 진나라도 제의 지위를 버렸다.

對曰 夫約鈞 然與秦爲帝而天下獨尊秦而輕齊 釋帝則天下愛齊而憎秦 伐趙不如伐桀宋之利 故願王明釋帝以收天下 倍約賓秦 無爭重 而王以其間擧宋 夫有宋 衛之陽地[1]危 有濟西 趙之阿東國危[2] 有淮北 楚之東國危[3] 有陶平陸 梁門不開[4] 釋帝而貸之以伐桀宋之事 國重而名尊 燕楚所以形服 天下莫敢不聽 此湯武之擧也 敬秦以爲名 而後使天下憎之 此所謂以卑爲尊者也 願王孰慮之 於是齊去帝復爲王 秦亦去帝位

① 陽地양지

집해 양지는 복양濮陽 땅이다.

陽地 濮陽之地

정의 살펴보니 위衞나라는 이때 하남에는 오직 복양만을 소유했다.

案衞此時河南獨有濮陽也

② 趙之阿東國危조지아동국위

정의 아阿는 동아東阿이다. 이때 조趙나라에 속한 까닭에 '동국위東國危'라고 일렀다.

阿 東阿也 爾時屬趙 故云東國危

③ 有淮北 楚之東國危유회북 초지동국위

정의 회북은 서주와 사주이다. 동국은 하상下相, 동동僮, 취려取慮를 이른 것이다.

淮北 徐泗也 東國謂下相僮取慮也

④ 有陶平陸 梁門不開유도평륙 양문불개

정의 도陶는 정도定陶이고 지금의 조주이다. 평륙平陸은 연주의 현인데 현은 대량大梁의 동쪽 영역에 있다.

陶 定陶 今曹州也 平陸 兗州縣也 縣在大梁東界

38년, 송나라를 침략했다. 진秦나라 소왕이 노하여 말했다.

"우리가 송나라를 아끼는 것은 신성新城과 양진陽晉[1]을 아끼는 것과 같다. 한섭韓聶[2]은 우리의 벗인데, 우리가 아끼는 바를 공격하는 것은 무엇 때문인가?"

소대가 제나라를 위해 진왕에게 말했다.

"한섭이 송나라를 공격한 것은 왕을 위하는 까닭입니다. 제나라는 강한데 송나라를 더한다면 초나라와 위나라가 반드시 두려워할 것이고, 두려워하면 반드시 서쪽 진秦나라를 섬길 것이니, 이것은 왕께서 한 명의 병졸도 번거롭게 하지 않고 한 명의 군사도 손상시키지 않은 채 무사히 안읍安邑을 할애받게 되는 것입니다.[3] 이것은 한섭이 왕에게 바라는 바일 것입니다."

진나라 왕이 말했다.

"나는 제나라가 깨닫는 것을 어려워함을 걱정하는 것이오. 한 번은 합종하고 한 번은 연횡하니 뭐라고 설명하겠소?"

三十八年 伐宋 秦昭王怒曰 吾愛宋與愛新城陽晉同[1] 韓聶[2]與吾友也 而攻吾所愛 何也 蘇代爲齊謂秦王曰 韓聶之攻宋 所以爲王也 齊彊 輔之以宋 楚魏必恐 恐必西事秦 是王不煩一兵 不傷一士 無事而割安邑也[3] 此韓聶之所禱於王也 秦王曰 吾患齊之難知 一從一衡 其說何也

① 新城陽晉同신성양진동

정의 《괄지지》에서 말한다. "신성新城 고성은 송주 송성현 경계에 있다. 양진陽晉 고성은 조주 승지현 서북쪽 37리에 있다."

括地志云 新城故城在宋州宋城縣界 陽晉故城在曹州乘氏縣西北三十七里

② 韓聶한섭

신주 《사기지의》에서 이렇게 고증했다. "한섭은 《전국책》 〈조책〉에서 나오는 한민韓珉으로 《전국책》 〈한책〉의 앞머리 구절 '韓人한인'도 곧 '珉민'을 잘못 썼을 뿐이다. 이것을 또한 오씨(《전국책》 주석자)가 판별한 바이다."

③ 無事而割安邑也무사이할안읍야

정의 〈육국연표〉에서 진나라 소왕 21년에 위魏나라에서 안읍安邑과 하내河內를 바쳤다고 한다.

年表云秦昭王二十一年 魏納安邑及河內

소대가 대답했다.

"천하의 나라들이 제나라를 알도록 할 수 있습니까? 제나라가 송나라를 공격하면서 진나라를 섬기면 만승지국萬乘之國으로 스스로 도와야 하고, 서쪽의 진秦나라를 섬기지 않으면 송나라를 다스려도 불안하다는 것을 알고 있습니다.①

중원에서 흰 머리로 유세하는 오만한 사인士人들은 모두 머리를 써서 제나라와 진秦나라의 교제를 갈라놓고자 합니다. 수레에 몸을 기대어 잇따라 고삐를 당겨서② 서쪽으로 달려가는 자 중에 제나라를 좋게 말하는 자가 한 사람도 있지 않고, 수레에 몸을 기대어 잇따라 고삐를 당겨서 동쪽으로 달려가는 자도 진秦나라를 좋게 말하는 자가 한 사람도 있지 않습니다.

왜입니까? 모두 제나라와 진나라가 연합하기를 원치 않기 때문입니다. 어찌 진晉나라와 초나라는 지혜로웠는데, 제나라와 진秦나라는 어리석겠습니까? 진晉과 초楚가 연합하면 반드시 제齊와 진秦에 대해서 의논할 것이고, 제齊와 진秦이 연합하면 반드시 진晉과 초楚를 도모할 것이니, 청컨대 이것으로써 일을 결정하십시오."

진왕이 말했다.

"그리하시오."

對曰 天下國令齊可知乎 齊以攻宋 其知事秦以萬乘之國自輔 不西事秦則宋治不安[1] 中國白頭游敖之士皆積智欲離齊秦之交 伏式結軼[2]西馳者 未有一人言善齊者也 伏式結軼東馳者 未有一人言善秦者也 何則 皆不欲齊秦之合也 何晉楚之智而齊秦之愚也 晉楚合必議齊秦 齊秦合必圖晉楚 請以此決事 秦王曰 諾

[1] 不西事秦則宋治不安불서사진즉송치불안

색은 《전국책》에서는 '송지불안宋地不安'(송나라 땅이 불안하다)으로 되어 있다.

戰國策作宋地不安

[2] 伏式結軼복식결질

색은 軼은 '질姪'로 발음한다. 질軼은 수레바퀴이다. 수레바퀴가 갔다가 돌아와서 매듭을 짓는 것과 같다는 말이다. 《전국책》에서는 (결질結軼이) '결인結靷'으로 되어 있다.

軼音姪 軼者 車轍也 言車轍往還如結也 戰國策作結軔

복식伏式은 복식伏軾과 같은데 몸을 수레의 횡목 위에 기대는 것이고, 결질結軼은 차량이 연달아 있어서 끊어지지 않는 것이다.

이에 제나라가 마침내 송나라를 침벌하자, 송나라 왕은 도망쳐서 온溫 땅[1]에서 죽었다. 제나라는 남쪽으로 초나라 회수淮水 북쪽을 가르고, 서쪽으로 삼진三晉을 침범했으며,[2] 주실周室을 병탄하여 천자가 되고자 했다. 사수泗水 주변의 제후들인 추鄒와 노魯의 군주들이 모두 신이라고 일컬었으며 제후들이 두려워했다.

於是齊遂伐宋 宋王出亡 死於溫[1] 齊南割楚之淮北 西侵三晉[2] 欲以幷周室 爲天子 泗上諸侯鄒魯之君皆稱臣 諸侯恐懼

---

① 溫온

정의 회주에 온성이 있다.

懷州有溫城

신주 〈위세가〉에 나오듯이 위魏나라 하내에 있다.

② 齊南割楚之淮北 西侵三晉제남할초지회북 서침삼진

신주 실제 이런 일은 없었던 것으로 보인다. 제나라가 송나라를 정복했던 기간은 불과 1년이며, 다음 해 진秦나라는 제나라를 치고, 그다음 해(서기전 284) 진나라를 포함한 나머지 나라들과 연합하여 제나라를 총공격하기에 이른다. 마침내 도읍 임치가 함락되고 제나라는 몰락의 길을 걷는다. 그래서 여기의 말은 엄밀히 따지면 '욕欲' 자가 앞에 붙어 '하고 싶었다'라고 해야 할 것이다. 즉 '욕제남할초지회북 서침삼진欲齊南割楚之淮北 西侵三晉'(제나라는 남쪽으로 초나라 회수淮水 북쪽을 가르고, 서쪽으로 삼진三晉을 침벌하고 싶어 했으며)이라고 해야 한다.

.

진보하지 않으면 망한다

39년, 진秦에서 와서 침략하고 제나라 성읍 주변의 9개 성을 함락시켰다.

40년, 연, 진, 초, 삼진三晉이 함께 모의해서 각각 날랜 군사들을 내어서 침벌했는데 제수濟水 서쪽에서 제나라를 무찔렀다.① 왕의 군대가 흩어져 퇴각했다.

연나라 장수 악의樂毅가 마침내 임치臨淄로 들어와 제나라의 보물과 기물들을 모두 빼앗았다. 민왕은 도망쳐 위衛나라로 갔다. 위나라 군주는 궁에서 피해서 민왕을 머무르게 하며, 신하라고 칭하며 물자를 공급해주었다. 민왕이 무례하게 굴자 위衛나라 사람들이 공격했다. 민왕은 위나라를 떠나서 추鄒나라와 노魯나라로 달아났는데, 교만한 기색이 있어서 추나라와 노나라의 군주가 받아들이지 않자, 마침내 거莒 땅으로 달아났다.

초나라는 요치淖齒②에게 군사를 이끌고 제나라를 구원하여, 이에 따라 요치가 제나라 민왕의 재상이 되었다가③ 마침내 민왕을 살해하고 연나라와 함께 제나라의 침략한 땅과 노략질한 기물을 나누었다.④

三十九年 秦來伐 拔我列城九 四十年 燕秦楚三晉合謀 各出銳師以伐 敗我濟西[1] 王解而卻 燕將樂毅遂入臨淄 盡取齊之寶藏器 湣王出亡 之 衛 衛君辟宮舍之 稱臣而共具 湣王不遜 衛人侵之 湣王去 走鄒魯 有驕 色 鄒魯君弗內 遂走莒 楚使淖齒[2]將兵救齊 因相齊湣王[3] 淖齒遂殺湣 王而與燕共分齊之侵地鹵器[4]

① 燕秦楚三晉~敗我濟西연진초삼진~패아제서

집해 서광이 말했다. "그 나머지 여러 전傳을 살펴보니 초나라에서 제 齊나라를 침략한 일이 없었다. 〈육국연표〉에서는 초나라가 회북淮北을 빼앗았다고 했다."

徐廣曰 案其餘諸傳無楚伐齊事 年表云楚取淮北

② 楚使淖齒초사요치

색은 淖의 발음은 '요[女教反]'이다.

淖音女教反

③ 因相齊湣王인상제민왕

신주 초나라는 6국 연합군이 제나라를 공격했던 초기에 옛 송나라 땅 일부를 차지했지만 제나라의 멸망까지는 바라지 않았던 것으로 보 인다. 그래서 구원군을 보냈는데 〈전단열전〉에도 초나라 구원군 얘기가 나온다.

④ 與燕共分齊之侵地鹵器여연공분제지침지로기

정의 　제나라 보기寶器를 노략질한 것이다.

鹵掠齊寶器也

신주 　《자치통감강목》에는 요치가 제나라 재상이 되었다가 연나라와 함께 제나라 땅을 나누려고 민왕을 사로잡아 따진 내용이 나온다. 제나라에 핏빛의 비가 내리고 땅이 갈라지고 궁궐 앞에서 사람이 울었는데, 그 사실을 아느냐고 물었다. 민왕이 안다고 하자 요치는 "핏빛의 비가 내린 것은 하늘이 알려준 것이고, 땅이 갈라진 것은 땅이 알려준 것이고, 궁궐 앞에서 운 것은 사람이 알려준 것인데도 왕이 경계하지 않으니 어찌 주벌이 없겠소?"라고 꾸짖고는 마침내 민왕의 늑골을 뽑고 종묘의 대들보에 매달아두니 하룻저녁[宿昔] 사이에 죽었다는 것이다.

민왕이 살해당하자 그 아들 법장法章은 성명을 바꾸고 거莒 태사太史 약敫[①]의 집에서 일했다. 태사 약의 딸은 법장의 용모가 기이해서 보통 사람이 아닌 것으로 여기고 애처롭게 여겨 항상 의복과 먹을 것을 몰래 주고 사사로이 정을 통했다.

요치는 이미 거莒를 떠났다.[②] 거에 사는 사람들과 제나라에서 도망친 신하들은 서로 모여 민왕의 아들을 찾아서 군주로 세우고자 했다. 법장은 죽임을 당할까 두려워하다가 한참 후에 과감하게 스스로 "내가 민왕의 아들이다."라고 말했다. 이에 거 사람들과 함께 법장을 군주로 세웠는데, 바로 양왕襄王이다. 이에 (법장은) 거성莒城을 지키며 제나라 안에 포고布告해서 "왕이 이미 즉위하여 거에 계신다."라고 했다.

湣王之遇殺 其子法章變名姓爲莒太史敫[1]家庸 太史敫女奇法章狀貌
以爲非恆人 憐而常竊衣食之 而與私通焉 淖齒旣以去莒[2] 莒中人及
齊亡臣相聚求湣王子 欲立之 法章懼其誅己也 久之 乃敢自言我湣王
子也 於是莒人共立法章 是爲襄王 以保莒城而布告齊國中 王已立在
莒矣

① 太史敫태사약

집해 서광이 말했다. "敫은 '약躍'으로 발음한다. 일설에서는 '교皎'로
도 발음한다."

徐廣曰 音躍 一音皎

② 淖齒旣以去莒요치기이거거

신주 《자치통감강목》에서는 민왕의 종자 왕손가王孫賈가 혼자 살아왔
다가 어머니의 꾸짖음을 받고 저자에 나가 "민왕을 죽인 요치를 주벌하
려는 자는 오른쪽 어깨를 걷으라."라고 하자 400명이 따랐다. 왕손가가
그들과 함께 요치를 공격해서 죽였다고 말하고 있다.

양왕은 즉위하고 나서 태사씨의 딸을 왕후로 삼았는데, 바로 군
왕후君王后이다. 아들 건建을 낳았다. 태사 약이 말했다.
"딸이 중매쟁이를 따르지 않고 스스로 시집을 갔으니 나의 씨앗
이 아니다. 나의 세대를 더럽혔다."

자신이 죽을 때까지 군왕후를 보지 않겠다고 했다. 군왕후는 어질어서 (아버지가 보지 않겠다고 했지만) 사람의 자식 된 예를 잃지 않았다.

양왕이 거莒에 있은 지 5년, 전단田單이 즉묵卽墨에서 연나라 군사를 공격해 쳐부수고 양왕을 거에서 맞이해 임치로 들어왔다. 제나라의 옛 땅들은 모두 다시 제나라로 소속되었다. 제나라는 전단을 안평군安平君으로 봉했다.[1]

14년, 진秦나라에서 제나라의 강剛과 수壽를 공격했다.

19년, 양왕이 죽고 아들 건建이 계승했다.

襄王旣立 立太史氏女爲王后 是爲君王后 生子建 太史敫曰 女不取媒 因自嫁 非吾種也 汙吾世 終身不睹君王后 君王后賢 不以不睹故失人 子之禮 襄王在莒五年 田單以卽墨攻破燕軍 迎襄王於莒 入臨菑 齊 故地盡復屬齊 齊封田單爲安平君[1] 十四年 秦擊我剛壽 十九年 襄 王卒 子建立

[1] 田單爲安平君 전단위안평군

정의 안평성은 청주 임치현 동쪽 19리에 있는데 옛 기紀나라의 휴읍酅 邑이다.

安平城在青州臨淄縣東十九里 古紀之酅邑也

왕 건建이 즉위한 지 6년[1] 진秦나라에서 조나라를 공격하자 제나라와 초나라가 조나라를 구원했다.[2] 진秦나라에서 계책을 세워서 말했다.

"제나라와 초나라가 조나라를 구원하러 나섰는데, 그들이 친밀하면 군사를 후퇴시키고 친밀하지 않으면 마침내 공격할 것이다."

조나라에 식량이 없어서 제나라에 곡식을 요청했는데 제나라에서 들어주지 않았다.

王建立六年[1] 秦攻趙 齊楚救之 秦計曰 齊楚救趙[2] 親則退兵 不親遂攻之 趙無食 請粟於齊 齊不聽

① 王建立六年왕건립육년

신주 장평대전은 서기전 260년에 벌어지는데 왕 건 5년에 해당한다. 여기서는 양왕의 뒤를 이어 왕위에 오른 해부터 계산한 것이다.

② 齊楚救趙제초구조

신주 《전국책》에서는 초나라 대신 '연나라'로 나온다.

주자周子[1]가 말했다.

"요청을 들어주어서 진秦나라 군사를 퇴각시키는 것만 못합니다. 들어주지 않으면 진나라 군사는 물러가지 않을 것이니 이는 진나라의 계책이 적중한 것이고 제나라와 초나라의 계책이 잘못된 것입니다. 또 조나라는 제나라와 초나라의 병풍과 같아서[2] 이에 입술이 있는 것과 같으니 입술이 없으면 이가 시리게 됩니다. 오늘 조나라가 망하면 내일은 근심이 제나라와 초나라에 미칠 것입니다. 또 조나라 구원에 힘쓰는 것은 마땅히 새는 물동이라도 들어서 타는 가마솥에 물을 부어주는 것과 같습니다. 조나라를 구원하는 것은 의를 높이는 것이고, 진나라 군사를 물러가게 하는 것은 이름을 드러내는 것입니다. 의로 망하는 나라를 구원하고 위엄으로 강한 진나라 군사를 물러가게 하는데, 이런 일에 힘쓰지 않고 곡식을 아끼는데 힘쓴다면 나라를 위한 계책이 잘못된 것입니다." 제나라 왕은 듣지 않았다. 진나라는 장평長平에서 조나라 40여만 명을 쳐부수고 마침내 한단을 포위했다.

周子[1]曰 不如聽之以退秦兵 不聽則秦兵不卻 是秦之計中而齊楚之計過也 且趙之於齊楚 扞蔽也[2] 猶齒之有脣也 脣亡則齒寒 今日亡趙 明日患及齊楚 且救趙之務 宜若奉漏甕沃焦釜也 夫救趙 高義也 卻秦兵 顯名也 義救亡國 威卻彊秦之兵 不務爲此而務愛粟 爲國計者過矣 齊王弗聽 秦破趙於長平四十餘萬 遂圍邯鄲

① 周子주자

색은 아마 제나라의 모신謀臣인데 역사에서 이름을 분실했을 것이다. 《전국책》에서는 '주자周子'를 '소진'이라 했고, '초楚' 자는 모두 '연燕'으로 썼다. 그러나 이때 소진은 죽은 지 이미 오래였다.

蓋齊之謀臣 史失名也 戰國策以周子 爲蘇秦 而楚字皆作燕 然此時蘇秦死已久矣

② 且趙之於齊楚 扞蔽也차조지어제초 한폐야

정의 이때 진秦나라는 조나라 상당上黨을 쳐서 꺾고자 했지 제나라와 초나라를 침략하려는 마음은 없었다. 그러니 조나라는 제나라와 초나라에게 병풍(방패막이)이 된다는 말이다.

此時秦伐趙上黨欲克 無意伐齊楚 故言趙之於齊楚爲扞蔽也

16년, 진秦나라에서 주周나라를 멸망시켰다.① 군왕후가 죽었다.

23년, 진나라에서 동군東郡을 설치했다.②

28년, 왕이 진秦나라에 조회하러 들어가자 진나라 왕 정政이 함양咸陽에서 주연을 베풀었다.

35년, 진나라에서 한나라를 멸망시켰다.

37년, 진나라에서 조나라를 멸망시켰다.

38년, 연나라에서 형가荊軻를 시켜 진왕을 찌르게 했으나, 진왕에게 발각되었고 형가를 죽였다.

다음 해 진나라가 연나라를 쳐부수자 연나라 왕은 요동遼東으로 달아났다.

다음 해 진나라는 위나라를 멸망시키고 진나라 군사는 역하歷下에 주둔했다.

42년, 진나라는 초나라를 멸망시켰다.

다음 해 대왕代王 가嘉를 포로로 잡고 연왕 희喜를 멸망시켰다.

十六年 秦滅周① 君王后卒 二十三年 秦置東郡② 二十八年 王入朝秦 秦王政置酒咸陽 三十五年 秦滅韓 三十七年 秦滅趙 三十八年 燕使荊軻

刺秦王 秦王覺 殺軻 明年 秦破燕 燕王亡走遼東 明年 秦滅魏 秦兵次於 歷下 四十二年 秦滅楚 明年 虜代王嘉 滅燕王喜

① 秦滅周진멸주

동주東周를 멸했다. 서주西周는 이미 제왕 건 10년에 멸했다.

② 秦置東郡진치동군

진나라에서 위魏나라 동부를 다 차지하여 마침내 제나라와 국경을 맞대게 되었다. 그런데도 다른 나라와 협력하여 막으려고 하지 않았다.

44년, 진나라 군사는 제나라를 공격했다. 제왕은 재상 후승后勝의 계책을 듣고 싸우지 않고 군사를 들어 진秦나라에 항복했다. 진나라는 왕 건建을 사로잡아 공共 땅으로 옮겼다.① 마침내 제나라를 멸망시키고 군郡으로 만들었다. 천하는 진나라의 하나로 합병되었고, 진나라 왕 정政은 호를 세워 황제皇帝라고 했다.

처음에 군왕후는 현명해 진나라를 섬기는데 삼갔고, 제후들과 믿음으로 함께했다. 제나라는 또한 동쪽 변방 바다에 있었고 진나라는 낮밤으로 삼진三晉, 연나라 그리고 초나라를 공격했는데 다섯 나라는 각각 진나라에서 스스로 구원하느라고 바빴다. 이 때문에 왕 건建이 즉위한 40여 년 동안은 진나라 군사의 공격을 받지 않았다.

四十四年 秦兵擊齊 齊王聽相后勝計 不戰 以兵降秦 秦虜王建 遷之
共[①] 遂滅齊爲郡 天下壹幷於秦 秦王政立號爲皇帝 始 君王后賢 事秦
謹 與諸侯信 齊亦東邊海上 秦日夜攻三晉燕楚 五國各自救於秦 以故
王建立四十餘年不受兵

① 遷之共천지공

집해 〈지리지〉에서는 하내군에 공현이 있다.

地理志河内有共縣

정의 지금의 위주 공성현이다.

今衛州共城縣也

군왕후가 죽자 후승은 제나라 재상이 되어, 진나라 간첩에게 금을 많이 받고 빈객들을 진나라로 들어가게 하는 일이 많았다. 진나라에서 또 금을 주는 일이 많아서 빈객들은 모두 반간(이중간첩)이 되었으며, 왕에게 진나라에 조회하도록 권했다. 이에 공격해 싸울 준비를 하지 않고 다섯 나라가 진나라를 공격하는 것도 돕지 않았다. 진나라는 이 때문에 다섯 나라를 멸망시킬 수 있었다.

다섯 나라가 이미 망하자 진나라 군사들은 마침내 임치로 들어왔는데, 백성들은 감히 맞서지 못했다. 왕 건은 마침내 항복하고 공 땅으로 옮겨졌다. 그래서 제나라 사람들은 왕 건이 일찍이 제후들과 합종해 진나라를 공격하지 않은 것을 원망하고 간신과 빈객들의 말만 듣고 자기 나라를 망친 것을 노래 불러 말했다.

"소나무인가 잣나무인가? 건이 공 땅에 머무르는 것은 손님인가?[①]"

왕 건이 빈객을 등용하면서 자세히 살피지 않은 것을 미워한 것이다.[②]

君王后死 后勝相齊 多受秦間金 多使賓客入秦 秦又多予金 客皆爲反間 勸王去從朝秦 不脩攻戰之備 不助五國攻秦 秦以故得滅五國 五國已亡 秦兵卒入臨淄 民莫敢格者 王建遂降 遷於共 故齊人怨王建不蚤與諸侯合從攻秦 聽姦臣賓客以亡其國 歌之曰 松耶柏耶 住建共者客耶[①] 疾建用客之不詳也[②]

① 松耶柏耶 住建共者客耶송야백야 주건공자객야

집해 서광이 말했다. "《전국책》에서 진秦나라가 건을 공 땅의 소나무와 잣나무 사이에 거처하게 했다고 한다."

徐廣曰 戰國策云秦處建於共松柏間也

색은 耶의 발음은 '야邪'이다. 이는 건建을 객客으로 이른 것이다. 빈객은 건의 안주했다는 설명으로 마침내 대책을 잃어서 건이 공으로 옮기게 되었다는 것이다. 공은 지금 하내에 있다.

耶音邪 謂是建客邪 客說建住言遂乃失策 令建遷共 共 今在河內也

② 疾建用客之不詳也질건용객지불상야

색은 자세히 살피지 않고 객을 등용하였으며, 그 좋고 나쁜 것을 알지 못했다는 것을 이른다.

謂不詳審用客 不知其善否也

태사공은 말한다.

대개 공자께서는 만년에 《역》을 즐겨 읽었다. 《역》은 술수를 이루어 그윽하고 분명한 것이 원대하다. 통달한 사람이나 달관한 재주가 아니라면 누가 마음을 쏟을 수 있겠는가? 그러므로 주나라 태사는 전경중田敬仲 완完의 10대 뒤까지 점을 치기에 이르렀다. 완이 제나라로 달아남에 이르러, 의중懿仲이 점을 친 것도 그렇다고 했다. 전기田乞와 전상은 두 군주를 범하는 것을 견주었고[①] 제나라 정치를 멋대로 했다. 반드시 일의 형세가 점점 그러한 것이 아니라, 아마 조짐과 상서가 가득 찬 것을 따라서 그리되었을 것이라 하겠다.[②]

太史公曰 蓋孔子晚而喜易 易之爲術 幽明遠矣 非通人達才孰能注意焉 故周太史之卦田敬仲完 占至十世之後 及完奔齊 懿仲卜之亦云 田乞及常所以比犯二君[①] 專齊國之政 非必事勢之漸然也 蓋若遵厭兆祥云[②]

---

① 田乞及常所以比犯二君전기급상소이비범이군

색은 比는 통상적인 발음으로 읽는다. 또 발음은 '불[頻律反]'이다. 두 군주는 곧 도공悼公과 간공簡公이다. 희자僖子는 안유자晏孺子를 폐했고, 포목鮑牧이 전기田乞로 도공을 살해한 까닭이며, 성자成子는 또 간공을 살해했다. 그러므로 '전씨비범이군田氏比犯二君'이라 했다.

比如字 又頻律反 二君即悼公簡公也 僖子廢晏孺子 鮑牧以乞故殺悼公 而成子
又殺簡公 故云田氏比犯二君也

신주 명확하게 시해한 군주는 전기가 시해한 안유자와 전상이 시해한
간공이다.

② 非必事勢之漸然也 蓋若遵厭兆祥云비필사세지점연야 개약준염조상운

신주 사마천은 《사기》를 쓰면서 유가儒家에 치우치긴 했어도 특유의
운명론적인 논평을 많이 남겼다. 이 경우가 대표적이다.

《사기지의》에서 말한다. "태사공의 이 논지는 주나라 태사와 진의중
이 전경중의 일을 점친 것이지만, 역사가가 마땅히 말할 것은 아니다. 왕
약허王若虛는 '난신적자가 모두 천명을 얻었다고 스스로 해석하면, 징벌
할 방법이 없게 된다.'라고 했는데, 훌륭하구나."

색은술찬 사마정이 펼쳐 밝히다.

전완은 어려움을 피해 큰 강씨 나라로 달아났다. 처음에는 나그네 신하
로 사양했으나 끝내 봉황이 되었다. 사물은 양쪽에서 다 성할 수 없는
데 5대 만에 창성해졌다. 두 군주는 견주어 시해되었고, 삼진三晉과 강성
함을 다투었다. 전화는 비로소 명을 맘대로 했고, 위왕威王은 마침내 왕
을 칭했다. 연나라와 조나라는 다급하게 제사했고, 강공康公과 장공莊公
이 차례로 자리했다.① 진秦나라는 동제東帝라고 칭하게 했고, 거莒 땅에
서는 법장法章을 세웠다. 왕 건建은 나라를 잃었는데 소나무와 잣나무는
울창하구나.

田完避難 奔于大姜 始辭羈旅 終然鳳皇 物莫兩盛 代五其昌 二君比犯 三晉爭強 和始擅命 威遂稱王 祭急燕趙 弟列康莊[1] 秦假東帝 莒立法章 王建失國 松柏蒼蒼

① 弟列康莊제열강장

신주 "강공과 장공이 차례로 자리했다."라는 말은 강제姜齊의 강공에서 장공까지 차례로 경대부로 자리한 것을 말한다. 실제는 장공이 훨씬 앞서는데 강제의 마지막 군주가 강공이다. 장공 시절에 전문자田文子가 장공을 섬기고부터 강공 때의 전화田和까지 이어졌다는 말이다.

[지도 3] 전경중완세가

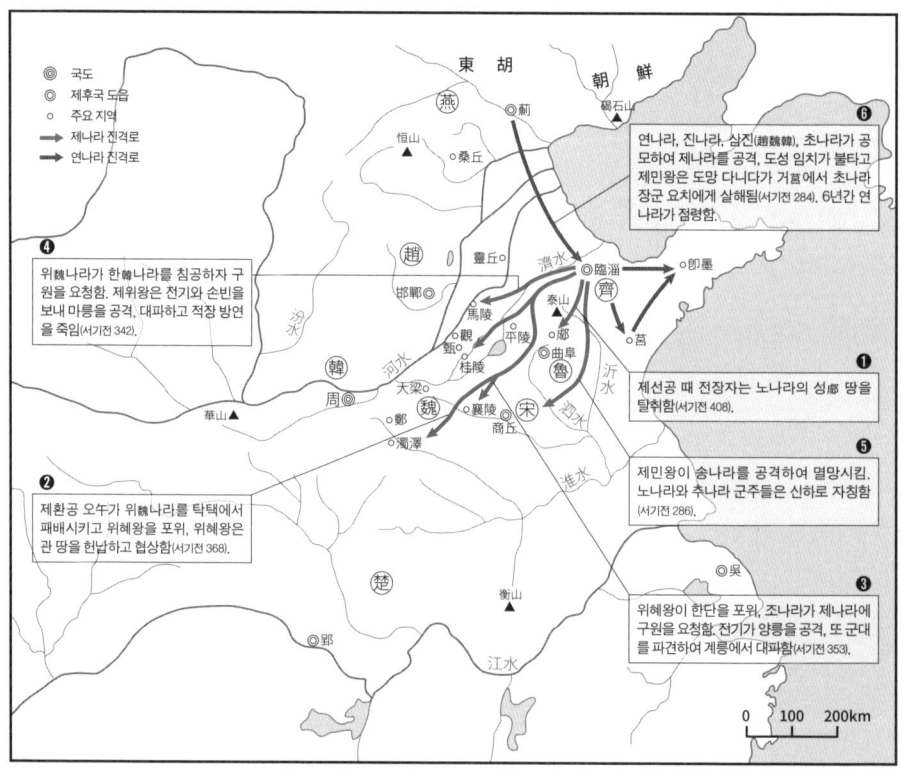

범례
- ◎ 국도
- ◎ 제후국 도읍
- ○ 주요 지역
- → 제나라 진격로
- → 연나라 진격로

❹ 위魏나라가 한韓나라를 침공하자 구원을 요청함. 제위왕은 전기와 손빈을 보내 마릉을 공격, 대파하고 적장 방연을 죽임(서기전 342).

❷ 제환공 오午가 위魏나라를 탁택에서 패배시키고 위혜왕을 포위, 위혜왕은 관 땅을 헌납하고 협상함(서기전 368).

❻ 연나라, 진나라, 삼진(趙魏韓), 초나라가 공모하여 제나라를 공격, 도성 임치가 불타고 제민왕은 도망 다니다가 거莒에서 초나라 장군 요치에게 살해됨(서기전 284). 6년간 연나라가 점령함.

❶ 제선공 때 전장자는 노나라의 성郕 땅을 탈취함(서기전 408).

❺ 제민왕이 송나라를 공격하여 멸망시킴. 노나라와 추나라 군주들은 신하로 자칭함(서기전 286).

❸ 위혜왕이 한단을 포위, 조나라가 제나라에 구원을 요청함. 전기가 양릉을 공격, 또 군대를 파견하여 계릉에서 대파함(서기전 353).

`0  100  200km`

기타

ㄱ

《신주 사마천 사기》〈세가〉를 만든 사람들

한가람역사문화연구소 사기연구실

이덕일(한가람역사문화연구소 소장, 문학박사)

김명옥(문학박사)

송기섭(문학박사)

이시율(고대사 및 역사고전 연구가)

정　암(지리학박사)

최원태(고대사 연구가)

한가람역사문화연구소는 1998년 창립된 이래 한국 사학계에 만연한 중화사대주의 사관과 일제식민 사관을 극복하고 한국의 주체적인 역사관을 세우려 노력하고 있는 학술연구소이다. 독립운동가들의 역사관 계승 작업을 꾸준히 진행하는 한편《사기》본문 및 '삼가주석'에 한국 고대사의 진실을 말해주는 수많은 기술이 있음을 알고 연구에 몰두했다. 지난 10여 년간 '《사기》원전 및 삼가주석 강독(강사 이덕일)'을 진행하는 한편 사기연구실 소속 학자들과《사기》에 담긴 한중고대사의 진실을 찾기 위한 연구 및 답사도 계속했다.《신주 사마천 사기》는 원전 강독을 기초로 여러 연구자들이 그간 토론하고 연구한 결과의 집대성이라고 할 수 있다. 한가람역사문화연구소는《신주 사마천 사기》출간을 시작으로 역사를 바로세우기 위해 토대가 되는 문헌사료의 번역 및 주석 추가 작업을 꾸준히 이어갈 계획이다.

한문 번역 교정

박종민 유정님 오선이 김효동 이주은 김현석

《사기》를 지은 사람들

본문_ 사마천

사마천은 자가 자장子長으로 하양(지금 섬서성 한성시) 출신이다. 한 무제 때 태사공을 역임하다가 이릉 사건에 연루되어 궁형을 당했다. 기전체 사서이자 중국 25사의 첫머리인 《사기》를 집필해 역사서 저술의 신기원을 이룩했다. 후세 사람들이 태사공 또는 사천이라고 높여 불렀다. 《사기》는 한족의 시각으로 바라본 최초의 중국 민족사라고 할 수 있는데 여기서 사마천은 동이족의 역사를 삭제하거나 한족의 역사로 바꾸기도 했다.

삼가주석_ 배인·사마정·장수절

《집해》 편찬자 배인은 자가 용구龍駒이며 남북조시대 남조 송(420~479)의 하동 문희(현 산서성 문희현) 출신이다. 진수의 《삼국지》에 주석을 단 배송지의 아들로 《사기집해》 80권을 편찬했다.

《색은》 편찬자 사마정은 자가 자정子正으로 당나라 하내(지금 하남성 심양) 출신인데 굉문관 학사를 역임했다. 사마천이 삼황을 삭제한 것을 문제로 여겨서 〈삼황본기〉를 추가했으며 위소, 두예, 초주 등 여러 주석자의 주석을 폭넓게 모으고 자신의 견해를 덧붙여 《사기색은》 30권을 편찬했다.

《정의》 편찬자 장수절은 당나라의 저명한 학자로, 개원 24년(736) 《사기정의》 서문에 "30여 년 동안 학문을 섭렵했다"고 썼을 정도로 《사기》 연구에 몰두했다. 그가 편찬한 《사기정의》에는 특히 당나라 위왕 이태 등이 편찬한 《괄지지》를 폭넓게 인용한 것을 비롯해서 역사지리에 관한 내용이 풍부하다.